金融科技应用系列教材
JINRONG KEJI YINGYONG XILIE JIAOCAI

金融数据统计分析

JINRONG SHUJU TONGJI FENXI

（第二版）

主编◎陈文婷　何　岩

中国金融出版社

责任编辑：张菊香
责任校对：李俊英
责任印制：丁淮宾

图书在版编目（CIP）数据

金融数据统计分析/陈文婷，何岩主编．—2 版．—北京：中国金融出版社，2022.9
金融科技应用系列教材
ISBN 978－7－5220－1712－9

Ⅰ．①金…　Ⅱ．①陈…②何…　Ⅲ．①金融统计—统计分析—教材
Ⅳ．①F830.2

中国版本图书馆 CIP 数据核字（2022）第 136692 号

金融数据统计分析（第二版）
JINRONG SHUJU TONGJI FENXI（DI－ER BAN）
出版
发行　中国金融出版社
社址　北京市丰台区益泽路 2 号
市场开发部　（010）66024766，63805472，63439533（传真）
网 上 书 店　www.cfph.cn
　　（010）66024766，63372837（传真）
读者服务部　（010）66070833，62568380
邮编　100071
经销　新华书店
印刷　保利达印务有限公司
尺寸　185 毫米×260 毫米
印张　12.25
字数　266 千
版次　2018 年 1 月第 1 版　2022 年 9 月第 2 版
印次　2024 年 7 月第 3 次印刷
定价　42.00 元
ISBN 978－7－5220－1712－9
如出现印装错误本社负责调换　联系电话（010）63263947

第二版前言

“加快数字化发展，建设数字中国”，并稳妥发展金融科技、加快金融机构数字化转型，是《国民经济和社会发展第十四个五年规划和2035年远景目标纲要》中提出的重要内容。金融机构数字化、智能化转型的趋势将以数据为基础，以科技为支撑。数字化时代，人们越来越重视数据及其价值。从业人员和研究者将目光越来越多地聚集在海量的金融数据，这些数据如同一座含有丰富信息和知识宝藏的矿山，等待人们去发掘。

本书主要面向高职院校学生和非数学专业人士，对读者的数学基础要求不高，力图使更多的人能够运用统计学知识和方法，借由Excel工具进行基本的数据分析。各章内容以应用为导向，从基本的金融数据出发，利用统计学的概念和方法来处理金融、商务和经济领域的各种问题。鉴于笔者行业经验不够丰富，部分章节选取的实例不能与金融行业背景完全契合，深感歉意。建议读者在掌握相应章节的知识和方法后，以项目背景为切入点，收集更多的数据进行分析和讨论，在实践中理解金融数据分析的概念和方法。

全书分为七个项目，前六个项目是基本知识的学习和实践，每个项目由三个以上的试验环节构成。第七个项目是综合实训项目，融合所学的知识结合实际任务进行实践演练。项目以金融科技发展的主题为背景，明确项目任务，使得读者能够带着问题从知识点中寻找答案，再通过操作示范掌握Excel软件环境下的问题解决过程，最后通过能力拓展开拓相关知识视野。项目一主要介绍量化投资和概率论的基本知识；项目二主要介绍大数据背景下的企业风险管理以及数据采集、数据清洗和数据可视化的基本方法；项目三主要介绍人工智能赋能金融和数据的参数描述方法；项目四主要介绍数字人民币和第三方支付的关系以及平行数据的对比方法；项目五主要介绍区块链技术对金融业的影响和数据关联的描述；项目六主要介绍金融科技投资规模预测和趋势分析方法；项目七为综合实训。

作者

2022年7月

金融科技应用系列教材
JINRONG KEJI YINGYONG XILIE JIAOCAI

目录

项目一

基本概率

一、学习目标

【知识目标】

- 熟悉概率、样本点、样本空间的定义。
- 熟悉多个事件的概率运算。
- 掌握几种重要的离散型随机变量的概率分布和连续型随机变量的概率分布。

【能力目标】

- 能正确区分随机事件和确定性事件。
- 能运用概率分布去解答经济金融中的问题。

【思政目标】

- 揭示金融风险事件发生的概率性问题，强调金融机构风险防范与管理的重要性。

二、项目背景：量化投资和概率论

量化投资之父詹姆斯·西蒙斯曾说："粒子的行动看似杂乱无章，实际上却存在着内在的规律。"量化投资研究就是用方程式来描述看似混乱的证券市场中隐藏的数学规律。

对于一般投资者，甚至是部分金融从业者来说，量化投资都是一门高深的技术，充斥着模型代码和算法假设，门槛非常高。其实，生活中的量化思想无处不在。以最常见的赌掷硬币为例，按照传统理论，正反面的概率各为50%，赌的次数少的时候凭运气，次数多的时候基本就是输赢各半。但美国斯坦福大学的数学教授佩尔西·戴康尼斯发现，如果在掷硬币前把硬币的正面朝上，掷硬币后依然是正面朝上的概率不是50%，而是51%；同样，如果反面朝上，结果反面继续朝上的概率也不是50%，而是51%。所以只要参与人看到哪一面在掷硬币前朝上，就赌哪一面，短期不一定赢，但长期看肯定赢率在51%左右，这就是量化模型。

量化投资是将人们总结出的投资思想，利用现代统计学、数学方法，形成若干可运算测量的数学模型，并借助现代计算机技术在海量历史数据中对模型进行验证，以寻找到能够带来超额收益的多种“大概率”模型，然后再严格地按照这些策略所构建的数量化模型运算结果来指导投资。量化投资克服了投资者情绪波动的影响，大大提高了投资的稳定性，避免了因市场极度狂热或悲观的情况而导致作出非理性的投资决策，以保证在控制风险的前提下实现收益最大化。

量化投资的原理一：将每次赚钱的概率提高到50%以上。也许从每次投资来看，成功的概率略微超过50%并不是很出彩，但是很多次加起来，投资所靠的“运气”可能被变成风险有限的高额投资回报。

量化投资的原理二：如果每次交易赔钱的概率超过50%，但是每次赔的数量都很小，相对而言如果每次赚钱的概率虽然小于50%，但是赚的数目都很大的话，成功的概率也有可能超过50%。经过多次交易之后，只要盈利交易多于亏损交易，总体交易结果就是盈利的。对于这种情况，将交易进行分组，如果最大连续亏损次数为3次，则可以将6次交易分为一组，这样就可以看到每组赚钱的概率提高到50%以上了。

下面对量化投资中常用的概念和方法进行介绍。

（一）资产收益率

资产收益率，也叫资产回报率（ROA），它是用来衡量每单位资产创造多少净利润的指标，也可以解释为企业利润额与企业平均资产的比率。其计算公式为

$$\text{资产收益率} = \text{净利润} / \text{平均资产总额} \times 100\%$$

$$\begin{aligned}\text{单期资产的收益率} &= \text{资产价值(价格)的增值} / \text{期初资产价值(价格)} \\ &= [\text{利息(股息)收益} + \text{资本利得}] / \text{期初资产价值(价格)} \\ &= \text{利息(股息)收益率} + \text{资本利得收益率}\end{aligned}$$

资产收益率是反映企业资产综合利用效果的指标，也是衡量企业利用债权人和所有者权益总额所取得盈利的重要指标。资产收益率越高，说明企业资产的利用效率越高，利用资产创造的利润越多，整个企业的获利能力也就越强，企业经营管理水平越高；反之，资产收益率越低，说明企业资产的利用效率不高，利用资产创造的利润越少，整个企业的获利能力也就越差，企业经营管理水平越低。

资产收益率是财务分析的一个重要比率，其主要意义表现在三个方面。

第一，资产收益率集中地体现了资金运动速度与资产利用效果之间的关系。从计算公式不难看出，资金运动速度快，结果必然是资金占用额少而业务量大，表现为较少的资产投资能够获得较多的利润。通过资产收益率的分析，能使企业资产运用与利润实现很好地挂钩，使投资者对企业“所得”与“所费”之间的比例妥当与否有清晰的认识。

第二，在资产一定的情况下，利润的波动必然引起资产收益率的波动，因此利用资产收益率这一指标，可以分析企业盈利的稳定性和持久性，从而确定企业的经营风险。有时，尽管企业的盈利水平很高，但是缺乏稳定性，这很可能就是经营状况欠佳的一种反映。

第三，资产收益率的高低反映了企业经营管理水平的高低和经济责任制的落实情况。企业经营管理水平的高低，经济责任落实的情况如何，直接反映在利润的高低和

资产的运用状况上。通过资产收益率将利润与资产相比较，可以更好地反映企业经营情况。

对于投资者来说，资产收益率总是越高越好，资产收益率越高，说明企业运用资产获取利润的能力越强，反之则越弱。在实际评价某一特定企业的资产收益率时，首先，应与该企业前期水平相比，以确定该年度的盈利水平；其次，应将连续几年的资产收益率水平进行比较，以观察企业资产收益率的变动趋势；最后，还应将该企业的资产收益率水平同其他企业的资产收益率水平以及同行业的平均水平相比较，只有这样才能对该企业的获利能力作出正确评价。

在实际工作中，由于工作角度和出发点不同，收益率有以下一些类型。

1. 实际收益率。实际收益率表示已经实现或者确定可以实现的资产收益率，表述为已实现或确定可以实现的利息（股息）收益率与资本利得收益率之和。当存在通货膨胀时，应扣除通货膨胀率的影响。

2. 预期收益率。预期收益率也称为期望收益率，是指在不确定的条件下，预测的某资产未来可能实现的收益率。其计算公式为

$$E(R) = \sum_i P_i R_i$$

式中，P_i 是情况 i 可能发生的概率，R_i 是情况 i 发生时的收益率。

证券资产组合的预期收益率就是组成证券资产组合的各种资产收益率的加权平均数，其权数为各种资产在组合中的价值比例。即

$$E(R_p) = \sum_i W_i \cdot E(R_i)$$

式中，$E[R_i]$ 表示组合内第 i 项资产的预期收益率，W_i 表示第 i 项资产在整个组合中所占的价值比例。

3. 必要收益率。必要收益率也称为最低必要报酬率或最低要求的收益率，表示投资者对某资产合理要求的最低收益率。必要收益率由两部分构成，即无风险收益率和风险收益率：

$$R = R_f + \beta(R_m - R_f)$$

式中，R_f 表示无风险收益率，通常以短期国债的利率近似代替；R_m 表示市场投资组合收益率，通常用股票价格指数收益率的平均值或所有股票的平均收益率来代替；β 表示该资产的系统性风险系数。

（1）无风险收益率。无风险收益率也称为无风险利率，是指无风险资产的收益率，它由纯粹利率（资金的时间价值）和通货膨胀补贴两部分组成。无风险资产一般满足两个条件：一是不存在违约风险；二是不存在再投资收益率的不确定性。实际上，满足这两个条件的资产几乎是不存在的，一般用与所分析的资产的现金流量期限相同的国债来表示。因此，一般用国债的利率表示无风险利率，该国债应与所分析的资产的现金流量有相同的期限。

（2）风险收益率。风险收益率是指某资产持有者因承担该资产的风险而要求的超过无风险利率的额外收益。风险收益率衡量了投资者将资金从无风险资产转移到风险

资产而要求得到的“额外补偿”，它的大小取决于以下两个因素：一是风险的大小；二是投资者对风险的偏好。

（二）货币的时间价值

金融专业里有一句话叫做“今天的一块钱不等于明天的一块钱”。一般来讲，投资的最主要特点是时间价值和风险。投资是对资本的利用，而资本是那些能够带来未来收益的价值，所以投资就是为了获得未来收益而对资本的利用过程。作为一种与未来收益相联系的价值，随着时间的推移，资本具有不断增值的能力，时间越长，从最终结果看，增值的价值量越大。

资本的时间价值又被称为货币的时间价值，这是因为资本最初总是以货币的预付为起点、货币的回流为终点。

货币的时间价值最直接的表现就是利率，利率是货币价值增值能力的体现，利率越高，则货币的增值能力越大，反之则越小。利率的存在，使得不同时间点上的货币量之间可以进行价值量大小的比较。由于投资总是以某个时间点的货币预付为起点，而以其后某个时期或在某个期间内的货币回流为终点，因此要反映投资是否达到预期的效益，就必须将它们转化为某个特定时间的货币价值来进行比较。这种转化一般是以市场上货币的机会成本或平均利率为标准，或者是以投资者的预期毛利率为标准的。

要求回报率是投资人对于风险投资所要求的收益率，它是反映未来现金流风险的报酬，也称为人们愿意进行投资所必须赚得的收益。大部分投资者的目标是获得大的投资回报和承担小的投资风险。然而要求回报率并不是漫天要价的，它的决定基础是资金的供给和需求的水平。与经济学中对商品的需求和供给决定了商品价格一样，资金的需求和供给决定了资金的价格，而资金的价格就是利率。

要求回报率由无风险利率和风险溢价组成。无风险利率分为名义无风险利率和实际无风险利率。假设银行存款利率为7%，这是否意味着资金可以每年增值7%呢？答案是否定的。因为如果每年的通货膨胀率为6%，则实际只能获得1%的收益率，所以7%称为名义无风险利率，1%称为实际无风险利率。

风险溢价是一个人在面对高低不同的风险，且清楚高风险高报酬、低风险低报酬的情况下，因个人对风险的承受度而影响其是否要冒风险获得较高的报酬，或是只接受已经确定的收入，放弃冒风险可能得到的较高报酬。确定的收入与较高的报酬之间的差，即为风险溢价。从投资学的角度而言，风险溢价可以视为投资者对于高风险所要求的较高报酬。在衡量风险时，通常的方法就是使用无风险利率即国债之利率来与其他高风险的投资比较。高于无风险利率的报酬，这部分即称为风险溢价。风险溢价有多种，以违约风险溢价为例，违约风险溢价是指债券发行者在规定时间内不能支付利息和本金的风险。债券信用等级越高，违约风险越小；债券信用等级越低，违约风险越大。违约风险越大，债券的到期收益率越高。违约风险溢价一般会被添加进无风险真实利率里，以补偿投资者对违约风险的承受。

当利息周期与计息周期不一致时，出现了名义利率和有效年利率的概念。利息周期指的是利率以多长时间为一个周期计算，例如，“年利率12%”的利息周期为一年。

所有给出的利率都称为名义利率，例如“年利率 12%”中名义利率为 12%。如果名义利率中利息周期为一年，则名义利率也是有效年利率，但如果利息周期不是以一年为单位，则名义利率不是有效年利率。名义利率按不同的计息期调整后算得的利率为有效年利率（EAR）。

如果一年内计算复利次数为 n，名义利率为 r，则有效年利率为

$$EAR = (1 + r/n)^n - 1$$

如果是连续复利，则

$$EAR = e^r - 1$$

（三）投资与随机变量

几乎在所有的投资决策中，都会用到随机变量，例如股票收益率和每股收益都是常见的随机变量的例子。下面分别介绍两个常见的概率应用。

二项期权定价模型是由考克斯（J. C. Cox）、罗斯（S. A. Ross）、鲁宾斯坦（M. Rubinstein）和夏普（Sharpe）等人提出的一种期权定价模型，主要用于计算美式期权的价值。二项期权定价模型假设股价波动只有向上和向下两个方向，且假设在整个考察期内，股价每次向上（或向下）波动的概率和幅度不变。模型将考察的存续期分为若干阶段，根据股价的历史波动率模拟出股票在整个存续期内所有可能的发展路径，并对每一路径上的每一个节点计算权证行权收益和用贴现法计算出权证价格。以连续三天的股价变动为例，三天中，每天股价上升下降都是一个独立的事件，股价以常数概率 p 向上变动。如果股价向上变动，U 等于 1 加上向上变动带来的收益率。股票以常数概率 $1-p$ 向下变动，如果股价向下变动，D 等于 1 加上向下变动所带来的收益率。图 1－1 中表示了连续三天股票变动的情况。从图 1－1 中可以看到，在 $t=3$ 时股票价格有 4 个可能值：UUUS、UUDS、UDDS、DDDS。导致 UUDS 结果的序列有三个，分别是 UUD、UDU 和 DUU，这三个序列中都有两次上升和一次下降，所以概率都是 $p^2(1-p)$，所以得到 UUDS 结果的概率为 $3p^2(1-p)$。股票价格等于最后任意一个结果的概率都可以用二项分布给出。股票价格是二项随机变量的一个函数。

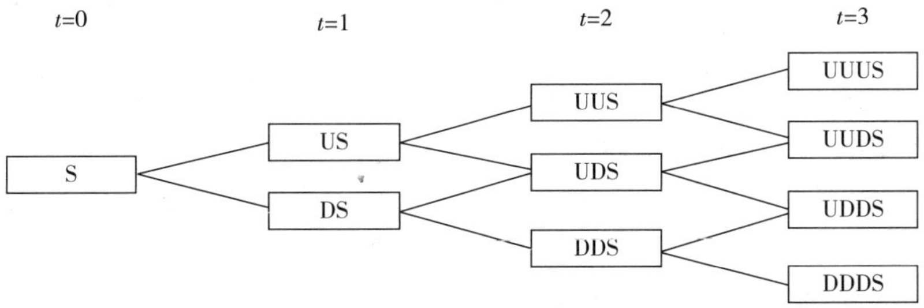

图 1－1　股价变动二叉树

在投资组合中，超亏风险是指资产组合的价值低于某个可以接受的最低值的风险。如果一个投资者能够忍受的临界收益率是 6%，则当投资的收益率低于 6% 时，他正面临超亏风险。因此所有投资组合将尽可能降低投资收益率使其低于可承受的临界值的

概率，即罗伊第一安全比率准则。用符号表示，投资者的目标是选择一个投资组合 P，使得 $R_P < R_L$，其中 R_P 是实际的投资收益率，R_L 是临界收益率。当投资组合收益率服从正态分布时，R_P 的期望是 $E(R_P)$，标准差为 σ_P，则在罗伊第一安全比率准则下，最优投资组合将最大化安全比率：

$$SFR = \frac{E(R_P) - R_L}{\sigma_P}$$

例如，假设一个投资者的临界收益率为2%，现在有两种投资组合的选择。投资组合1的预期收益率为12%，标准差为15%。投资组合2有14%的收益率和16%的标准差，则投资组合1的 $SFR = (12-2)/15 = 0.667$，投资组合2的 $SFR = (14-2)/16 = 0.75$。投资组合2的安全比率优于投资组合1。根据正态分布的计算，投资组合2收益率低于临界收益率2%的概率为23%。

三、知识要点

在日常生活中，我们常常会遇到一些涉及可能性或发生机会等概念的事件。一个事件的可能性或一个事件的发生机会是与数学有关的。例如："从一个班40名学生中随意选出一人，这人会是男生吗？"

概率常用来量化对于某些不确定命题的想法，命题一般会是以下的形式："某个特定事件会发生吗？"对应的想法则是："这个事件会发生的可能性是多少？"确定的程度可以用0到1之间的数值来表示（0表示不可能发生，1表示一定会发生），这个数值就是概率。

有些事件是确定性事件。确定性事件包含必然事件和不可能事件。如太阳从东方升起，或者在标准大气压下，水在100℃时会沸腾，这些事件称为必然事件。一个普通的骰子，掷出向上一面的数字是7，这是不可能发生的，这种事件被称为不可能事件。

大量事件在一定条件下是否发生，是无法确定的。如明天的气温比今天低、掷骰子得到的点数为2，又比如中东冲突可能会对油价有某种程度的影响，而油价对世界经济可能会有涟漪效应的影响。这些可能发生也可能不会发生的事件称为随机事件。

（一）概率

一个事件的概率值通常以一个介于0到1的实数来表示。一个不可能事件其概率值为0，而确定事件其概率值则为1。

设随机事件的样本空间为 Ω，Ω 的一个子集称为事件。对于 Ω 中的每一个事件 A，都有实函数 $P(A)$，$P(A)$ 为 Ω 中事件 A 的概率。概率满足如下条件：

非负性：$P(A) \geqslant 0$；

规范性：$P(\Omega) = 1$。

1. 古典概率和主观概率。概率有三种主要的含义，第一种含义是古典先验概率，即以有关过程的先验知识为基础的事件发生的可能性。例如掷骰子，每次投掷得到点数是不确定的，在10次投掷中，可能得到2点的次数是7次，但不能给出"掷骰子得到2点的概率是0.7"的结论。根据先验知识，我们知道，掷骰子得到1点到6点的概率都是相同的，即1/6。

第二种含义是古典经验概率，这类概率可以表示调查得知的支持某政策的居民比例，线上购买电子产品的比例等。它是利用过去历史资料计算得到的先验概率。模型要求满足两个条件：（1）试验的所有可能结果是有限的；（2）每一种可能结果出现的概率相等。若所有可能结果的总数为 n，随机事件 A 包括 m 个可能结果，则事件 A 发生的概率为 m/n。

当历史资料无从取得或资料不完全时，凭人们的主观经验来判断而得到的概率，称为主观概率，这是概率的第三种含义。例如，对于一个新产品，该产品的开发人员和市场营销人员对该产品赢得市场的可能性会有不同的判断。个人的过往经验、观点和立场影响人们赋予各种事件的概率值。主观概率对于决策尤为有用。

2. 多个事件的概率运算。

（1）互斥事件。有些事件是互斥事件，即不可能同时发生的事件，例如掷骰子时，得到1个点和得到2个点是不可能同时发生的，它们是互斥事件。直观描述互斥事件在样本空间中的位置关系如图1－2所示。如果要计算投掷一次骰子得到1点或2点的概率，以 A 表示得到1点，以 B 表示得到2点，则得到1点或2点可表示为 $P(A \cup B)$。

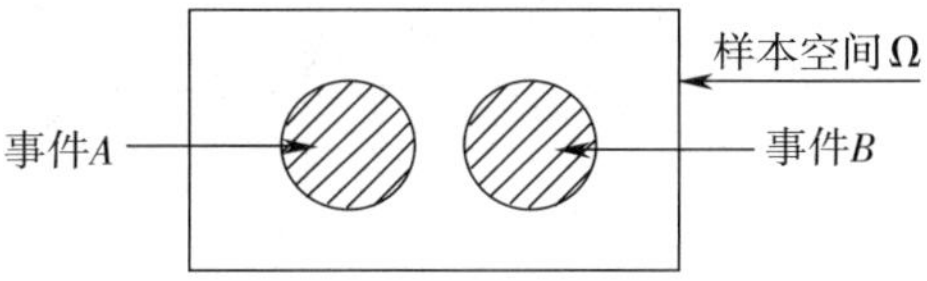

图1－2　互斥事件

对于数个两两互斥事件 $\{A_i\}_{i \in N}$，有 $\sum_{i=1}^{\infty} P(A_i) = P(\bigcup_{i=1}^{\infty} A_i)$。在掷骰子中，想计算得到1点或2点的概率，因为 A、B 是互斥事件，所以 $P(A \cup B) = P(A) + P(B) = \frac{1}{6} + \frac{1}{6} = \frac{1}{3}$。

（2）广义加法公式。对于任意两个事件 A 和事件 B，计算 A 或 B 发生的概率如图1－3所示。计算公式为

$$P(A \cup B) = P(A) + P(B) - P(A \cap B) \tag{1.1}$$

式中，$P(A \cap B)$ 表示事件 A 和事件 B 同时发生的概率，称为联合概率。

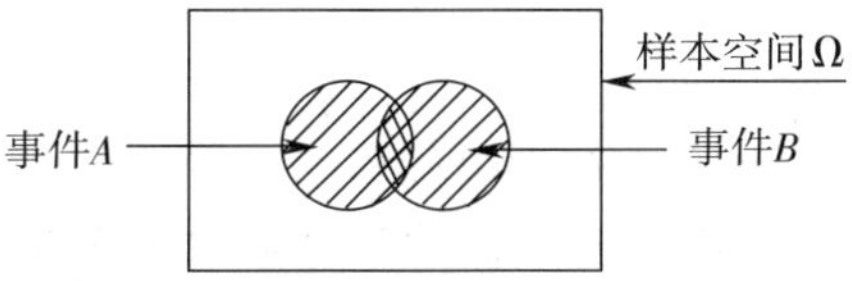

图1－3　任意事件的合并

例如，一家科技公司的人事部门对近两年离职人员的离职原因进行调查，被调查的人中有40%对工资不满意，30%是因为工作强度太大，有15%是对工资和工作强度都不满意。现在想知道离职员工中因为对工资不满意或者对工作强度不满意而离职的员工比例。

以 A 表示员工离职是因为对工资不满意，以 B 表示员工离职是因为对工作强度不满意，则要计算的对象为 $P(A \cup B)$。根据公式（1.1），有 $P(A \cup B) = P(A) + P(B) -$

$P(A \cap B) = 0.4 + 0.3 - 0.15 = 0.55$。

3. 条件概率（Conditional Probability）。条件概率就是事件 A 在另外一个事件 B 已经发生条件下的发生概率。条件概率表示为 $P(A|B)$，读作“在 B 条件下 A 的概率”。A 与 B 之间不一定有因果或者时间顺序关系。A 可能会先于 B 发生，也可能相反，也可能二者同时发生。A 可能会导致 B 的发生，也可能相反，也可能二者之间根本就没有因果关系。

（1）条件概率的计算。设 A 与 B 为样本空间 Ω 中的两个事件，其中 $P(B) > 0$。那么在事件 B 发生的条件下，事件 A 发生的条件概率为

$$P(A|B) = \frac{P(A \cap B)}{P(B)} \tag{1.2}$$

条件概率有时候也称为后验概率。条件概率的图示见图 1－4。

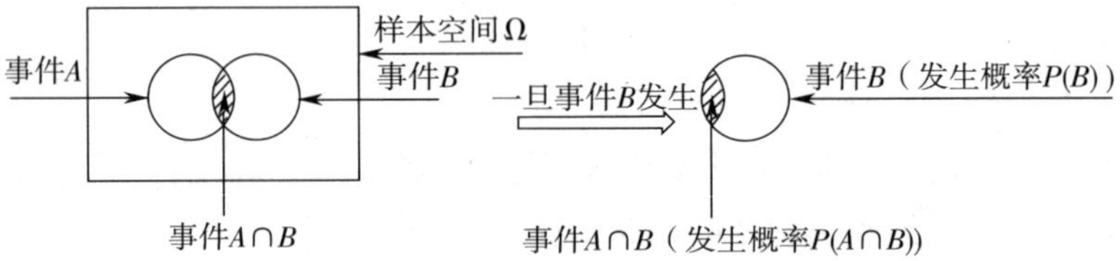

图 1－4　条件概率

（2）概率的乘法公式。要计算两个事件同时发生的概率，即 $P(A \cap B)$，根据条件概率公式（1.2），有

$$P(AB) = P(B)P(A|B) \tag{1.3}$$

$P(A \cap B)$ 通常表示为 $P(AB)$。若事件 A 与 B 相互独立，则有

$$P(AB) = P(A)P(B) \tag{1.4}$$

将公式（1.3）推广到 n 个事件，有

$$P(A_1A_2\cdots A_n) = P(A_1)P(A_2|A_1)P(A_3|A_1A_2)\cdots P(A_n|A_1A_2\cdots A_{n-1}) \tag{1.5}$$

将公式（1.4）推广到 n 个相互独立的事件，有

$$P(A_1A_2\cdots A_n) = P(A_1)P(A_2)\cdots P(A_n) \tag{1.6}$$

（二）随机变量

用来表示随机现象结果的变量称为随机变量，常用大写字母 X，Y，Z 表示。很多事件都可用随机变量表示，表示时应写明随机变量的含义。

随机变量根据其取值特点分为离散型随机变量和连续型随机变量。

1. 离散型随机变量及概率分布列。离散型随机变量，即随机变量 X 只可能取有限个或者是可数无穷尽的值。例如掷一次骰子，只能得到 1 点到 6 点中的某一点。

离散型随机变量通常用概率分布列表示其概率分布情况。

概率分布列的定义：设 X 是一个离散型随机变量，如果 X 的所有可能取值是 x_1，$x_2,\cdots,x_n$，…，则称 X 取 x_i 的概率分布列为

- 公式法：$p_i = p(x_i) = P(X = x_i), i = 1,2,\cdots,n,\cdots$
- 列表法：

离散型随机变量的数学期望（均值）等于随机变量的每一个可能的取值分别乘以各自的发生概率，然后相加。

X	x_1	x_2	…	x_n	…
P	$p(x_1)$	$p(x_2)$	…	$p(x_n)$	…

$$E(x) = x_1p(x_1) + x_2p(x_2) + \cdots + x_np(x_n) \tag{1.7}$$

离散型随机变量方差的计算公式如下：

$$Var(X) = E(X - E(X))^2 = p(x_1)(x_1 - E(X))^2 + p(x_2)(x_2 - E(X))^2 + \cdots + p(x_n)(x_n - E(X))^2 \tag{1.8}$$

2. 连续型随机变量及概率密度函数。连续型随机变量，即随机变量 X 由全部实数或者由一部分区间组成，$X = \{x \mid a \leqslant x \leqslant b\}$，$-\infty < a < b < +\infty$。例如，公共汽车每 15 分钟一班，某人在站台等车时间 x 是个随机变量，x 的取值范围是 [0，15)，它是一个区间。

概率密度函数是用于描述连续型随机变量所服从的概率分布。连续型随机变量的概率密度函数有如下性质：

（1）$p(x) \geqslant 0$；

（2）$\int_{-\infty}^{+\infty} p(x)\mathrm{d}x = 1$ 等于夹于概率密度的曲线与 x 轴之间的“平面图形”的面积；

（3）$P(a < X \leqslant b) = \int_a^b p(x)\mathrm{d}x$，$P(a < X < b)$ 的值等于由直线 $x = a$，$x = b$ 与概率密度曲线、x 轴所围成的平面图形的面积。

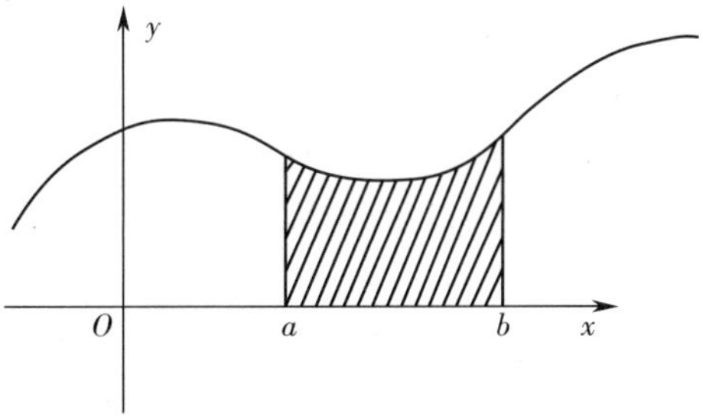

图 1－5　概率密度函数

累积分布函数是概率密度函数的积分，能完整描述一个实随机变量 X 的概率分布。

$$F(x) = P(X \leqslant x) = \int_{-\infty}^{x} p(t)\mathrm{d}t \tag{1.9}$$

（三）概率分布

概率分布，是指用于表述随机变量取值的概率规律。事件的概率表示了一次试验中某一个结果发生的可能性大小。若要全面了解试验，则必须知道试验的全部可能结果及各种可能结果发生的概率，即随机试验的概率分布。如果试验结果用变量 X 的取值来表示，则随机试验的概率分布就是随机变量的概率分布，即随机变量的可能取值及取得对应值的概率。根据随机变量所属类型的不同，概率分布分为离散型随机变量下的概率分布和连续型随机变量下的概率分布。

1. 离散型随机变量下的概率分布。

（1）伯努利分布，即试验只有两个结果。一般把一个结果称为“成功”，用“$X=1$”表示；另一个结果称为“失败”，用“$X=0$”表示。

（2）二项分布，表示 n 次伯努利试验中有 x 次成功的概率。

$$P\{X = x\} = C_n^x p^x (1-p)^{n-x} \quad x = 0,1,2,\cdots,n \tag{1.10}$$

符合以下四个特点的就是二项分布：

①做某件事的次数是固定的；

②每一次事件都有两个可能的结果（成功，或者失败）；

③每一次成功的概率都是相等的；

④你感兴趣的是成功 x 次的概率是多少。

二项分布的实例：抛5次硬币，有2次正面朝上的概率是多少；买了5家公司的股票，假设投资这5家公司成功的概率都相同，那么你关心其中有3只股票投资成功的概率有多大。

（3）几何分布，在 n 次伯努利试验中，试验 x 次才得到第1次成功的概率。详细地说，是前 $x-1$ 次皆失败，第 x 次成功的概率。

$$P(X=x)=(1-p)^{x-1}p \tag{1.11}$$

符合以下四个特点的就是几何分布：

①做某事件次数（也叫试验次数）是固定的，用 n 表示；

②每一次事件都有两个可能的结果（成功，或者失败）；

③每一次“成功”的概率都是相等的，成功的概率用 p 表示；

④你感兴趣的是，进行 x 次尝试这个事情，取得第1次成功的概率是多大。

几何分布的实例：例如你在玩抛硬币的游戏，想知道抛5次硬币，只有第5次（是第1次成功）正面朝上的概率是多大。

（4）泊松分布，适合于描述单位时间内随机事件发生的次数。用 x 代表事情发生的次数，λ 代表给定时间范围内事情发生的平均次数。

$$P(X=k)=\frac{e^{-\lambda}\lambda^{k}}{k!} \tag{1.12}$$

符合以下三个特点就是泊松分布：

①事件是独立事件；

②在任意相同的时间范围内，事件发生的概率相同；

③你想知道某个时间范围内，发生某件事情 x 次的概率是多大。

泊松分布的实例：例如你策划了一场促销抽奖活动，想知道一天内10人中奖的概率；例如你是公司质检管理员，想知道一个月内某机器损坏10次（假如超过10次则认为不合格）的概率是多少。

2. 连续型随机变量下的概率分布。正态分布（normal distribution）是一个在数学、物理、工程及金融等领域都非常重要的概率分布。正态分布在自然界中随处可见，比如说人的身高和智力都服从正态分布。

若随机变量 X 服从一个位置参数为 μ 、标准差为 σ 的概率分布，记为

$$X \sim N(\mu,\sigma^{2}) \tag{1.13}$$

则其概率密度函数为

$$f(x)=\frac{1}{\sigma\sqrt{2\pi}}e^{-\frac{(x-\mu)^{2}}{2\sigma^{2}}} \tag{1.14}$$

标准差 σ 的平方 σ^2 称为方差。

正态分布的概率密度图如图 1－6 所示。正态分布的概率密度函数曲线呈钟形，因此人们又经常称为钟形曲线。

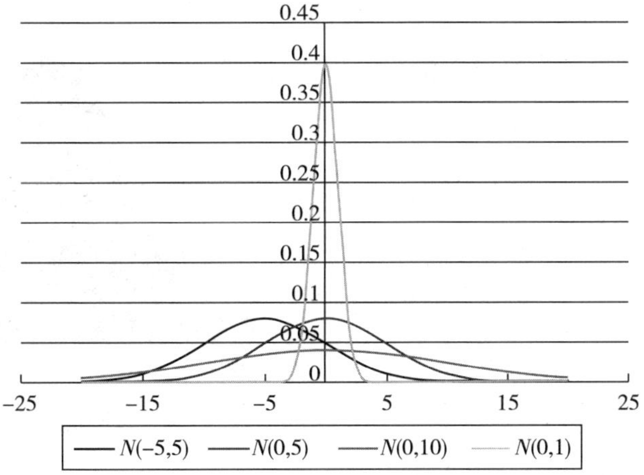

图 1－6　正态分布概率密度图

（1）正态曲线的图形特征。

①集中性：正态曲线的高峰位于正中央，即均数所在的位置。

②对称性：正态曲线以均数为中心，左右对称，曲线两端永远不与横轴相交。

③均匀变动性：正态曲线由均数所在处开始，分别向左右两侧逐渐均匀下降。

（2）正态曲线的参数性质。

①μ 决定曲线的位置和对称性。μ 是正态分布的位置参数，描述正态分布的集中趋势位置。正态分布以 $X=\mu$ 为对称轴，左右完全对称。正态分布的期望、均数、中位数、众数相同，均等于 μ。

②σ 确定曲线的形状。σ 描述正态分布资料数据分布的离散程度，σ 越大，数据分布越分散，σ 越小，数据分布越集中。σ 也称为正态分布的形状参数，σ 越大，曲线越“矮胖”，反之，σ 越小，曲线越“瘦高”。

累积分布函数是随机变数 X 小于或等于 x 的概率，连续型随机变量的累积分布函数是概率密度函数从 $-\infty$ 到 x 的积分函数。正态分布的累积分布函数表示为

$$F(x;\mu,\sigma) = \frac{1}{\sigma\sqrt{2\pi}}\int_{-\infty}^{x} e^{-\frac{(t-\mu)^2}{2\sigma^2}}dt \tag{1.15}$$

正态分布的累积分布函数图如图 1－7所示。

正态分布有一个称为“经验法则”的“68—95—99.7 法则”，即约 68.3% 的数值分布在距离平均值有 1 个标准差之内的范围，约 95.4% 的数值分布在距离平均值有 2 个标准差之内的范围，以及约 99.7% 的数值分布在距离平均值有 3 个标准差之内的范围（见图 1－8）。

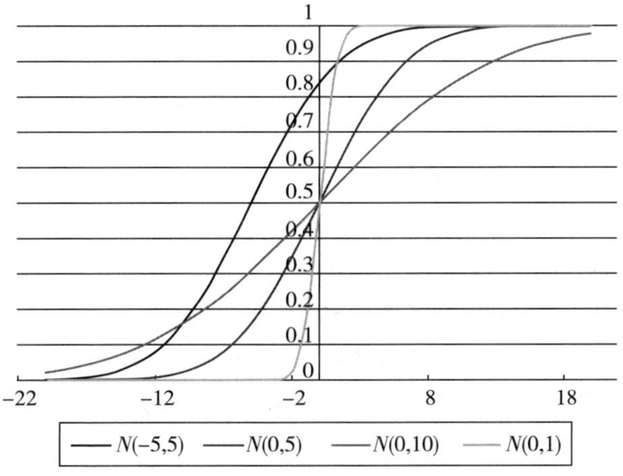

图 1－7　正态分布的累计分布函数图

根据经验法则，在给出正态分布均值和标准差的条件下，可以快速作出估计。例如，在某次高中的数学考试中（满分为 150 分），考生成绩服从

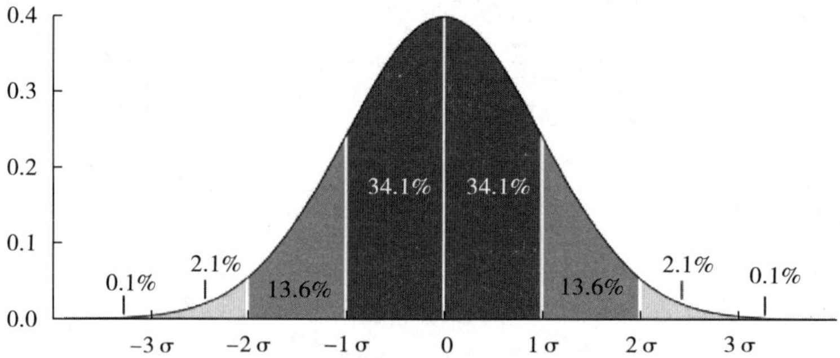

图 1-8 正态分布“经验法则”

均值为 100，标准差为 10 的正态分布。任意选取一位学生，他的考试成绩在 80～120 的概率为多少？由于80～120 在均值的正负两个标准差范围，因此可以马上给出“成绩在 80～120 的概率为 95.4%”这样的结论。

正态分布中，均值为 0，标准差为 1 的分布称为标准正态分布，通常用 $Z \sim N(0,1)$ 表示标准正态分布。

四、项目任务

【任务概览】

本项目通过完成几种应用情景中的数据表格，掌握二项分布、正态分布在 Excel 中的计算方法，理解正态分布的特点。

1. 利用已有的统计数据计算事件发生的概率。
2. 多事件概率的计算方法。
3. 选择合适的概率分布对数据进行概率计算。
4. 能够灵活运用 NORM. DIST( ) 函数和 NORM. INV( ) 函数计算正态分布。

任务 1 计算投资组合的数学期望和方差

【任务清单】根据离散型随机变量的数学期望和方差的计算方法，计算投资组合的数学期望和方差。

【具体要求】

投资组合由 4 只股票构成，各股票分别占 10%、20%、40% 和 30%，各股的每股净收益（Earning Per Share，EPS）分别为 $ 1. 80、$ 1. 60、$ 1. 20 和 $ 1. 00。

（1）列出概率分布列；

（2）计算该投资组合的平均 EPS；

（3）计算该投资组合的 EPS 的方差和标准差。

【操作示范】

由题义可知，各股 EPS 的概率分布如表 1-1 所示。

表 1-1 各股 EPS 的概率分布

X	1.80	1.60	1.20	1.00
P	10%	20%	40%	30%

$$E(EPS) = 10\% \times \$1.80 + 20\% \times \$1.60 + 40\% \times \$1.20 + 30\% \times \$1.00 = \$1.28$$

$$Var(EPS) = 10\% \times (\$1.80 - \$1.28)^2 + 20\% \times (\$1.60 - \$1.28)^2 + 40\% \times (\$1.20 - \$1.28)^2 + 30\% \times (\$1.00 - \$1.28)^2 = \$0.0736$$

$$\sigma(EPS) = \sqrt{\$0.0736} = \$0.27$$

任务 2 根据统计数据计算事件发生的概率

【任务清单】 根据已有的统计数据计算事件发生的概率。

【具体要求】

根据杭州通达汽车行的销售数据，在过去的 300 天营业时间里，有 54 天销售量为 0，117 天为 1 辆，72 天为 2 辆，42 天为 3 辆，12 天为 4 辆，3 天为 5 辆。

（1）假设选择该公司一天的经营情况作分析，定义 x 为一天销售的汽车数量，$f(x)$ 表示销售 x 辆的概率，完成表格。

（2）绘制该公司一天汽车销售量的概率分布图。

（3）一天中汽车销售量大于或等于 3 辆的概率是多少？

【操作示范】

（1）根据 300 天营业时间的统计数据，以销售数量 $x=0$ 为例，在 300 天中，有 54 天销售量为 0，所以销售数量为 0 的比例为 $\frac{54}{300} \times 100\% = 18\%$，类似地，分别计算出销售量为 1、2、3、4、5 的比例，计算过程如表 1-2 所示。

表 1-2 通达汽车行某天销售台数的概率

x	累计天数	$f(x)$
0	54	18%
1	117	39%
2	72	24%
3	42	14%
4	12	4%
5	3	1%

（2）根据销售数量 x 及其相应概率 $f(x)$，选中数据后，插入“散点图”，修改显示的图表标题，修改坐标轴最大值，删除图例项，得到如图 1-9 所示概率分布图。

（3）一天中汽车销售量大于或等于 3 辆的情况分别有 $x=3$、$x=4$ 和 $x=5$，以 A_1 表示销售量为 3 的事件，A_2 表示销售量为 4 的事件，A_3 表示销售量为 5 的事件，A_1、A_2、A_3 之间互斥，所以 $P(A_1 \cup A_2 \cup A_3) = P(A_1) + P(A_2) + P(A_3) = 0.14 + 0.04 + 0.01 = 0.19$，即一天中汽车销售量大于或等于 3 辆的概率是 19%。

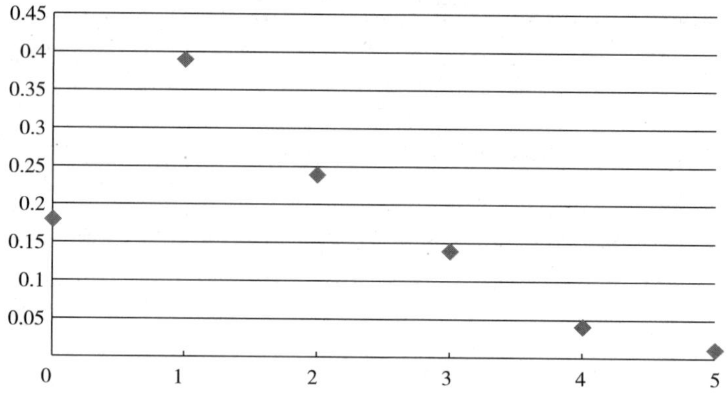

图 1-9　销售数量 x 的概率分布图

任务 3　条件概率计算

【任务清单】条件概率的应用计算。

【具体要求】

一家计算机公司从两个供应商处购买同一种计算机配件，质量状况如表 1-3 所示。

表 1-3　供应商提供的配件数量

供应商	合格品个数	次品个数
甲	188	12
乙	192	8

从这 400 个配件中任取一个进行检查：

（1）取出的一个配件是合格品的概率是多少？

（2）取出的一个配件是供应商甲提供的配件的概率是多少？

（3）取出的一个配件是供应商甲提供的合格品的概率是多少？

（4）已知取出的一个是供应商甲提供的配件，它是合格品的概率是多少？

【操作示范】

根据给定的数据进行汇总，得到数据如表 1-4 所示。

表 1-4　对配件的统计数据

供应商	合格品个数	次品个数	合计
甲	188	12	200
乙	192	8	200
合计	380	20	400

（1）以 A 表示“取出的一个配件是合格品”事件，$P(A)=\frac{380}{400}\times 100\%=95\%$。

（2）以 B 表示“取出的一个配件是供应商甲提供的配件”事件，则 $P(B)=\frac{200}{400}\times 100\%=50\%$。

（3）“取出的一个配件是供应商甲提供的合格品”等价于事件 A 和事件 B 同时发生，即 $A\cap B$，概率为 $P(A\cap B)=\frac{188}{400}\times 100\%=47\%$。

（4）在已知事件 B 的条件下求事件 A 发生的概率，即 $P(A|B)$，由条件概率公

式（1.2），有 $P(A|B)=\frac{P(A\cap B)}{P(B)}=\frac{0.47}{0.50}\times100\%=94\%$。

任务4 二项分布概率计算

【任务清单】 二项分布的计算过程。

【具体要求】

根据以往的经验，服装店经理估计每名顾客购买服装的概率是0.30。

（1）假设用 x 表示购买服装的顾客人数，仍以3名顾客为销售对象，分别计算 $x=0,1,2,3$ 时的概率（保留小数点后3位）。

（2）绘制概率分布图。

（3）如果进入商店的顾客有10人，恰好有4人购物的概率是多少？

【操作示范】

每名顾客购买服装的概率是0.3，则每名顾客不购买服装的概率是 $1-0.3=0.7$。因为每名顾客只有“购买”和“不购买”两种可能，所以是二项分布。

（1）进店顾客有3人时，购买服装的顾客人数 $x=0,1,2,3$ 时的概率计算公式如表1-5所示。计算结果分别为0.343、0.441、0.189和0.027。

表1-5 顾客购买概率计算

x	$f(x)$	顾客购买概率	顾客不购买概率
0	=COMBIN(3,A2) × \$D\$2^(3-A2) × \$C\$2^A2	0.3	0.7
1	=COMBIN(3,A3) × \$D\$2^(3-A3) × \$C\$2^A3		
2	=COMBIN(3,A4) × \$D\$2^(3-A4) × \$C\$2^A4		
3	=COMBIN(3,A5) × \$D\$2^(3-A5) × \$C\$2^A5		

（2）选中事件及其相应概率数据区，插入“带有平滑线和数据标志的散点图”，修改显示的图表标题，修改坐标轴最大值和主要刻度单位，删除图例项，得到如图1-10所示概率分布图。

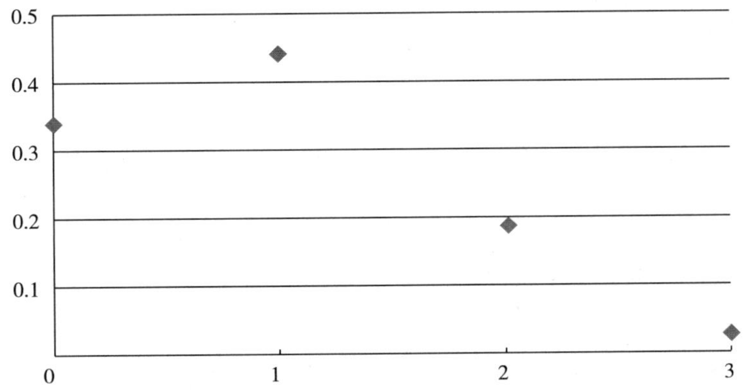

图1-10 3名顾客购买商品的概率分布图

（3）如果进入商店的顾客有 10 人，恰好有 4 人购物，代入二项分布公式有 $p(X=4)=C_{10}^{4}0.3^{4}(1-0.3)^{6}=0.2001$。

任务 5　正态分布基础计算

【任务清单】正态分布的计算方法。

【具体要求】

在 Excel 中，完成下列的正态分布计算（均保留 4 位小数）。

（1）计算 $P(0\leqslant z\leqslant 1.53)$。

（2）计算 $P(z>-2.18)$。

（3）找到点 z_0，使得 $P(z\leqslant z_0)=0.3015$。

（4）找到点 z_0，使得 $P(-z_0\leqslant z\leqslant z_0)=0.92$。

（5）根据杭州市统计局统计数据，2015 年杭州市城镇居民人均月收入为 3 258.25 元。假设根据得到的数据统计表明收入服从正态分布，其标准差为 600 元，回答下列问题：

① 2015 年杭州市城镇居民收入在 3 000 ~ 4 000 元的概率是多少？

② 如果某人收入处于最高的 10% 范围的话，他的收入必须达到多少？

③ 随机选择一人，他的月收入低于 2 000 元的概率是多少？

【操作示范】

在 Excel 中，与正态分布有关的函数主要有 NORM. DIST( )、NORM. INV( )。

> NORM. DIST(x, mean, standard_dev, cumulative)：返回指定平均值和标准偏差的正态分布函数。
>
> X：必需。需要计算其分布的数值。
>
> Mean：必需。分布的算术平均值。
>
> Standard_dev：必需。分布的标准偏差。
>
> Cumulative：必需。决定函数形式的逻辑值。如果 Cumulative 为 TRUE，NORM. DIST 返回累积分布函数；如果为 FALSE，则返回概率密度函数。

> NORM. INV(probability, mean, standard_dev)：返回指定平均值和标准偏差的正态累积分布函数的反函数。
>
> Probability：必需。对应于正态分布的概率。
>
> Mean：必需。分布的算术平均值。
>
> Standard_dev：必需。分布的标准偏差。

例如，$X\sim N(5,10)$，计算 $P(x\leqslant 0.5)$。在 Excel 中，因为 NORM. DIST( ) 函数中需要的是均值、标准差，而 $N(5,10)$ 中 5 是均值，10 是标准差，所以需要输入公式为 NORM. DIST（0.5，5，SQRT（10），TRUE），计算得到 $P(x\leqslant 0.5)=0.0773$。

在正态分布中，符号 z 表示随机变量服从标准正态分布，即均值为0，标准差为1的正态分布。

（1）计算 $P(0 \leqslant z \leqslant 1.53)$。对于标准正态分布，在Excel中有函数NORM. S. DIST（ ）和NORM. S. INV（ ），功能分别与NORM. DIST（ ）函数和NORM. INV( )函数类似，只是内置均值为0，标准差为1。由于NORM. S. DIST（x，Cumulative）函数中Cumulative = TRUE时计算的是（$-\infty, x$）的概率，因此计算 $0 \leqslant z \leqslant 1.53$ 的概率函数为 = NORM. S. DIST（1.53，TRUE）－NORM. S. DIST（0，TRUE），结果为0.4370。

（2）计算 $P(z > -2.18)$。同样由于NORM. S. DIST（x，Cumulative）函数中Cumulative = TRUE时计算的是（$-\infty, x$）的概率，因此计算 $z > -2.18$ 的概率函数为 = 1 − NORM. S. DIST（−2.18，TRUE），结果为0.9854。

（3）找到使得 $P(z \leqslant z_0) = 0.3015$ 的点 z_0。利用函数NORM. S. INV（probability）返回标准正态分布概率的反函数，所以计算点 z_0 的函数为 = NORM. S. INV（0.3015），得到 $z_0 = -0.5201$。

（4）找到使得 $P(-z_0 \leqslant z \leqslant z_0) = 0.92$ 的点 z_0。如图1－11所示，关于原点对称的 $x = -z_0$ 和 $x = z_0$，其概率值相等。要计算使得 $P(-z_0 \leqslant z \leqslant z_0) = 0.92$ 的点 z_0，可以先找到 $-z_0$ 点，$P(z \leqslant -z_0) = (1-0.92)/2 = 0.04$。计算点 $-z_0$ 的函数为 = NORM. S. INV（0.04），得到 −1.7507，所以 $z_0 = 1.7507$。

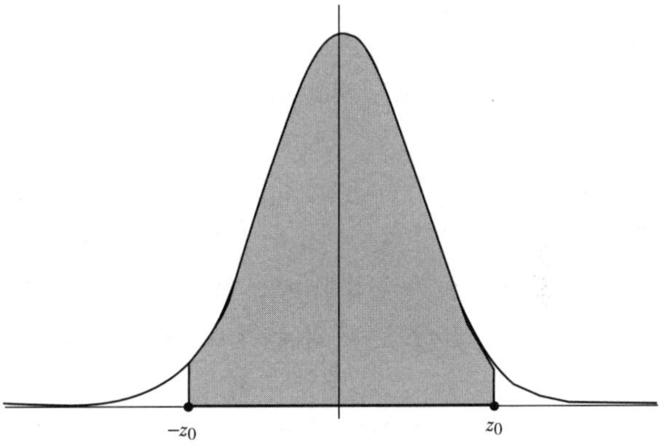

图1－11 标准正态分布

（5）2015年杭州市城镇居民人均月收入为3 258.25元，标准差为600元，则①计算2015年杭州市城镇居民收入在3 000～4 000元的概率式为 = NORM. DIST(4 000, 3 258.25, 600, TRUE）－NORM. DIST（3 000, 3 258.25，600，TRUE），得到概率为0.5584。②如果某人收入处于最高的10%范围，表示为 $P(x > x_0) = 0.1$，利用Excel函数式 = NORM. INV（1－0.1，3 258.25，600），计算得到 $x_0 = 4\ 027.18$，即某人的收入达到4 027.18元，他的收入处于杭州市城镇居民月收入的最高10%范围。③计算某人月收入低于2 000元的概率，Excel函数式为 = NORM. DIST（2 000，3 258.25，600，TRUE），计算得到概率为0.0180。

五、能力拓展：金融风险事件——“黑天鹅”与“灰犀牛”

金融是国家发展非常重要的核心竞争力，防控金融风险、保障金融安全方面，中央政府一直都给予了高度重视。虽然目前我国的金融发展形势较为良好，但并不代表风险不存在。事实上，在国际形势不平衡的现状下，我国金融风险依旧呈现点多面广的特点，金融市场中的违法违规现象丛生，潜在的风险和隐患正在积累，我们切不可掉以轻心。因此，政府和相关部门一直在强调，既要防止“黑天鹅”事件发生，也要防止“灰犀牛”风险发生。“黑天鹅”和“灰犀牛”事件的定义都围绕着一个词——“概率”。

“黑天鹅”比喻小概率而影响巨大的事件。“黑天鹅”事件是指极其罕见的、出乎人们意料的风险。“黑天鹅”事件非常难以预测，且不同寻常，通常会引起市场连锁负面反应甚至颠覆市场。一般来说，“黑天鹅”事件是指满足以下三个特点的事件：(1) 它具有意外性；(2) 它产生重大影响；(3) 虽然它具有意外性，但人的本性促使我们在事后为它的发生寻找理由，并且或多或少认为它是可解释和可预测的。“黑天鹅”存在于各个领域，无论是金融市场、商业、经济还是个人生活，都逃不过它的控制。

“黑天鹅”的名称由来：在发现澳大利亚的黑天鹅之前，17 世纪之前的欧洲人认为天鹅都是白色的。但随着第一只黑天鹅的出现，这个不可动摇的信念崩溃了。黑天鹅的存在寓意着不可预测的重大稀有事件，它在意料之外，却又改变着一切。人类总是过度相信经验，而不知道一只黑天鹅的出现就会引起巨大风险。然而，无论是对股市的预期，还是政府的决策，或是普通人日常简单的抉择中，“黑天鹅”都是无法预测的。“9·11”事件的发生、美国的次贷危机，都证实了这一点。

类似“黑天鹅”的比喻，“灰犀牛”则比喻大概率且影响巨大的潜在危机。很多危机事件，与其说是“黑天鹅”，其实更像是“灰犀牛”，在爆发前已有迹象显现，但却被忽视。我们所知道的灰犀牛，生长于非洲大草原，体型笨重、反应迟缓，你总是觉得它还在远处，对自己并不构成威胁，因此毫不在意，殊不知一旦它向你冲过来，其爆发性的攻击力会让你猝不及防，瞬间被扑倒在地。

换言之，如果说两者都是造成金融体系崩溃的重大问题，那么“黑天鹅”就是“突如其来”，而“灰犀牛”则是“厚积薄发”。2008 年的国际金融危机，对于某些人来说或许是“黑天鹅”事件，但是对于大多数人来说，却是众多“灰犀牛”汇聚的结果，早期的警示信号已经摆在那里。作为国家安全的重要组成部分，金融安全关系着方方面面，准确判断风险隐患是保障金融安全的前提，因此，防止发生系统性金融风险应该是金融工作的永恒主题，如何既防范“黑天鹅”又防范“灰犀牛”是金融风险管理的重中之重。

项目二

由数据找关键

一、学习目标

【知识目标】

- 掌握数据采集、数据清洗的方法。
- 熟悉数据的排序与分组。
- 掌握数据的描述性统计分析。

【能力目标】

- 能将数据采集、数据清洗的方法运用到现实的金融案例中。
- 能将处理完的数据制作成可视化图表并进行分析。

【思政目标】

- 提出数据的采集与清洗技术、数据可视化技术对疫情防控、复工复产、经济运转的重要性，激发学生的文化自信、家国情怀，提升学生的科学精神和工匠精神。

二、项目背景：大数据背景下的企业风险管理

近年来，随着我国经济发展开始由高速度发展向高质量发展转型，市场竞争更加激烈，企业发展面临更多的不确定性，风险管理日益重要。为此，财政部印发了《管理会计应用指引第 700 号——风险管理》，以促进企业加强风险管理，提高企业价值。该指引的印发对企业进行系统、及时、有效的风险管理起到了关键的指导作用。由于大数据的风险管理制度对信息技术极为依赖，企业的技术部门和其他业务部门应相互协作，从数据技术层面提供支持。

（一）大数据技术在企业风险管理中的应用

1. 数据的采集。数据采集是大数据技术的基础。企业可以建立合适的数据采集引擎，通过与内外部相关实体接口对接，或采用开放数据库、底层数据交换等方式，实时准确地获取数据。数据采集的技术可以是云端核算决策系统常用的 SaaS（软件即服务），也可以使用日志采集和网络爬虫技术，将非结构化数据提取出来，尽可能充分地获取与内外部风险相关的信息，并与企业的业务结合起来。

2. 数据的存储。相比传统结构型数据库，Hadoop 更适合作为大数据环境下的会计数据存储平台，数据的处理也转变为集中式和分布式相辅相成。企业可在 Hadoop 存储平台上将数据整合在一起，同时利用分布式存储，一方面利用不同终端存储数据，另一方面实现各个终端的数据共享，以便进行数据的分析。另外，为了提高存储的效率，数据压缩和删重也是企业需要注意之处。

3. 数据的提取。数据的提取和分析是利用大数据进行企业管理的核心，管理会计系统可以依托于运算逻辑，采用数据仓库系统，进行数据的统一汇集和处理。在风险管理中，企业在对数据源进行清理和装载等预处理之后，可将已经结构化的数据存放于数据仓库中，进行数据分析、数据挖掘等前端应用，并通过可视化的报表等形式为后续决策提供依据。这一过程的重点在于将采集到的信息转换为决策有用的数据，根据事先确定的目标和需要进行建模和挖掘，进而分析、预测、估计和指示。

（二）大数据技术和风险管理流程的结合

1. 战略目标与风险偏好。企业的风险管理活动应与战略目标相一致。企业对待风险的态度决定了风险管理的目标，对于不同类型的风险，企业愿意承担的风险也可能有所不同。为了高效利用大数据技术，企业应将战略目标具体化，将自身对待不同类型风险的偏好程度定量化，以便建立符合风险管理需要的标准，为后续风险的识别和评估起到标杆作用。

2. 风险识别。企业应当明确引起风险的事项及其相关影响因素，特别是理论或经验表明会造成不利影响的事件，应在进行数据采集时重点监控。企业高级管理层、职能部门和风险管理部门需协同工作，编制详细、全面的事项目录，并及时进行沟通。对于会触发高风险的事项，应及时进行分析和预警；对于致险因素，应进一步进行数据挖掘，分析对企业造成影响的可能性和影响范围。

3. 风险评估。在风险评估过程中，企业可以预先设定的标准和计算方法为基础，对不同类型的风险因素给予不同权重，或借助系统建立数学模型，精确地评估大数据技术识别到的风险因素的影响，使分析结果更加客观合理。

4. 风险预警。企业可通过数据分析，识别重点关注的风险，对其进行重点监测和适时预警。大数据技术使预设的指标体系更为客观和细致，以适合不同风险主体，适应不断变化的内外部环境。

5. 风险应对。风险应对策略可以按照风险类别大致分为两类：一类是机会性或有利因素带来的风险，可采用接受、规避、转移、降低的方法加以应对；另一类是威胁性或不利因素带来的风险，可采用分担、对冲、转换、补偿的方法加以应对。

三、知识要点

（一）数据的采集和清洗

1. 数据采集。进行数据分析遇到的第一个问题就是：数据从何处来？社会经济统计所需要的数据与资料主要来源于统计调查。在当前的数字化时代背景中，数据还可以来源于网络，如各统计局发布在公网中的数据、网络爬虫获得的网站交易信息等。

无论从哪里来，数据必须满足数据采集的要求：准确性、及时性、完整性和系统性。其中，系统性指数据资料应配套，要能从不同侧面反映所研究总体的特征，这样才能为科学的判断和决策提供依据。

下面介绍几种常见的数据来源渠道。

（1）普遍调查。普遍调查简称普查，是专门组织的一次性的全面调查。其中我们最熟悉的全国人口普查就是典型的例子。

普查的组织方式有两种：建立专门的普查机构；利用调查单位的原始记录和核算资料，发放调查表，由登记单位填报。

（2）典型调查。典型调查是专门组织的一种非全面调查，即选择有代表性的典型单位进行深入细致的调查。通过对典型单位深入细致的调查，可以发现新情况、新问题，探测事物发展变化的趋势，形成科学的预见。通过典型调查中的数据对比，研究造成它们之间差别的原因，总结经验教训，研究对策，促进事物的转化和发展。典型调查可用来研究事物的变化规律。典型调查的资料可用来补充和验证全面统计的数据，推论和测算有关现象的总体。

（3）抽样调查。抽样调查是数据分析过程中数据来源的典型形式。抽样就是从全体之中抽取一部分个体作为样本，借着对样本的观察，再对全体作出推论。

例如，我们想知道学生们对某一项考试的反应如何，某个地区 7 ~ 12 岁的小孩在除夕夜平均每人收了多少压岁钱，罐头生产商想要知道生产的这一批罐头大约有多少符合食品安全标准。理论上，我们当然可以不厌其烦地针对所有成员一个一个观察以取得数据，但在实际上这很难做到，而且有些情况下不能做到，比如检查罐头是否符合标准，总不能每个罐头都打开检查。这种情形非得进行抽样检验不可。

如何进行抽样呢？假设某个地区 7 ~ 12 岁的小孩共有 240 万人，如果我们要抽取 1 000人来调查有关他们的压岁钱收入和支出情形，怎么抽才会得到尽可能准确的结论呢？用常识来判断，总要有一些城里人，一些乡下人，要有男孩，也要有女孩，要有富裕家庭的孩子，也要有贫困家庭的子女。

抽样有一套完整的理论体系，我们将在下一章介绍抽样的方法和原理。

抽样调查最常见的形式是问卷调查。问卷调查是以书面提出问题的方式收集资料的一种研究方法。研究者将所要研究的问题编制成问题表格，以邮寄、当面作答或者追踪访问的方式填答，从而了解被调查者对某一现象或问题的看法和意见，所以问卷调查又称为问题表格法。问卷调查的运用，关键在于编制问卷，选择被试和结果分析。

（4）网络数据。网络数据目前是数据分析中重要且主要的来源。与其他方法相比，网络数据具有及时性、共享性、可靠性和客观性的特点，而且获取便捷、成本低。

网络数据的来源例举如下。

国家统计局：对国家宏观数据披露分为地区、时间两个维度，此外还有普查数据、部门数据、国际数据 3 个模块。通过国家统计局网站中的“最新发布”“数据查询”等栏目，可查询到各行业大类的统计数据。

国家各部门网站：在国家统计局的“部门数据”栏目内，链接国家各部门的网站数据统计页，可以查询到各行业更详尽的指标数据。

各级政府统计局网站：通过各级政府统计局官网，可以采集到区域的宏观数据，如浙江省统计局、杭州市统计局等。

政府部门官网：在政府部门官网可以查找各行业的统计数据。数据通常在官网的“统计调查”栏目内。

网络爬虫是一个自动提取网页的程序，它为搜索引擎从互联网上下载网页，是搜索引擎的重要组成部分。爬虫的主要目的是将互联网上的网页下载到本地形成一个互联网内容的镜像备份。

网络爬虫的工作原理如图 2－1 所示。网络爬虫像一只蜘蛛沿着蛛网爬行，从网站某一个页面（通常是首页）开始，读取网页的内容，找到在网页中的其他链接地址，然后通过这些链接地址寻找下一个网页，这样一直循环下去，直到把这个网站所有的网页都抓取完为止。

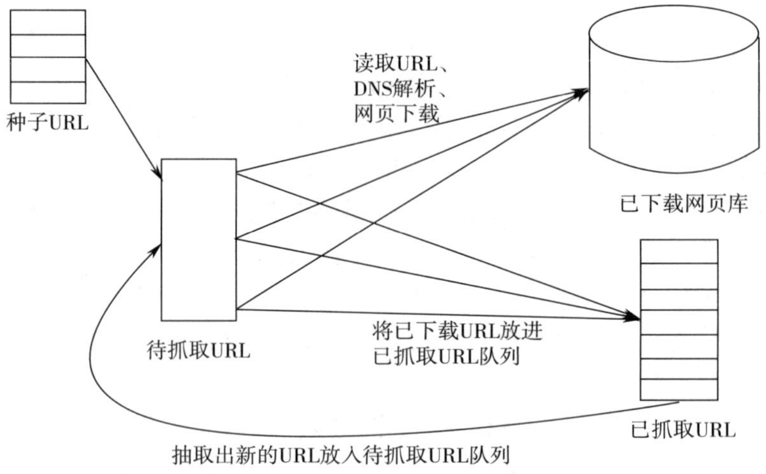

图 2－1　网络爬虫的工作原理

2. 数据清洗。数据清洗是指发现并纠正数据文件中可识别的错误，包括检查数据一致性、处理无效值和缺失值等。与问卷审核不同，录入后的数据清理一般是由计算机而不是人工完成。

哪些数据需要清洗呢？主要包括三类。

残缺数据，即应该存在却缺失的信息。例如，进货单中供应商的名字、出货单中客户的区域信息等。对于这一类残缺数据，必须补全。

错误数据。错误数据的种类很多，例如体重是负数，输入数据值时采用了全角的数值输入，日期越界，等等。这类错误一方面需要在数据输入的过程中进行严格检查，另一方面，需要健全数据系统，保证数据在经过系统的判断后存储到数据系统中。

重复数据。相同关键字数据重复出现多次，需要将重复的数据记录标出并进行整理。

在数据清洗过程中，主要进行五类处理：空值及缺失值处理、重复值处理、异常值检测、逻辑错误检测、数据规范处理。

（1）空值及缺失值处理。由于调查、编码和录入误差，数据中可能存在一些空值和缺失值，需要给予适当的处理。常用的处理方法有估算、整例删除、变量删除和成对删除。

估算（Estimation），就是用某个变量的样本均值、中位数或众数代替空值和缺失值。这种办法简单，但没有充分考虑数据中已有的信息，误差可能较大。

整例删除（Casewise Deletion），就是剔除含有缺失值的样本。由于很多问卷都可能存在缺失值，这种做法可能导致有效样本量大大减少，无法充分利用已经收集到的数据。因此，整例删除只适合关键变量缺失，或者含有空值或缺失值的样本比重很小的情况。

变量删除（Variable Deletion）。如果某一变量的空值和缺失值很多，而且该变量对于所研究的问题不是特别重要，则可以考虑将该变量删除。这种做法减少了供分析用的变量数目，但没有改变样本量。

成对删除（Pairwise Deletion），就是用一个特殊码代表空值和缺失值，同时保留数据集中的全部变量和样本。这是一种保守的处理方法，最大限度地保留了数据集中的可用信息。

（2）重复值处理。重复的数据包括部分重复和完全重复。对于完全重复的数据，删除多余数据，保留一条即可；对于部分重复的数据，需要核对数据内容，检查其重复合理性，对不合理的数据进行更正。

（3）异常值检测。异常值，指的是样本中的一些数值明显偏离其余数值的样本点，所以也称为离群点。异常值检测就是要将这些离群点找出来，然后进行分析。

异常值检测主要采用统计学中的四分位数法，四分位数是指在统计学中把所有数值由小到大排列并按数量分成四等份，处于三个分割点位置的数值。

第一四分位数（Q1），又称“下四分位数”，等于该样本中所有数值由小到大排列后第25%的数据。

第二四分位数（Q2），又称“中位数”，等于该样本中所有数值由小到大排列后第50%的数据。

第三四分位数（Q3），又称“上四分位数”，等于该样本中所有数值由小到大排列后第75%的数据。

第三四分位数与第一四分位数的差距又称四分位距（Inter Quartile Range，IQR）。

通过箱线图判断异常值（见图2－2）：处于箱子外部的点，也就是在最大值和最小值之外的点，叫异常点。

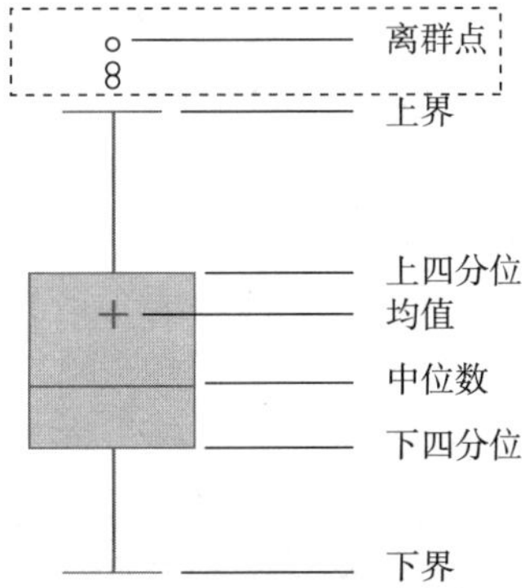

图2－2　通过箱线图判断异常值

（4）逻辑错误检测。数据的逻辑错误指数据字段中的属性值和实际值不相符，或者是业务规则或逻辑不同。例如，身高体重出现了负值，就是明显的逻辑错误。

（5）数据规范处理。在对多数据源进行集成时，由于不同数据源对同一现实事物可能存在表述不一致，从而在数据整理时，需要通过手工或者自动化方式检查并规范化处理。

（二）数据的排序和分组

数据的排序是将一组数据按照大小、高低、优劣等顺序进行依次排列的过程。依据数据在经过排序之后的有序序列中的位置确定的测度称为“顺序统计量”。对数据进行排序，有助于了解数据大致的分布状态，包括数据的取值范围、最大值、最小值等。数据排序是数据分组的前期准备。

数据分组是将数据按照某一特征分为不同的组别的过程。分组过程突出了分组标志这一特征，例如，对全国职工的工资收入数据进行分组，如果按照地区作为分组标志，则凸显了各地区之间工资收入的差异，但如果按照工作岗位进行分组，则表示的是不同职业之间的差异。

数据可以分为数值型数据和非数值型数据，其中数值型数据就是常说的“数”（如整数、实数等），而非数值型数据与一般的“数”不同，不能表示数值的大小，只表示字符或者图形等信息。数据的分组可以对非数值型数据分组，也可以对数值型数据分组。

1. 非数值型数据的分组。非数值型数据的分组也称为分类，例如根据职工的性别将全体职工分为男、女两组，根据职工的学历将职工分为初中、高中、本科、硕士、博士五组。

通常来讲，反映事物自然属性的非数值型数据的分组一般比较简单，例如上面的两个例子。反映社会经济属性的非数值型数据的分组一般比较复杂，通常是在人们对事物的数量特征进行深入分析之后形成的“质”的划分。例如，企业对生产的产品的等级评定，通常表述为一等品、二等品，或是合格、不合格，然而这种等级是建立在多项数据的基础之上构成的质量评定标准，例如粮食被划分为一等品还是二等品，是通过大小、质量、光泽、存储的时间长度、产地等指标得出的结论。

在金融学领域中，基金的分类也存在多种方式，分别为按投资方向分类、按投资理念分类、按交易渠道分类、按募集方式分类、按运作方式分类。如图2－3所示，依据投资方向，我们可以把基金分成货币型、债券型、混

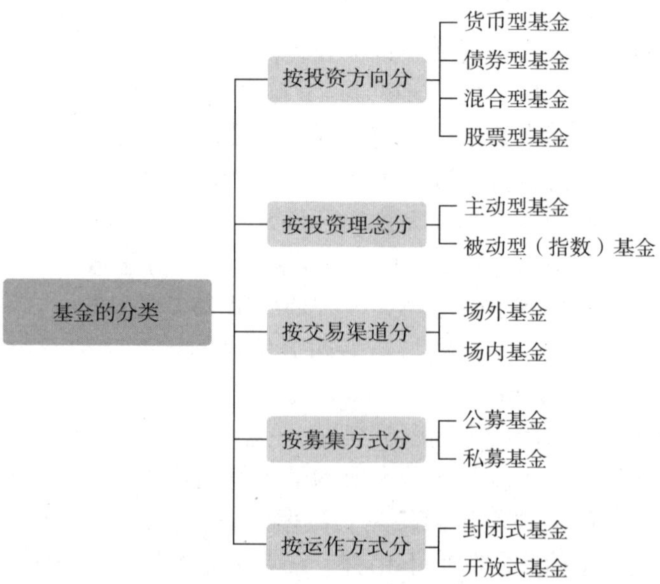

图2－3　基金的分类

合型和股票型；依据投资的理念，我们可以把基金分成主动型和被动型；根据基金交易渠道的不同，可以分为场内基金和场外基金；根据基金募集方式的不同，可分为公募基金和私募基金；根据基金运作方式的不同，可分为封闭式基金和开放式基金。

2. 数值型数据的分组。数值型数据可以是整数、实数等，对数值型数据的分组是把数据分配在不同取值区间的过程。每一个取值区间是一个分组。组距是同一分组的上限与下限之间的绝对距离。一般有：组距 = 上限 - 下限。

根据各组的组距是否相同，数值型数据分组可分为等距分组和异距分组。

等距分组是各组组距全部相等，各组中分到的数据量的多少不会受到组距大小的影响，便于直接比较各组数量的多少。

异距分组是各组组距不尽相等的分组方法，主要是考虑到各组之间数据的数量差距过大，一些分组中的数据过多或多少，会影响数据分布状态的分析，所以采用缩小组距或扩大组距的方法，来拆分数据过多的分组或合并数据过少的分组。

相比异距分组的方法，数值型数据分组更多采用的是等距分组法。

等距分组主要包括 5 个步骤，即确定数值的取值范围、确定组数、计算组距、确定组限和分配数据。

（1）确定数值的取值范围。取值范围是所有数据中最大值和最小值之间的差距，反映了该组数据取值的变动幅度，一般用 R 表示。

$$R = \max|X| - \min|X| \tag{2.1}$$

式中，X 表示分组对象的全体数据。

（2）确定组数。一组数据分多少组合适呢？一般与数据本身的特点及数据的多少有关。由于分组的目的之一是观察数据分布的特征，因此组数的多少应适中。如组数太少，数据的分布就会过于集中，组数太多，数据的分布就会过于分散，这都不便于观察数据分布的特征和规律。组数的确定应以能够显示数据的分布特征和规律为目的。

在实际分组时，可以按斯特奇斯（Sturges）提出的经验公式来确定组数，组数一般用 K 表示。

$$K = 1 + \lg n/\lg 2 \tag{2.2}$$

式中，n 是分组对象全体数据的个数，对结果用四舍五入的办法取整数即为组数。但是，经验公式计算出来的组数只是一个参考数值，组数的确定还需要根据研究对象的实际情况，适当增加或减少。例如，根据年龄对人群分组时，不管人数有多少，常常用幼儿、儿童、少年、青年、中年和老年来进行分组。

（3）计算组距。当组数确定后，组距就随之确定了。组距通常用 d 表示。

$$d = R/K \tag{2.3}$$

为便于计算，组距宜取 5 或 10 的倍数。

（4）确定组限。规定各组中数值的下限和上限。确定组限需要遵循“不重不漏”的原则。“不重”是指一项数据只能分在其中的某一组，不能在其他组中重复出现；“不漏”是指组别能够穷尽，即在所分的全部组别中每项数据都能分在其中的某一组，不能遗漏。

为解决“不重”的问题，统计分组时习惯上规定“上组限不在内”，即当相邻两组的上下限重叠时，恰好等于某一组上限的变量值不算在本组内，而计算在下一组内。例如，在对成绩进行分组时，80 分通常被分在“良好”组而不是“中等”组。

对于两个边界组，第一组的下限应低于最小变量值，最后一组的上限应高于最大变量值。如果全部数据中的最大值和最小值与其他数据相差悬殊，为避免出现空白组（即没有变量值的组）或个别极端值被漏掉，第一组和最后一组可以采取“小于”及“大于等于”这样的开口组。

（5）分配数据。将分组数据按照各自数值的大小分配到各个组中。一般先按照分组标志对原始数据进行排序，然后根据各组的组限水平，将经过排序之后的有序数据进行分段，归入到各个组中。

（三）数据的特征和测度

分析数据的分布有集中趋势、离散程度和分布形状三个主要特征。集中趋势描述的是数据向中心值靠拢的程度，离散程度描述了观测值偏离中心位置的趋势，分布形状描述了数据分布的偏斜和扁平程度。

1. 数据的集中趋势。集中趋势（Central Tendency）在统计学中是指一组数据向某一中心值靠拢的程度，它反映了一组数据中心点的位置所在。反映数据集中趋势的几个常用代表值有均值、中位数和众数，分别描述数据的数值平均和位置平均。

（1）均值。均值描述数据的平均水平，可分为算术平均值、几何平均值和加权平均值三类。

算术平均值是数据组中所有数值的总和除以该组数值的个数。

$$\bar{x} = \frac{x_1 + x_2 + \cdots + x_n}{n} = \frac{1}{n}\sum_{i=1}^{n} x_i$$

几何平均值是对各变量值的连乘积开项数次方根。在金融学中，进行绩效评估时，历年收益率的平均收益率应该用几何平均收益率，即时间加权收益率。

$$\bar{x}_g = \sqrt[n]{x_1 x_2 \cdots x_n}$$

几何平均收益率利用了复利的思想，即考虑了资金的时间价值，也就是说，期初投资 1 元，第一期末价值则为（1 + r_1）元，第二期投资者会将（1 + r_1）进行再投资，到第二期末价值则为（1 + r_1）(1 + r_2）元，……

$$R_G = \sqrt[n]{\prod_{t=1}^{n}(1 + r_t)} - 1$$

例题：假设某基金第一年的收益率为 10%，第二年的收益率为 -10%，那么该基金年算术平均收益率和年几何平均收益率分别为（　　）。

A. -0.5%；0　　B. -5%；0　　C. 0；-0.5%　　D. 0；-5%

解答：基金的算术平均收益率 = ［10% + （-10%）］/2 = 0；

基金的几何平均收益率 = $\sqrt{(1+10\%)(1-10\%)} - 1 = -0.5\%$。

故答案应选择 C。

加权平均值是将各数值乘以相应的权数，然后加总求和得到总体值，再除以总的单位数。

在金融学中，一个投资组合的收益率，等于其中各个资产收益率的加权平均，权重为各个资产市值占总的资产组合市值的百分比。

$$\overline{X} = \sum_{i=1}^{n} \omega_i x_i$$

例题：某公司的一项投资组合中包含 A、B、C 三种股票，它们的权重分别为 30%、40%、30%，预期收益率分别为 15%、12%、10%，计算该投资组合的预期收益率。

解答：该投资组合的预期收益率为

$$30\% \times 15\% + 40\% \times 12\% + 30\% \times 10\% = 12.3\%$$

（2）中位数。将数据按大小顺序排列起来，形成一个数列，居于数列中间位置的那个数据就是中位数。有一半观测值位于中位数之上，另一半观测值位于其下。它通过对数据排序并找出 $(N+1)/2$ 位置观测值来确定。如果有偶数个观测值，中位数表示为 $N/2$ 和 $N/2+1$ 位置两个观测值的平均数。例如，有序列 7，9，10，12，13，14，17，18，19，对于此顺序数据，中位数为 13。

中位数对极值不敏感。当数据组中存在一个或多个极值的时候，相比均值，中位数能够更好地反映数据组的集中趋势量数。

（3）众数。众数是一组观测值中出现频率最高的值。众数可以与均值和中位数一起，作为数据分布的总体特性描述。均值和中位数都需要计算，而找出众数只需计数每个值在数据集中出现的次数即可。在对数据的众数进行统计时，有时会出现不止一个众数的情形，具有一个、两个、三个众数的数据集合分别称为单峰的（Unimodal）、双峰的（Bimodal）和三峰的（Trimodal）。一般地，具有两个或更多众数的数据集是多峰的（Multimodal）。在另一种极端情况下，如果每个数据值仅出现一次，则它没有众数。

众数是位置代表值，不受极端值的影响，适合于作为分类数据的集中趋势测度值。

（4）均值、中位数和众数之间的关系。通过均值、中位数和众数在图形中的位置，可以分析数据的倾斜程度。

在具有完全对称的数据分布的单峰频率曲线中，均值、中位数和众数都是相同的中心值，如图 2-4-a 所示。在大部分实际应用中，数据都是不对称的。它们可能是正倾斜的，其中众数出现在小于中位数的值上［见图 2-4-b］；或者是负倾斜的，其中众数出现在大于中位数的值上［见图 2-4-c］。

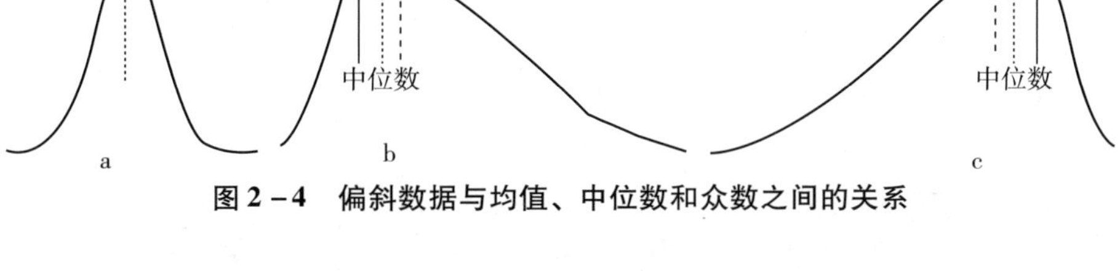

图 2-4　偏斜数据与均值、中位数和众数之间的关系

2. 数据的离散程度。仅仅用集中趋势来描述数据的分布特征是不够的，只有把集中趋势和离散程度结合起来，才能全面地认识事物。我们经常会碰到平均数相同的两组数据其离散程度可能是不同的。一组数据的分布可能比较集中，差异较小，则平均数的代表性较好。另一组数据可能比较分散，差异较大，则平均数的代表性就较差。例如，经济增速如果能够持续地以一个比较高的稳定的速度发展，那么这个速度就是比较好的一个速度，就是我们所说的又好又快发展。那么如果大涨大落，某一年一下增长20%，下一年突然下降10%，这对经济的损害非常大。

描述一组计量资料离散程度的常用指标有极差、方差、标准差和离散系数等，其中方差和标准差最常用。

（1）极差。极差是描述数据离散程度最简单的测度值，是样本数据中最大值和最小值之差，也称为全距。即取值范围 R。数据越分散，极差越大。

极差计算简单又容易理解，但它只是利用了数据两端的信息，容易受极端值的影响，并且没有充分利用数列的信息，不能准确地反映全部变量值的实际离散程度。

在实际工作中，极差可以用于检查产品质量的稳定性和进行质量控制。在正常的生产条件下，产品质量稳定，极差在一定范围内波动，若极差超过给定的范围，就说明有不正常情况产生。

（2）方差与标准差。描述离散程度，最常用的指标是方差和标准差，它们利用了样本的全部信息去描述数据取值分散性。

方差（Variance）是一组数据的各数据值与其均值的离差平方的算数平均数，是测度离散程度的主要指标，用 σ^2 表示。标准差（Standard Variance）是方差的算数平方根，又叫均方差，用 σ 表示。方差和标准差的计算公式如下。

$$\sigma^2 = \frac{\sum_{i=1}^{N}(x_i - \bar{x})^2}{N} \tag{2.4}$$

$$\sigma = \sqrt{\sigma^2} = \sqrt{\frac{\sum_{i=1}^{N}(x_i - \bar{x})^2}{N}} \tag{2.5}$$

式中，N 是全体数据的个数。

在统计中，我们通常用 σ^2 和 σ 分别表示总体的方差和标准差。当总体中的个体数很大，希望通过抽样，用样本标准差来估计总体的标准差时，就需要计算样本的方差和标准差。样本的方差和标准差分别用 s^2 和 s 表示，计算公式如下。

$$s^2 = \frac{\sum_{i=1}^{n}(x_i - \bar{x})^2}{n-1} \tag{2.6}$$

$$s = \sqrt{s^2} = \sqrt{\frac{\sum_{i=1}^{n}(x_i - \bar{x})^2}{n-1}} \tag{2.7}$$

式中，n 是样本数据的个数。

由定义可知，方差和标准差所反映的是一组数据对其均值为代表的中心的某种偏离程度。标准差（或方差）较小的分布一定是比较集中在均值附近的，反之则是比较分散的。方差和标准差采用平方的方法来避免正负离差相互抵消为零的问题，更便于数学上的处理。在实际问题中，方差和标准差经常用来衡量离散程度。

（3）离散系数。当进行两个或多个资料变异程度的比较时，如果度量单位与平均数相同，可以直接利用标准差来比较。如果单位或平均数不同时，比较其变异程度就不能采用标准差。

离散系数是测定总体中各单位标志值变异的相对量指标，以消除不同对象之间在计量单位、平均水平等方面的不可比因素。常用的离散系数主要是标准差离散系数 CV（Coefficient of Variance）。

$$CV = \sigma / \bar{x} \tag{2.8}$$

在对比情况下，离散系数较大的，其分布情况差异也大。

3. 数据的偏态和峰度。集中趋势和离散程度是关于数据分布的基本测度，在给出数据的描述过程中，往往还需要进一步描述数据分布的形态，例如是对称的还是向左向右偏斜的，数据的分布是扁平的还是尖耸的。这就需要对数据分布的偏态和峰度进行度量。

（1）偏度。偏度衡量数据的不对称性。衡量偏度的指标称为偏态系数。偏态系数的值可以为正、负或者是零。

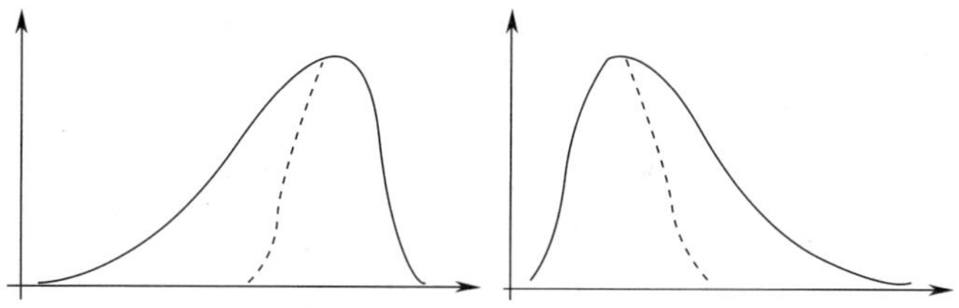

图 2－5　负偏态和正偏态

当偏态系数为 0 时，表示数值相对均匀地分布在平均值的两侧。偏态系数为负（负偏态），则意味着数据分在左侧的尾部比右侧的长，绝大多数的值（包括中位数在内）位于平均值的右侧。偏态系数为正（正偏态）就意味着数据分在右侧的尾部比左侧的长，绝大多数的值（但不一定包括中位数）位于平均值的左侧。图 2－5 显示了两种偏态图形。

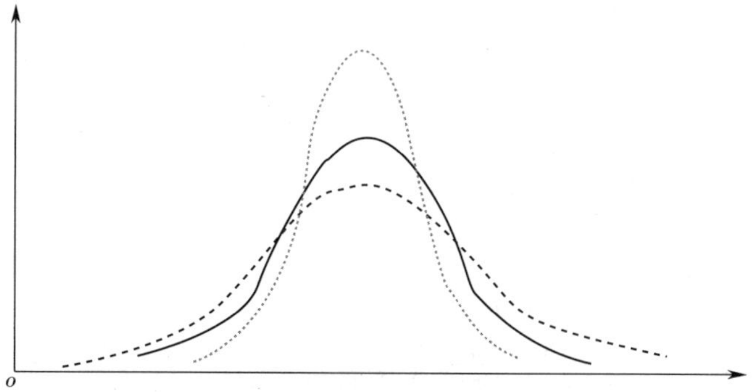

图 2－6　不同峰度的分布

偏态系数的绝对值越小，则表示数据的偏倚程度越小，反之则越大。

（2）峰度。峰度指数据分布平峰还是尖峰的程度，是度量数据分布的平坦度的测度。尾部大的数据分布，其峰度值较大，如图 2－6 所示。

峰度系数的取值为 3 时，表示数据的峰度与标准正态分布一致；峰度系数小于 3 时，表示数据为平峰分布；峰度系数大于 3 时，表示数据为尖峰分布。

（四）数据的可视化分析

数据可视化是利用计算机图形学和图像处理技术，将数据转换为图形或者图像，在屏幕上显示出来进行交互处理的理论方法和技术。数据可视化旨在借助于图形化手段，清晰有效地传达与沟通信息。根据其功能，可视化的图形可分为分布类、相关类、比较类、占比类、趋势类和地理类等。

1. 分布类图形。分布类图形主要描述了数据的分布状态，常用的分布类图形主要有箱线图、直方图等。

（1）箱线图。箱线图将数据集分成三个四分位数，主要用于数据集中数据分布的度量，也可通过绘制每个数据集的箱线图来比较数据集之间的数据分布。

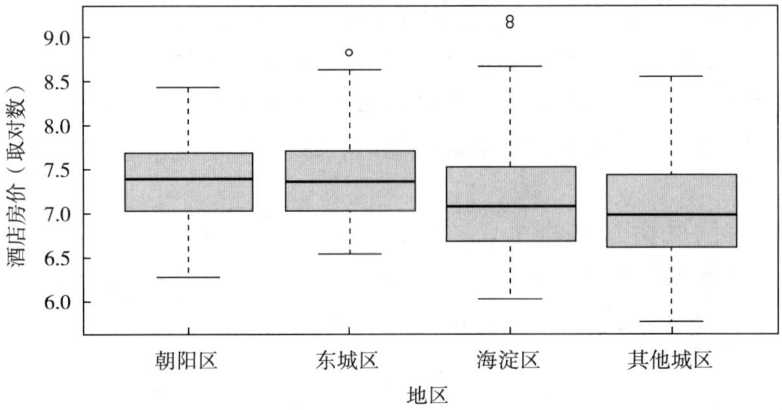

图 2－7　北京市不同地区的酒店房价箱线图

（2）直方图。直方图（Histogram）是将所收集的数据值分成几个相等的区间作为横轴，将各区间内数据值所出现的次数累计作为纵坐标量的一系列连接起来的直方型矩形图。

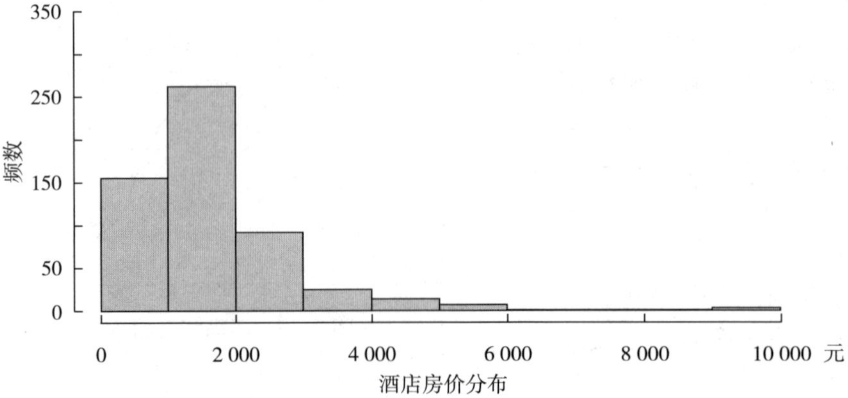

图 2－8　北京市酒店房价直方图

如图 2－8 所示，北京市酒店房价直方图总体呈右偏分布，酒店房价多在1 000～2 000元，有极少数酒店房价在 9 000～10 000 元。

2. 相关类图形。相关类图形主要描述数据之间的相关方向和相关程度，常用的相关类图形主要有散点图、气泡图等。

（1）散点图。散点图将数据以点的形式展现，以显示变量间的相互关系或者影响程度，点的位置由变量的数值决定。

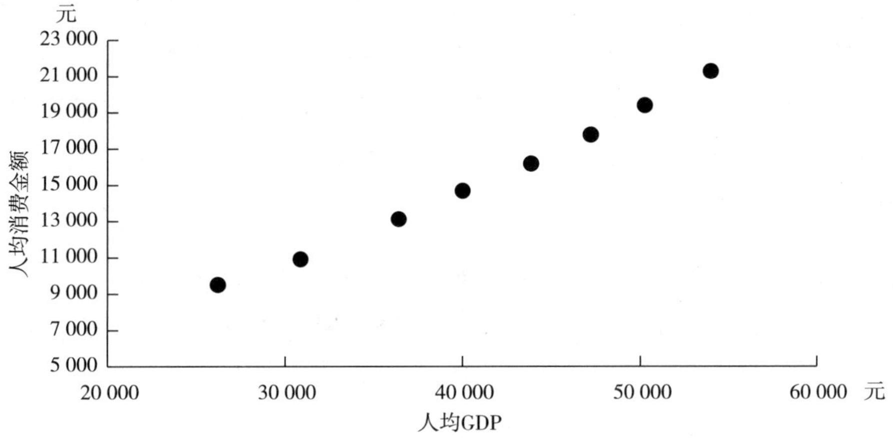

图 2－9　人均 GDP 与居民消费水平的散点图

（2）气泡图。气泡图与散点图相似，不同之处在于，气泡图允许在图表中额外加入一个表示大小的变量。实际上，这就像以二维方式绘制包含三个变量的图表一样。气泡由大小不同的标记（指示相对重要程度）表示。

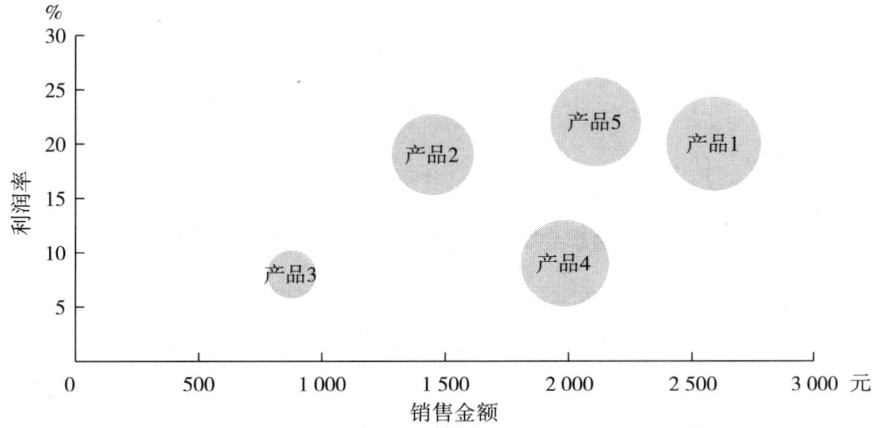

图 2－10　各产品销售数据气泡图

3. 比较类图形。比较类图形通过图形的长宽高或位置、面积、颜色等角度来比较数值的大小，展示数据之间的异同。常用的比较类图形有条形图（柱状图）、雷达图/蜘蛛网图、词云图等。

（1）条形图。条形图是用宽度相同的条形的高度或长短来表示数据多少的图形。条形图可以横置或纵置，纵置时也称为柱状图。

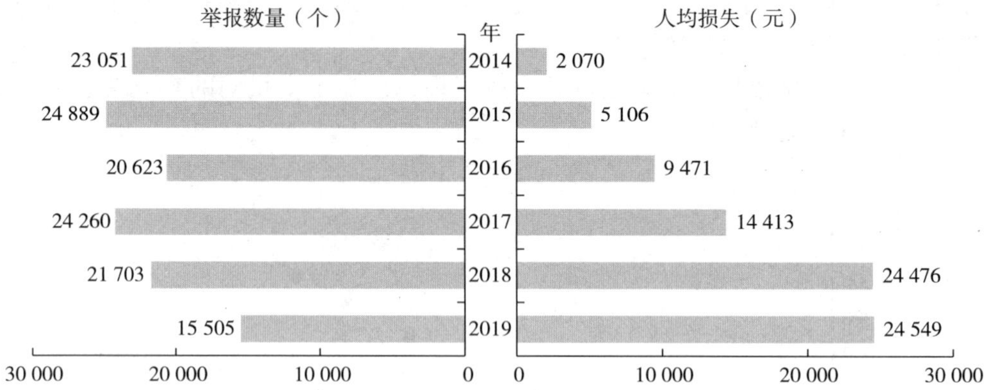

图 2-11　网络诈骗举报数量及人均损失条形图

（2）雷达图/蜘蛛网图。雷达图又称蜘蛛网图，是将多个维度的数据量映射到起始于同一个圆心的坐标轴上，结束于圆周边缘，然后将同一组的点使用线连接起来。

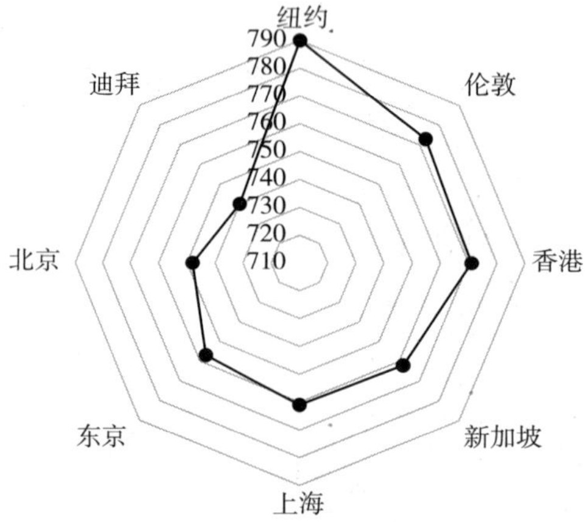

图 2-12　全球金融中心指数得分（GFCI26）雷达图

（3）词云图。词云图又称文字云，是文本数据的视觉表示，由词汇组成类似云的彩色图形，用于展示大量文本数据。每个词的重要性以字体大小或颜色显示。

4. 占比类图形。占比类图形主要描述了同一纬度上不同指标的占比关系，常用的占比类图形有环形图、饼图、矩阵树图、仪表盘等。

（1）环形图。环形图在功能上与饼图相同，整个环被分成不同的部分，用各个圆弧来表示每个数据所占的比例值。但其中心的空白可用于其他相关数据展示，为标准饼图提供了更丰富的数据信息输出。

（2）矩阵树图。采用矩形表示层次结构的节点，父子层次关系用矩形间的相互嵌

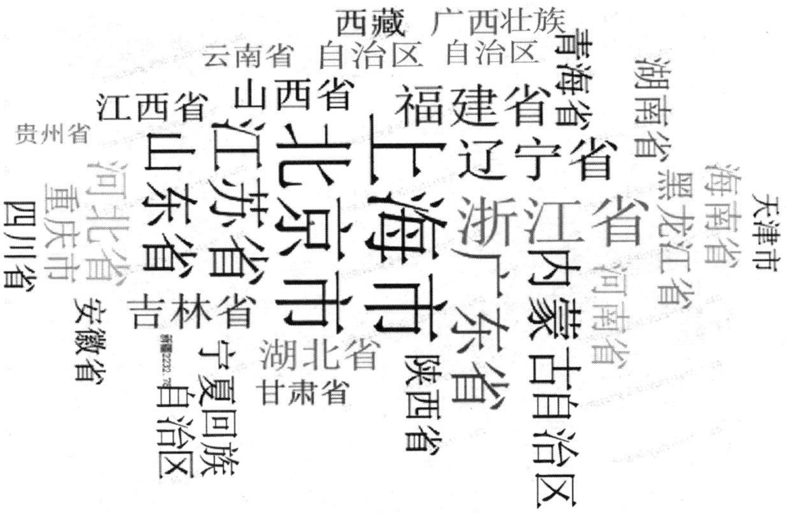

图 2－13　词云图

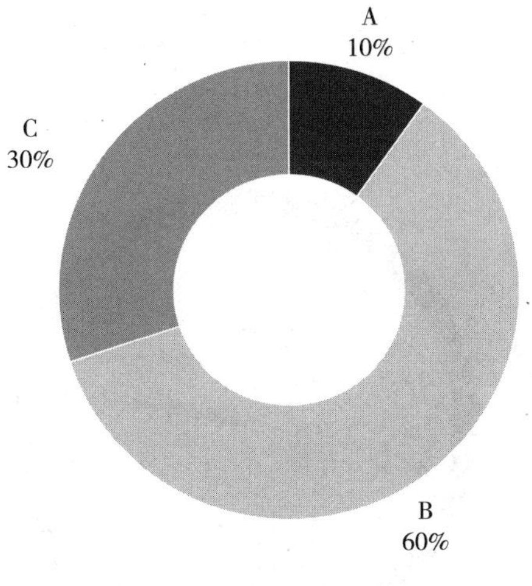

图 2－14　环形图

套来表达。从根节点开始，空间根据相应的子节点数目被分为多个矩形，矩形的面积大小对应节点的属性。每个矩形又按照相应节点的子节点递归进行分割，直到叶子节点为止。

（3）仪表盘。仪表盘像一个钟表或者刻度盘，有刻度和指针，其中刻度表示度量，指针表示维度，指针角度表示数值，指针指向当前数值。

5. 趋势类图形。趋势类图形主要描述数据的变化趋势，常用的趋势类图形有柱状图、折线图、K 线图等。

（1）柱状图。柱状图是一种以长方形的长度来表达数值的统计报告图，由一系列高度不等的纵向条纹表示数据分布的情况。

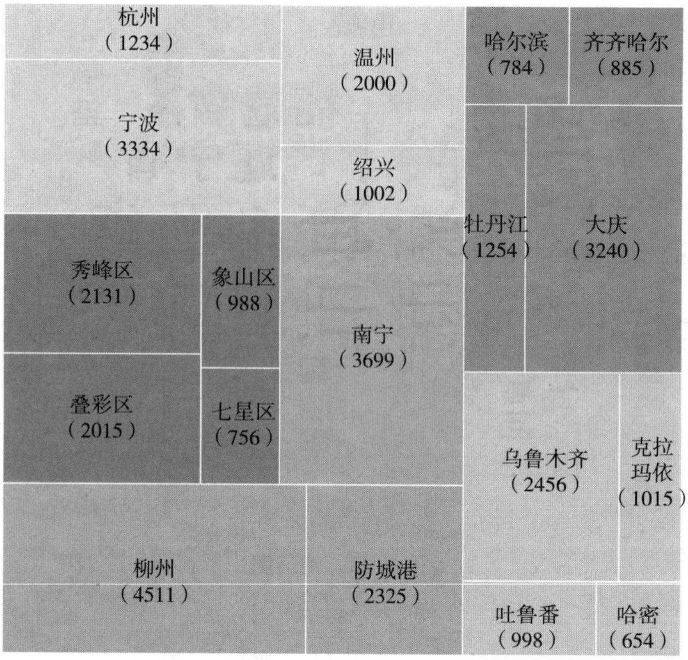

图 2－15　矩阵树图

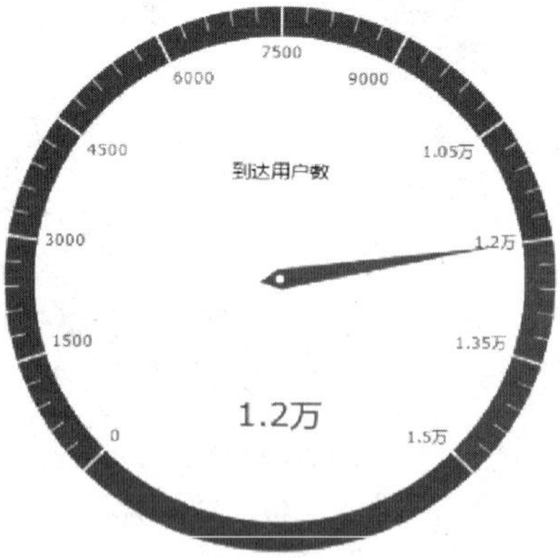

图 2－16　仪表盘

（2）折线图。折线图是将值标注成点，并通过直线将这些点按照某种顺序连接起来形成的图，反映事物随序类别而变化的趋势，可以清晰展现数据的增减趋势、增减的速率、增减的规律、峰值等特征。

（3）K 线图。K 线图也称蜡烛图，是当今世界运用较为最广泛的技术分析图形，主要用来描述价格变动的趋势。

6. 地理类图形。地理类图形主要描述数据的地理位置分布情况，主要的地理类图形有统计地图等。

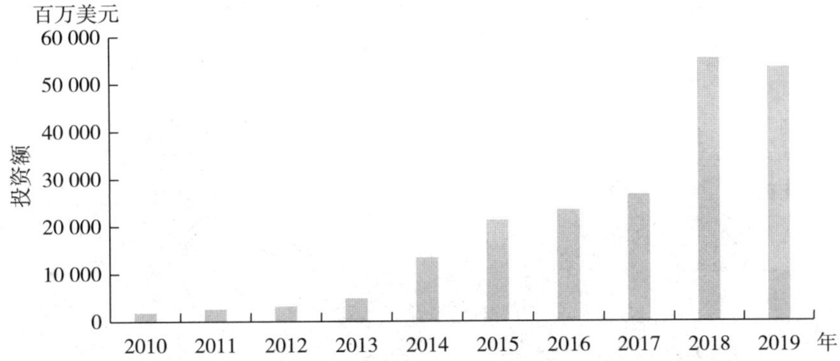

图 2－17　全球金融科技投资额柱状图

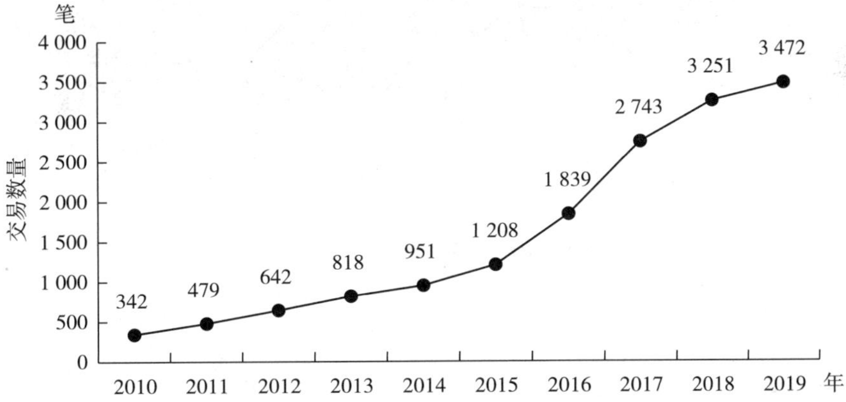

图 2－18　全球金融科技投资交易量折线图

图 2－19　K 线图

统计地图使用地图作为背景，通过图形的位置来表现数据的地理位置，将数据在不同地理位置上的分布通过颜色或者气泡映射在地图上，适合带有地理位置信息的数据集展现，且展现的通常是以某个地区为单位的汇总的连续值信息。

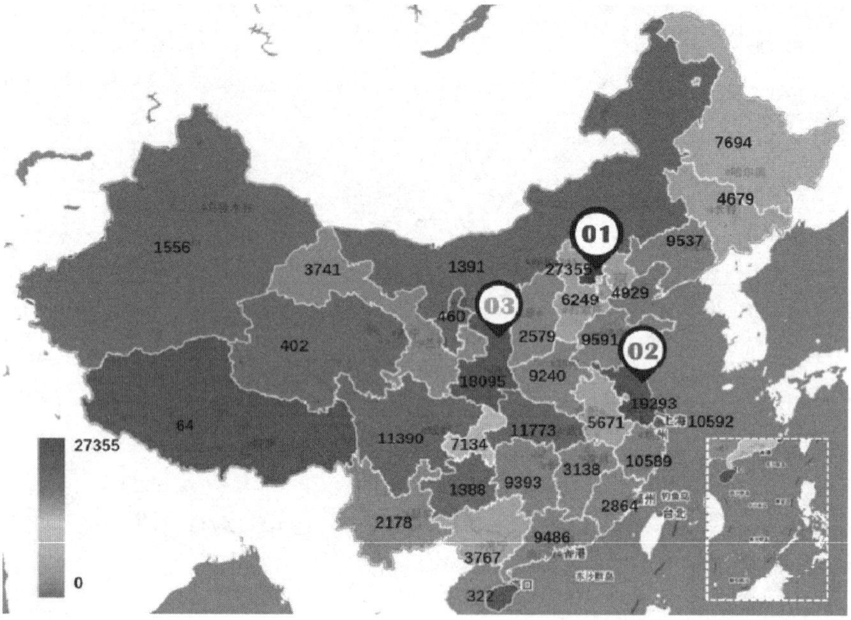

图 2-20　中国人工智能人才分布统计地图

四、项目任务

【任务概览】

本项目从数据收集开始，包含数据的采集方法、数据的整理和清洗、数据的基本描述和绘图。

1. 要求学习者面向实体客户和网络信息分别设计调查问卷，利用网络爬虫实现数据采集。

2. 利用 Excel 的筛选、数据透视、字段分割和二维数据一维化方法实现数据的整理和清洗。

3. 对数据的集中趋势、离散程度、偏态、峰度进行描述。

4. 利用正确的方法对数据进行分组，并采用合理的图形展示方法。

任务 1　调查问卷评价

【任务清单】

针对所示的“春秋航空网络航班调查”问卷，对照调查问卷的要素填写问卷设计评定单（见表 2-1）。

春秋航空网络航班调查

Q1：您的姓名：　　　　　　　　　　　　　　Q2：您的出生日期：　　　年　　月　　日

Q3：性别：○男○女

Q4：个人月收入：

○2 000 元及以下

○2 001 ~ 3 000 元

○3 001 ~ 5 000 元

○5 001 ~ 8 000 元

○8 001 ~ 12 000 元

○12 001 ~ 20 000 元

○20 000 元以上

Q5：过去的两年内，您出行最多的三个国内目的地城市是：

城市一____________

城市二____________

城市三____________

Q6：过去的两年内，您最常选用的航空公司是：____________

Q7：联系方式：____________

Q8：您出行首选方式是飞机吗？

○几乎都选飞机（80% ~ 100%）

○较多（60% ~ 80%）

○一半一半（40% ~ 60%）

○较少（20% ~ 40%）

○很少选飞机（20% 以下）

Q9：近两年内平均每年乘坐飞机的次数：

○少于 5 次/年

○6 ~ 10 次/年

○11 ~ 20 次/年

○多于 20 次/年

Q10：过去的两年内，您乘坐飞机的主要目的是：

○商务

○个人旅行

○家庭旅行

○其他

Q11：您习惯在客舱内用什么设备接入局域网？（选一项）

○个人携带的笔记本

○个人携带的平板电脑

○航空公司提供的平板电脑

Q12：除了手机外，你最常使用哪种电子设备？

○安卓系统的平板电脑

○苹果公司的平板电脑

○Windows 系统的平板电脑

○Windows 系统的笔记本

○苹果公司的笔记本

○其他

Q13：在乘机过程中您最希望享受以下哪方面的服务？（请排序）

目的地介绍及配套服务购买

网站自由浏览

实时通信（收发邮件、线上聊天）

书籍阅读

商城购物

电影/音乐/热门剧

游戏

即时新闻

产品秒杀

Q14：在空中提供局域网服务（非接入互联网）的情况下，您会在以下服务中倾向哪些服务？（请排序）

目的地介绍及配套服务购买

书籍阅读

商城购物

电影/音乐/热门剧

游戏

即时新闻

与客舱内其他乘客聊天

产品秒杀

Q15：您是否会为了能够接入互联网，用于浏览网站或收发邮件等而付费？

○20 元/航班

○30 元/航班

○里程积分兑换

○收费我就不用了

Q16：若您暂时没有任何电子设备，您是否愿意租赁航空公司提供的平板设备？愿意支付的价格？

○不愿意租赁

○10 元以下/航班

○15 元以下/航班

○只接受积分兑换

○我认为合理的价格

Q17：您希望在飞机上购买到以下哪类商品？

○从不在飞机上买东西

○旅行用品（洗漱包、旅行箱等）

○商旅服务产品（目的地门票、酒店、交通）

○航空公司纪念品

○其他

Q18：在飞机上购买商品时，消费的金额大约：

○从不在飞机上买东西

○100 元以内

○1 000 元以内

○5 000 元以内

○5 000 元以上

Q19：若您在飞行中看到心仪的商品希望购买时，您最希望的付费方式？（任选 2 项）

□航空公司积分兑换

□信用卡支付

□现金

Q20：如果您在空中选购了商品，您最希望的商品交付方式是什么？（任选 2 项）

□空中立刻给我

□出舱门时交付给我

□在机场指定地点交付

□快递至我要求的地址

Q21：在飞机上如果可以点播最新的电影、电视剧或综艺等，您是否愿意付费？如果愿意，您愿意支付多少范围的费用？

○5 ~ 15 元/航班

○15 ~ 25 元/航班

○25 ~ 30 元/航班

○只接受里程积分兑换

○收费我就不用了

Q22：出行前，您是否会提前订好目的地酒店？

○上飞机前提前预订

○下飞机后目的地预订

○不预订，入住时直接办理

Q23：您是否会在飞行中因为看到更心仪的酒店或旅游服务而改变您已选定的酒店？

○会

○不会

○不好说

Q24：通常，在您从目的地回程时，会带什么礼物回家？（选 2 项）

□不带礼品回家

□当地特产

□航空公司纪念品

□孩子的玩具

□免税品

□其他

Q25：您是否会在乘机时购买保险，希望购买以下哪种保险？

○从不购买

○航空意外险

○航空延误险

Q26：若航空公司开始提供机上各类服务销售，您最希望得到空中或地面的个性化服务是什么？

表 2－1　　调查问卷设计评定单

编号	项目	评定	备注
1	问卷要素完整性	完整　不完整	
2	问卷项目围绕同一主题	是　否	
3	问卷调查项目设置合理性	合理　不合理	
4	问卷长度是否合理	是　否	
5	问卷的态度是否中立	是　否	
6	问卷的开发式问题简单、易回答	是　否	
7	各问题是单一的	是　否	
8	问题的表述是否具体	是　否	
9	问题的表述语言是否通俗、准确	是　否	
10	各问题的答案是否相同层次的、互斥的、完整的	是　否	

【操作示范】

问卷调查是以书面提出问题的方式收集资料的一种研究方法。研究者将所要研究的问题编制成问题表格，以邮寄、当面作答或者追踪访问方式填答，从而了解被调查者对某一现象或问题的看法和意见。

问卷调查是否成功，首要取决于调查表的设计。问卷必须围绕调查目的和调查对象来设计调查内容，然后在此基础上规划调查项目。

1. 问卷的一般结构。问卷一般由卷首语、问题和回答方式、编码、其他资料四个部分组成。

卷首语：卷首语是问卷调查的自我介绍，内容应该包括调查的目的、意义和主要内容，选择被调查者的途径和方法，对被调查者的希望和要求，填写问卷的说明，回复问卷的方式和时间，调查的匿名和保密原则，以及调查者的名称等。为了能引起被调查者的重视和兴趣，争取他们的合作和支持，卷首语的语气要谦虚、诚恳、平易近人，文字要简明、通俗、有可读性。卷首语一般放在问卷第一页的上面，也可单独作为一封信放在问卷的前面。

问题和回答方式：问卷的主要组成部分一般包括调查询问的问题、回答问题的方式，以及对回答方式的指导和说明等。

编码：就是把问卷中询问的问题和被调查者的回答，全部转变成为A、B、C等代号或数字，以便运用计算机对调查问卷进行数据处理。

其他资料：包括问卷名称、被访问者的地址或单位、访问员姓名、访问开始时间和结束时间、访问完成情况、审核员姓名和审核意见等。这些资料是对问卷进行审核和分析的重要依据。

此外，有的自填式问卷还有一个结束语。结束语可以是简短的几句话，对被调查者的合作表示真诚的感谢，也可稍长一点，顺便征询一下对问卷设计和问卷调查的看法。

2. 设计问题的原则。要提高问卷回复率、有效率和回答质量，设计问题应遵循以下原则：

客观性原则，即设计的问题必须符合客观实际情况。

必要性原则，即必须围绕调查课题和研究假设设计最必要的问题。

可能性原则，即必须符合被调查者回答问题的能力。凡是超越被调查者理解能力、记忆能力、计算能力、回答能力的问题，都不应该提出。

自愿性原则，即必须考虑被调查者是否自愿真实回答问题。凡被调查者不可能自愿真实回答的问题，都不应该正面提出。

3. 问卷问题回答的类型。回答有三种基本类型，即开放型回答、封闭型回答和混合型回答。

开放型回答：对问题的回答不提供任何具体答案，而由被调查者自由填写。开放型回答的最大优点是灵活性大、适应性强，特别是适合于回答那些答案类型很多，或答案比较复杂，或事先无法确定各种可能答案的问题。但开放型回答的标准化程度低，整理和分析比较困难，会出现许多一般化的、不准确的、无价值的信息，就有可能降低问卷的回复率和有效率。

封闭型回答：将问题的几种主要答案甚至一切可能的答案全部列出，然后由被调查者选择。封闭型回答有许多优点，它的答案是预先设计的、标准化的，它不仅有利于被调查者正确理解和回答问题，节约回答时间，提高问卷的回复率和有效率，而且有利于对回答进行统计和定量研究。但封闭型回答的设计比较困难，很难设计得完整、周全，而且回答方式比较机械，难以适应复杂的情况。被调查者在填写过程中可能会任意填写，降低了回答的真实性和可靠性。

混合型回答：封闭型回答与开放型回答的结合，它实质上是半封闭、半开放的回答类型。这种回答方式综合了开放型回答和封闭型回答的优点，同时避免了两者的缺点，具有非常广泛的用途。

4. 问卷设计应注意的问题。问卷格式应清晰，长度适中。问卷格式的重要性不亚于问题本身，不适当的格式会造成答案的遗漏、混淆，甚至会导致被调查者拒绝回答问题。问卷应该整齐清楚，开放式问题后的空白要留得尽可能大些。多个问题不要写在一行。问卷的长度并不是仅指问卷所占的页数，而是要根据调查形式的不同，估计被调查者完成问卷的时间长度。一般来讲，如果是电话问卷调查，调查的时间不宜超过 3 分钟，如果是当面问卷填写，则问卷回答时间一般在 1 分钟左右，问卷过长会引起被调查者的反感和拒绝。

问题的设置要合理。一般问题按照复杂程度由简到繁、先易后难排列，最好以有趣的问题开头，使人看了头几个问题后愿意填写整个问卷。而且，不要把相似性质或类别的问题混合在一起。

问题的表述要具体、通俗。问题的内容要具体，不要提抽象、笼统的问题，不要把两个或两个以上的问题合在一起提。表述问题的语言要准确，不要使用模棱两可、含混不清或容易产生歧义的语言或概念。同时语言应该尽可能简单明确，不要冗长和啰嗦。表述问题的态度要客观，不要有诱导性或倾向性语言。

封闭式问题的答案设计要完整。对于封闭式问题，答案必须与询问问题具有相关关系，而且一个问题的答案是穷尽一切可能的，或起码是一切主要的答案。答案之间是互相排斥的。

根据以上问卷调查的规范和注意事项，评价本章“春秋航空网络航班调查”问卷，如表 2－2 所示。

表 2－2　　　　调查问卷设计评定单回答参考

编号	项目	评定	备注
1	问卷要素完整性	完整　√不完整	缺乏卷首语
2	问卷项目围绕同一主题	√是　否	问卷主要围绕搭乘飞机过程中的消费可能性进行

续表

编号	项目	评定	备注
3	问卷调查项目设置合理性	√合理　　不合理	题目从简单到复杂
4	问卷长度是否合理	是　　√否	过长，一般应在1分钟左右的时间内完成问卷
5	问卷的态度是中立的	√是　　否	没有倾向性和诱导性的问题
6	问卷的开放式问题简单、易回答	√是　　否	开放式问题是客观的，用户可以根据自己的情况清楚回答
7	各问题是单一的	√是　　否	没有多个问题混合在一起
8	问题的表述具体	√是　　否	每个问题具体、不抽象
9	问题的表述语言通俗、准确	√是　　否	语言表述准确，没有出现过于专业化的词语
10	各问题的答案是相同层次的、互斥的、完整的	√是　　否	围绕同一问题给出同层的互斥答案

任务2　网络爬虫

【任务清单】使用八爪鱼采集器在新浪财经网站上爬取股票的机构评级数据。

【操作示范】

步骤一：下载八爪鱼采集器。八爪鱼采集器是开源的网络爬虫软件，界面如图2－21所示。

图2－21　八爪鱼采集器界面

步骤二：创建自定义采集任务，点击新建—自定义任务，如图2－22所示。

将要采集的网址URL复制粘贴到网站输入框中，点击“保存设置”，如图2－23

图 2－22　创建自定义采集任务

所示。目标网址 http：//stock. finance. sina. com. cn/stock/go. php/vIR_ RatingNewest/index. phtml？ p＝1。

图 2－23　手动输入目标采集网址

步骤三：创建文本循环。

鼠标滑动到页底，然后选中“下一页”，提示框中选择“循环点击下一页”，如图 2－24所示。

步骤四：分页表格信息采集。

选中需要采集的字段信息，创建采集列表，编辑采集字段名称。

图 2－24　创建文本循环

移动鼠标选中表格里任意一个空格信息，右键点击，如图 2－25 所示，框中数据会被选中，变成绿色，点击右侧提示中点击“TR”。

图 2－25　分页表格信息采集（1）

选中数据当前一行的数据会被全部选中，点击“选中子元素”，如图 2－26 所示。

图 2-26　分页表格信息采集（2）

在右侧操作提示框中，查看提取的字段，可将不需要的字段删除，点击“选中全部”，如图 2-27 所示。

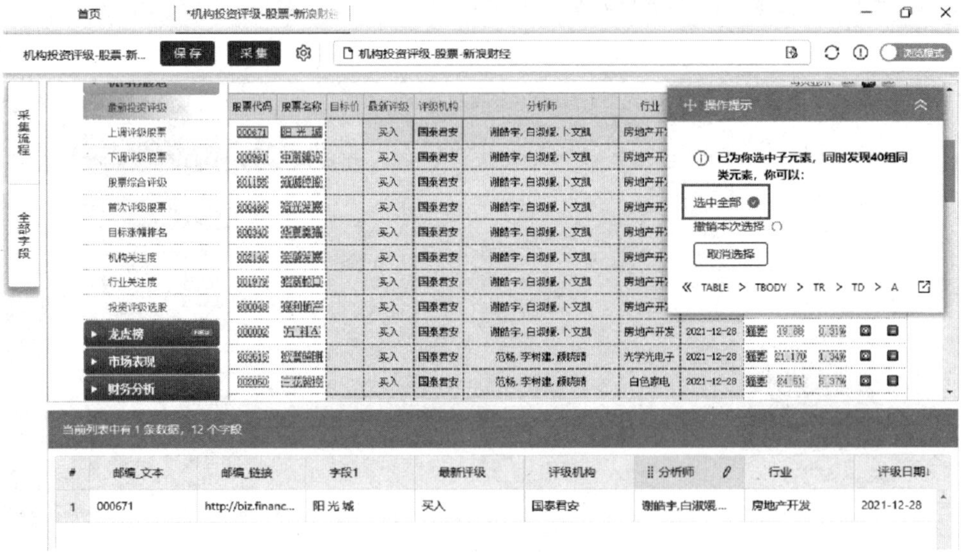

图 2-27　分页表格信息采集（3）

修改字段名称，删除不需要的字段后即可点击“采集数据”，如图 2-28 所示。

点击保存并开始采集—启动本地采集，如图 2-29 所示。

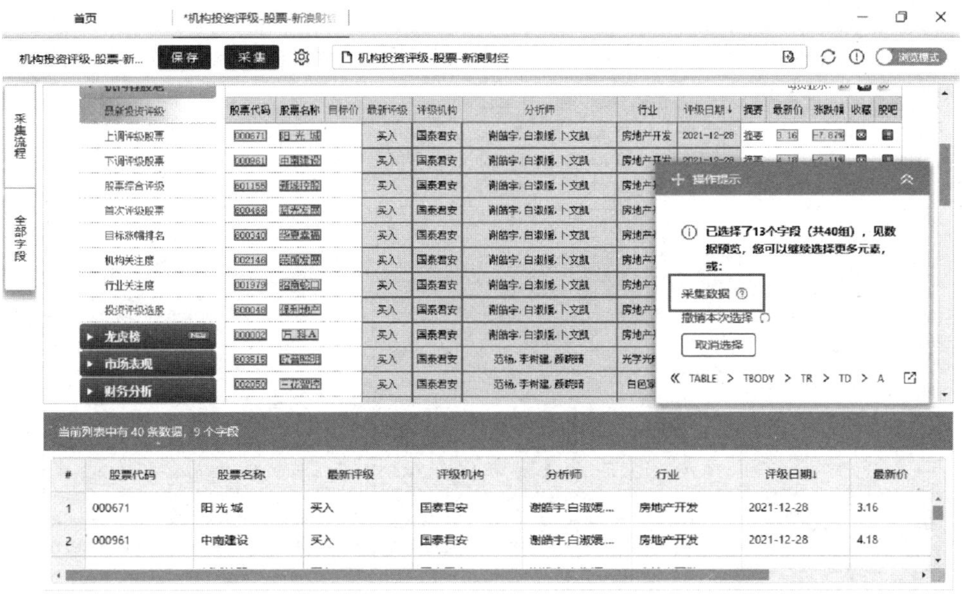

图 2-28　分页表格信息采集（4）

图 2-29　分页表格信息采集（5）

任务 3　数据清洗

【任务清单】

利用 Excel 完成数据的清洗操作，数据对象：Chap2 数据 . xlsx。

1. 实现单元格内容的快速分列；
2. 快速补全数据；
3. 删除或标记数据表中的重复数据；
4. 将多张数据表中的数据进行合并。

【具体要求】

1. 实现单元格内容的快速分列。将图 2－30 中数据转变为图 2－31 所示数据。

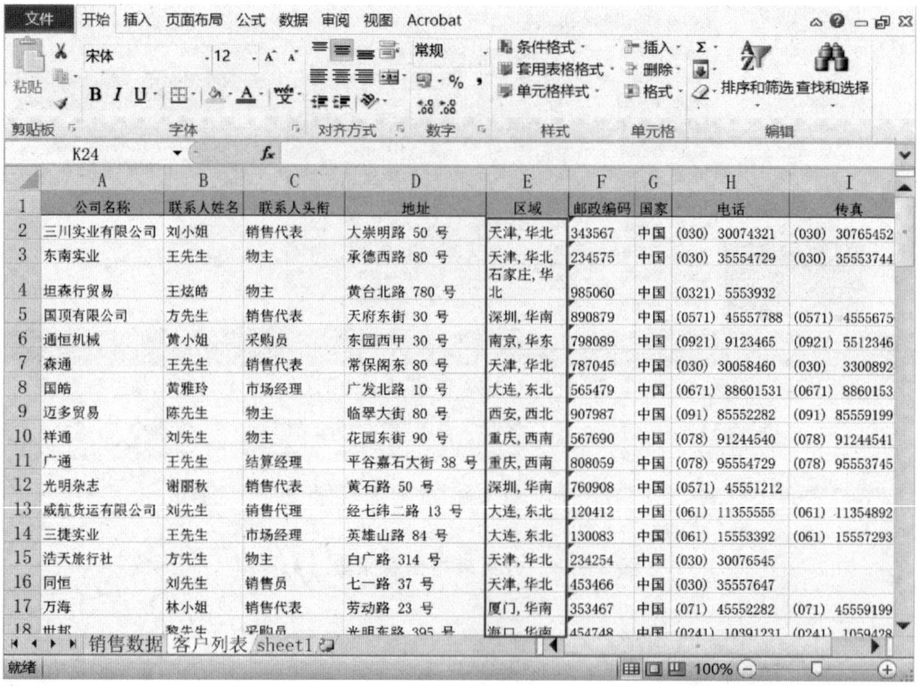

	公司名称	联系人姓名	联系人头衔	地址	区域	邮政编码	国家	电话	传真
2	三川实业有限公司	刘小姐	销售代表	大崇明路 50 号	天津，华北	343567	中国	(030) 30074321	(030) 30765452
3	东南实业	王先生	物主	承德西路 80 号	天津，华北	234575	中国	(030) 35554729	(030) 35553744
4	坦森行贸易	王炫皓	物主	黄台北路 780 号	石家庄，华北	985060	中国	(0321) 5553932	
5	国顶有限公司	方先生	销售代表	天府东街 30 号	深圳，华南	890879	中国	(0571) 45557788	(0571) 4555675
6	通恒机械	黄小姐	采购员	东园西甲 30 号	南京，华东	798089	中国	(0921) 9123465	(0921) 5512346
7	森通	王先生	销售代表	常保阁东 80 号	天津，华北	787045	中国	(030) 30058460	(030) 3300892
8	国皓	黄雅玲	市场经理	广发北路 10 号	大连，东北	565479	中国	(0671) 88601531	(0671) 8860153
9	迈多贸易	陈先生	物主	临翠大街 80 号	西安，西北	907987	中国	(091) 85552282	(091) 85559199
10	祥通	刘先生	物主	花园东街 90 号	重庆，西南	567690	中国	(078) 91244540	(078) 91244541
11	广通	王先生	结算经理	平谷嘉石大街 38 号	重庆，西南	808059	中国	(078) 95554729	(078) 95553745
12	光明杂志	谢丽秋	销售代表	黄石路 50 号	深圳，华南	760908	中国	(0571) 45551212	
13	威航货运有限公司	刘先生	销售代理	经七纬二路 13 号	大连，东北	120412	中国	(061) 11355555	(061) 11354892
14	三捷实业	王先生	市场经理	英雄山路 84 号	大连，东北	130083	中国	(061) 15553392	(061) 15557293
15	浩天旅行社	方先生	物主	白广路 314 号	天津，华北	234254	中国	(030) 30076545	
16	同恒	刘先生	销售员	七一路 37 号	天津，华北	453466	中国	(030) 35557647	
17	万海	林小姐	销售代表	劳动路 23 号	厦门，华南	353467	中国	(071) 45552282	(071) 45559199
18	世邦	黎先生	采购员	光明东路 395 号	海口，华南	454748	中国	(0241) 10391231	(0241) 10594328

图 2－30　待"分列"数据

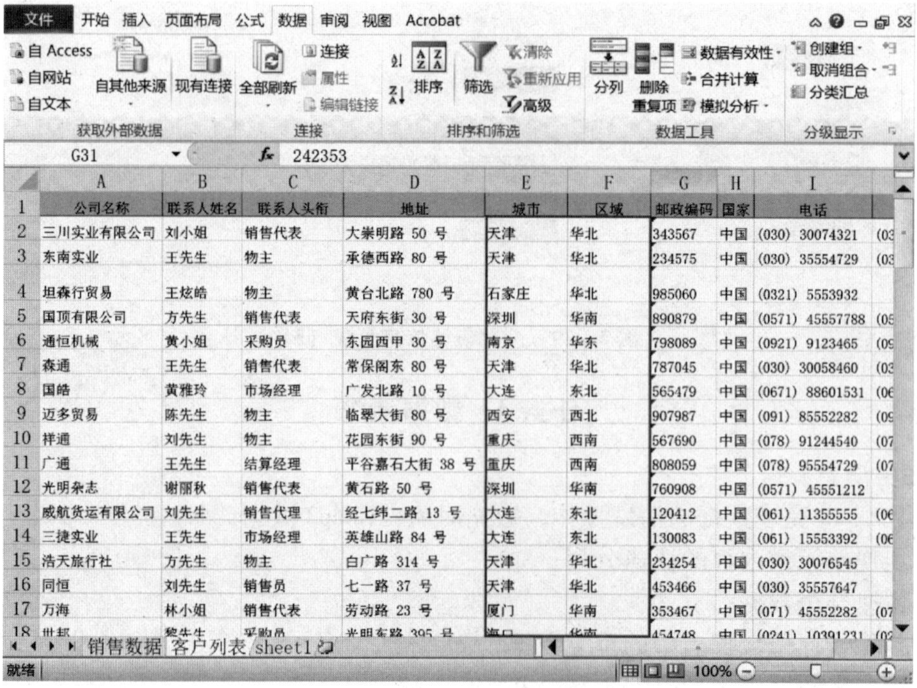

	公司名称	联系人姓名	联系人头衔	地址	城市	区域	邮政编码	国家	电话
2	三川实业有限公司	刘小姐	销售代表	大崇明路 50 号	天津	华北	343567	中国	(030) 30074321
3	东南实业	王先生	物主	承德西路 80 号	天津	华北	234575	中国	(030) 35554729
4	坦森行贸易	王炫皓	物主	黄台北路 780 号	石家庄	华北	985060	中国	(0321) 5553932
5	国顶有限公司	方先生	销售代表	天府东街 30 号	深圳	华南	890879	中国	(0571) 45557788
6	通恒机械	黄小姐	采购员	东园西甲 30 号	南京	华东	798089	中国	(0921) 9123465
7	森通	王先生	销售代表	常保阁东 80 号	天津	华北	787045	中国	(030) 30058460
8	国皓	黄雅玲	市场经理	广发北路 10 号	大连	东北	565479	中国	(0671) 88601531
9	迈多贸易	陈先生	物主	临翠大街 80 号	西安	西北	907987	中国	(091) 85552282
10	祥通	刘先生	物主	花园东街 90 号	重庆	西南	567690	中国	(078) 91244540
11	广通	王先生	结算经理	平谷嘉石大街 38 号	重庆	西南	808059	中国	(078) 95554729
12	光明杂志	谢丽秋	销售代表	黄石路 50 号	深圳	华南	760908	中国	(0571) 45551212
13	威航货运有限公司	刘先生	销售代理	经七纬二路 13 号	大连	东北	120412	中国	(061) 11355555
14	三捷实业	王先生	市场经理	英雄山路 84 号	大连	东北	130083	中国	(061) 15553392
15	浩天旅行社	方先生	物主	白广路 314 号	天津	华北	234254	中国	(030) 30076545
16	同恒	刘先生	销售员	七一路 37 号	天津	华北	453466	中国	(030) 35557647
17	万海	林小姐	销售代表	劳动路 23 号	厦门	华南	353467	中国	(071) 45552282
18	世邦	黎先生	采购员	光明东路 395 号	海口	华南	454748	中国	(0241) 10391231

图 2－31　"分列"后数据

2. 快速补全数据。在收集到的数据表中，往往会出现多个单元格被合并的情况，例如“销售数据”表中“公司名称”被合并到一起，如图 2－32 所示。然而这种合并在数据分析过程中会带来很多不便，我们希望数据是每行独立的。这就需要将同一值快速地补全到各个对应的单元格中，规范数据，如图 2－33 所示。

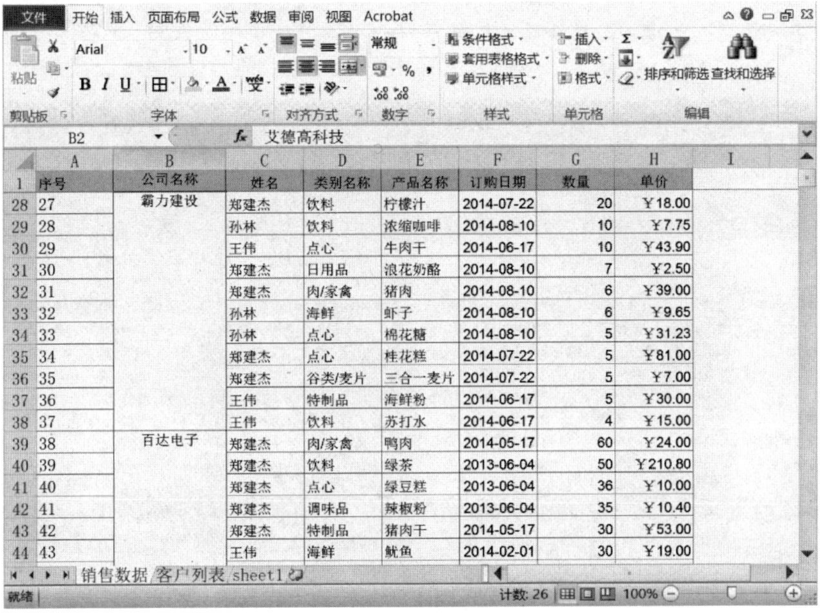

	序号	公司名称	姓名	类别名称	产品名称	订购日期	数量	单价
28	27	霸力建设	郑建杰	饮料	柠檬汁	2014-07-22	20	￥18.00
29	28		孙林	饮料	浓缩咖啡	2014-08-10	10	￥7.75
30	29		王伟	点心	牛肉干	2014-06-17	10	￥43.90
31	30		郑建杰	日用品	浪花奶酪	2014-08-10	7	￥2.50
32	31		郑建杰	肉/家禽	猪肉	2014-08-10	6	￥39.00
33	32		孙林	海鲜	虾子	2014-08-10	6	￥9.65
34	33		孙林	点心	棉花糖	2014-08-10	5	￥31.23
35	34		郑建杰	点心	桂花糕	2014-07-22	5	￥81.00
36	35		郑建杰	谷类/麦片	三合一麦片	2014-07-22	5	￥7.00
37	36		王伟	特制品	海鲜粉	2014-06-17	5	￥30.00
38	37		王伟	饮料	苏打水	2014-06-17	4	￥15.00
39	38	百达电子	郑建杰	肉/家禽	鸭肉	2014-05-17	60	￥24.00
40	39		郑建杰	饮料	绿茶	2013-06-04	50	￥210.80
41	40		郑建杰	点心	绿豆糕	2013-06-04	36	￥10.00
42	41		郑建杰	调味品	辣椒粉	2013-06-04	35	￥10.40
43	42		郑建杰	特制品	猪肉干	2014-05-17	30	￥53.00
44	43		王伟	海鲜	鱿鱼	2014-02-01	30	￥19.00

图 2－32　待补全的数据示例

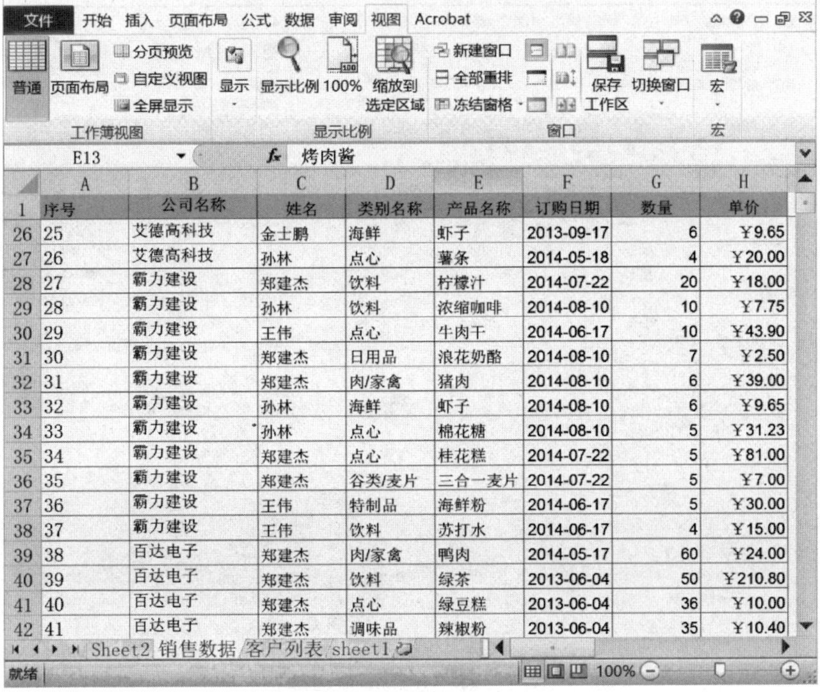

	序号	公司名称	姓名	类别名称	产品名称	订购日期	数量	单价
26	25	艾德高科技	金士鹏	海鲜	虾子	2013-09-17	6	￥9.65
27	26	艾德高科技	孙林	点心	薯条	2014-05-18	4	￥20.00
28	27	霸力建设	郑建杰	饮料	柠檬汁	2014-07-22	20	￥18.00
29	28	霸力建设	孙林	饮料	浓缩咖啡	2014-08-10	10	￥7.75
30	29	霸力建设	王伟	点心	牛肉干	2014-06-17	10	￥43.90
31	30	霸力建设	郑建杰	日用品	浪花奶酪	2014-08-10	7	￥2.50
32	31	霸力建设	郑建杰	肉/家禽	猪肉	2014-08-10	6	￥39.00
33	32	霸力建设	孙林	海鲜	虾子	2014-08-10	6	￥9.65
34	33	霸力建设	孙林	点心	棉花糖	2014-08-10	5	￥31.23
35	34	霸力建设	郑建杰	点心	桂花糕	2014-07-22	5	￥81.00
36	35	霸力建设	郑建杰	谷类/麦片	三合一麦片	2014-07-22	5	￥7.00
37	36	霸力建设	王伟	特制品	海鲜粉	2014-06-17	5	￥30.00
38	37	霸力建设	王伟	饮料	苏打水	2014-06-17	4	￥15.00
39	38	百达电子	郑建杰	肉/家禽	鸭肉	2014-05-17	60	￥24.00
40	39	百达电子	郑建杰	饮料	绿茶	2013-06-04	50	￥210.80
41	40	百达电子	郑建杰	点心	绿豆糕	2013-06-04	36	￥10.00
42	41	百达电子	郑建杰	调味品	辣椒粉	2013-06-04	35	￥10.40

图 2－33　补全的数据示例

3. 删除或标记数据表中的重复数据。先对“客户列表”的重复记录进行标记，再删除，如图 2－34 和图 2－35 所示。

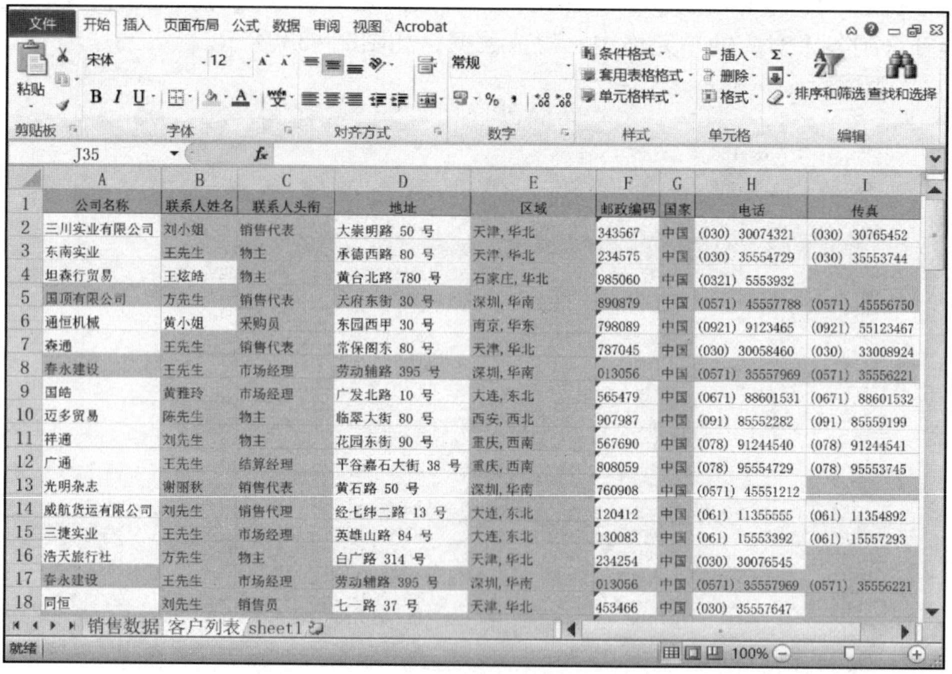

	A	B	C	D	E	F	G	H	I
1	公司名称	联系人姓名	联系人头衔	地址	区域	邮政编码	国家	电话	传真
2	三川实业有限公司	刘小姐	销售代表	大崇明路 50 号	天津，华北	343567	中国	(030) 30074321	(030) 30765452
3	东南实业	王先生	物主	承德西路 80 号	天津，华北	234575	中国	(030) 35554729	(030) 35553744
4	坦森行贸易	王炫皓	物主	黄台北路 780 号	石家庄，华北	985060	中国	(0321) 5553932	
5	国顶有限公司	方先生	销售代表	天府东街 30 号	深圳，华南	890879	中国	(0571) 45557788	(0571) 45556750
6	通恒机械	黄小姐	采购员	东园西甲 30 号	南京，华东	798089	中国	(0921) 9123465	(0921) 55123467
7	森通	王先生	销售代表	常保阁东 80 号	天津，华北	787045	中国	(030) 30058460	(030) 33008924
8	春永建设	王先生	市场经理	劳动辅路 395 号	深圳，华南	013056	中国	(0571) 35557969	(0571) 35556221
9	国皓	黄雅玲	市场经理	广发北路 10 号	大连，东北	565479	中国	(0671) 88601531	(0671) 88601532
10	迈多贸易	陈先生	物主	临翠大街 80 号	西安，西北	907987	中国	(091) 85552282	(091) 85559199
11	祥通	刘先生	物主	花园东街 90 号	重庆，西南	567690	中国	(078) 91244540	(078) 91244541
12	广通	王先生	结算经理	平谷嘉石大街 38 号	重庆，西南	808059	中国	(078) 95554729	(078) 95553745
13	光明杂志	谢丽秋	销售代表	黄石路 50 号	深圳，华南	760908	中国	(0571) 45551212	
14	威航货运有限公司	刘先生	销售代理	经七纬二路 13 号	大连，东北	120412	中国	(061) 11355555	(061) 11354892
15	三捷实业	王先生	市场经理	英雄山路 84 号	大连，东北	130083	中国	(061) 15553392	(061) 15557293
16	浩天旅行社	方先生	物主	白广路 314 号	天津，华北	234254	中国	(030) 30076545	
17	春永建设	王先生	市场经理	劳动辅路 395 号	深圳，华南	013056	中国	(0571) 35557969	(0571) 35556221
18	同恒	刘先生	销售员	七一路 37 号	天津，华北	453466	中国	(030) 35557647	

图 2－34　标注了重复数据的数据表

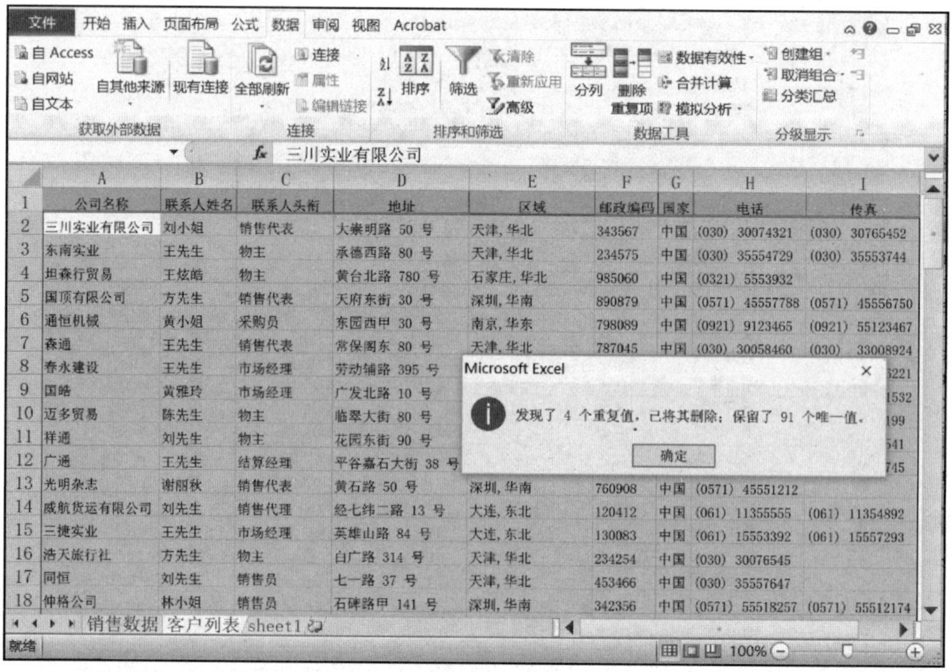

	A	B	C	D	E	F	G	H	I
1	公司名称	联系人姓名	联系人头衔	地址	区域	邮政编码	国家	电话	传真
2	三川实业有限公司	刘小姐	销售代表	大崇明路 50 号	天津，华北	343567	中国	(030) 30074321	(030) 30765452
3	东南实业	王先生	物主	承德西路 80 号	天津，华北	234575	中国	(030) 35554729	(030) 35553744
4	坦森行贸易	王炫皓	物主	黄台北路 780 号	石家庄，华北	985060	中国	(0321) 5553932	
5	国顶有限公司	方先生	销售代表	天府东街 30 号	深圳，华南	890879	中国	(0571) 45557788	(0571) 45556750
6	通恒机械	黄小姐	采购员	东园西甲 30 号	南京，华东	798089	中国	(0921) 9123465	(0921) 55123467
7	森通	王先生	销售代表	常保阁东 80 号	天津，华北	787045	中国	(030) 30058460	(030) 33008924
8	春永建设	王先生	市场经理	劳动辅路 395 号					
9	国皓	黄雅玲	市场经理	广发北路 10 号					
10	迈多贸易	陈先生	物主	临翠大街 80 号					
11	祥通	刘先生	物主	花园东街 90 号					
12	广通	王先生	结算经理	平谷嘉石大街 38 号					
13	光明杂志	谢丽秋	销售代表	黄石路 50 号	深圳，华南	760908	中国	(0571) 45551212	
14	威航货运有限公司	刘先生	销售代理	经七纬二路 13 号	大连，东北	120412	中国	(061) 11355555	(061) 11354892
15	三捷实业	王先生	市场经理	英雄山路 84 号	大连，东北	130083	中国	(061) 15553392	(061) 15557293
16	浩天旅行社	方先生	物主	白广路 314 号	天津，华北	234254	中国	(030) 30076545	
17	同恒	刘先生	销售员	七一路 37 号	天津，华北	453466	中国	(030) 35557647	
18	伸格公司	林小姐	销售员	石碑路甲 141 号	深圳，华南	342356	中国	(0571) 55518257	(0571) 55512174

图 2－35　删除重复记录

4. 将多张数据表中的数据进行合并。从“客户列表”中将“区域”增加至“销售数据”表中，如图 2－36 所示。

序号	公司名称	姓名	类别名称	产品名称	订购日期	数量	单价	区域
22	艾德高科技	赵军	日用品	大众奶酪	2014-06-23	10	￥21.00	天津,华北
23	艾德高科技	张颖	特制品	猪肉干	2014-05-14	10	￥53.00	天津,华北
24	艾德高科技	张颖	肉/家禽	鸡肉	2014-05-14	7	￥7.45	天津,华北
25	艾德高科技	金士鹏	海鲜	虾子	2013-09-17	6	￥9.65	天津,华北
26	艾德高科技	孙林	点心	薯条	2014-05-18	4	￥20.00	天津,华北
27	霸力建设	郑建杰	饮料	柠檬汁	2014-07-22	20	￥18.00	重庆,西南
28	霸力建设	孙林	饮料	浓缩咖啡	2014-08-10	10	￥7.75	重庆,西南
29	霸力建设	王伟	点心	牛肉干	2014-06-17	10	￥43.90	重庆,西南
30	霸力建设	郑建杰	日用品	浪花奶酪	2014-08-10	7	￥2.50	重庆,西南
31	霸力建设	郑建杰	肉/家禽	猪肉	2014-08-10	6	￥39.00	重庆,西南
32	霸力建设	孙林	海鲜	虾子	2014-08-10	6	￥9.65	重庆,西南
33	霸力建设	孙林	点心	棉花糖	2014-08-10	5	￥31.23	重庆,西南
34	霸力建设	郑建杰	点心	桂花糕	2014-07-22	5	￥81.00	重庆,西南
35	霸力建设	郑建杰	谷类/麦片	三合一麦片	2014-07-22	5	￥7.00	重庆,西南
36	霸力建设	王伟	特制品	海鲜粉	2014-06-17	5	￥30.00	重庆,西南
37	霸力建设	王伟	饮料	苏打水	2014-06-17	4	￥15.00	重庆,西南
38	百达电子	郑建杰	肉/家禽	鸭肉	2014-05-17	60	￥24.00	天津,华北

图 2－36　在销售数据中增加客户所在区域

【操作示范】

获得的数据中常常会出现多个数据段在同一单元格、不合理的合并单元格、记录重复出现、多个数据表格之间数据有相关性等情况。面对这些数据，需要在数据分析之前对其进行规范化处理。

1. 实现单元格内容的快速分列。原数据中“区域”字段既包含城市又包含地区，需要将其分割为两个字段，一个为“城市”，另一个为“地区”，以便于数据的汇总、分类和分析。

在对数据进行分列之前，首先需要对数据进行分析，找出规律，例如本例中城市和地区之间多以“,”分隔，所以以此为分隔符进行分列操作。

右击 F 列，选择插入，插入一个空白列，目的是存放分列的数据，如果不插入空白列，将会把原始 F 列数据覆盖，如图 2－37 所示。

选中 E 列，点击“数据”选项卡下的“分列”，打开“文本分列向导”，如图 2－38 所示。

图 2－37　插入空白数据列

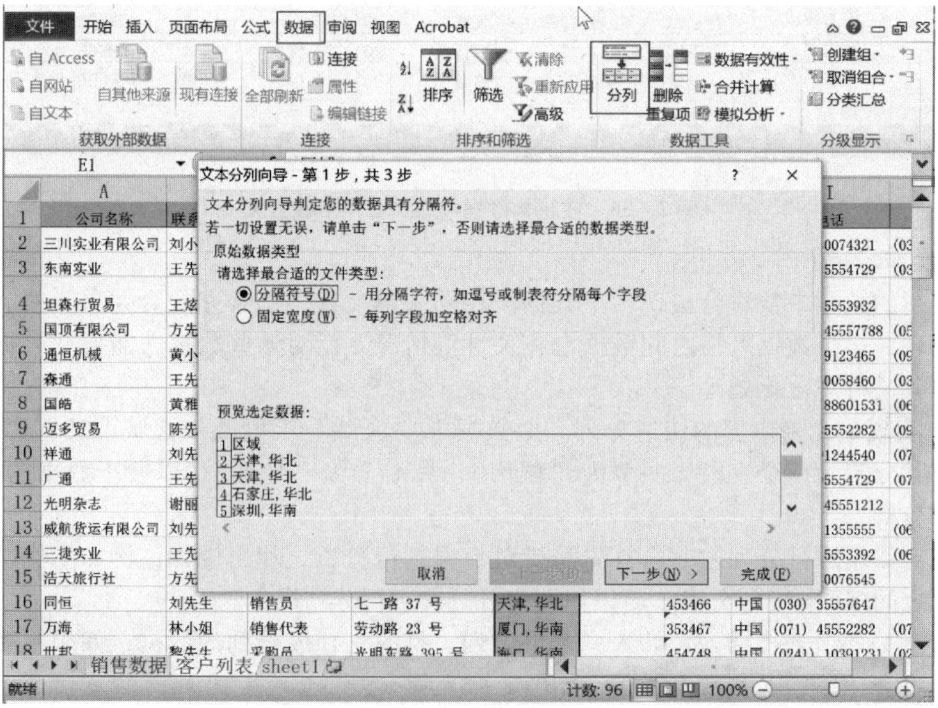

图 2－38　“分列”工具按钮

在“文本分列向导”的第一步骤中选择“分隔符号”，在第二步骤中选择“逗号”，并可以从下方的“数据预览”窗口查看数据即将分列的情况，如图 2－39 所示。

第三步设置数据的格式，点击“完成”，则弹出“是否替换目标单元格”对话框，选择“确定”，则得到分列的数据，城市在 E 列，地区在 F 列，如图 2－40 所示。最后命名列的名称为“城市”和“地区”。

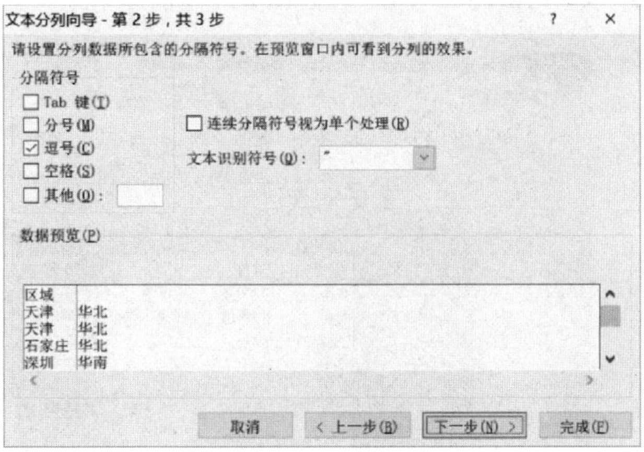

图 2－39　文本分列向导

	A	B	C	D	E	F	G	H	I
1	公司名称	联系人姓名	联系人头衔	地址	区域		邮政编码	国家	电话
2	三川实业有限公司	刘小姐	销售代表	大崇明路 50 号	天津	华北	343567	中国	(030) 30074321
3	东南实业	王先生	物主	承德西路 80 号	天津	华北	234575	中国	(030) 35554729
4	坦森行贸易	王炫皓	物主	黄台北路 780 号	石家庄	华北	985060	中国	(0321) 5553932
5	国顶有限公司	方先生	销售代表	天府东街 30 号	深圳	华南	890879	中国	(0571) 45557788
6	通恒机械	黄小姐	采购员	东园西甲 30 号	南京	华东	798089	中国	(0921) 9123465
7	森通	王先生	销售代表	常保阁东 80 号	天津	华北	787045	中国	(030) 30058460
8	国皓	黄雅玲	市场经理	广发北路 10 号	大连	东北	565479	中国	(0671) 88601531
9	迈多贸易	陈先生	物主	临翠大街 80 号	西安	西北	907987	中国	(091) 85552282
10	祥通	刘先生	物主	花园东街 90 号	重庆	西南	567690	中国	(078) 91244540
11	广通	王先生	结算经理	平谷嘉石大街 38 号	重庆	西南	808059	中国	(078) 95554729
12	光明杂志	谢丽秋	销售代表	黄石路 50 号	深圳	华南	760908	中国	(0571) 45551212
13	威航货运有限公司	刘先生	销售代理	经七纬二路 13 号	大连	东北	120412	中国	(061) 11355555
14	三捷实业	王先生	市场经理	英雄山路 84 号	大连	东北	130083	中国	(061) 15553392
15	浩天旅行社	方先生	物主	白广路 314 号	天津	华北	234254	中国	(030) 30076545
16	同恒	刘先生	销售员	七一路 37 号	天津	华北	453466	中国	(030) 35557647
17	万海	林小姐	销售代表	劳动路 23 号	厦门	华南	353467	中国	(071) 45552282

图 2－40　分列后的数据

2. 快速补全数据。快速补全数据的关键在于将合并单元格的数据复制到其下方的单元格中，直到下一个数据值出现。

首先选中包含合并数据的列，点击“开始”选项卡中的“合并单元格”按钮取消合并单元格的“合并”，如图 2－41 所示。

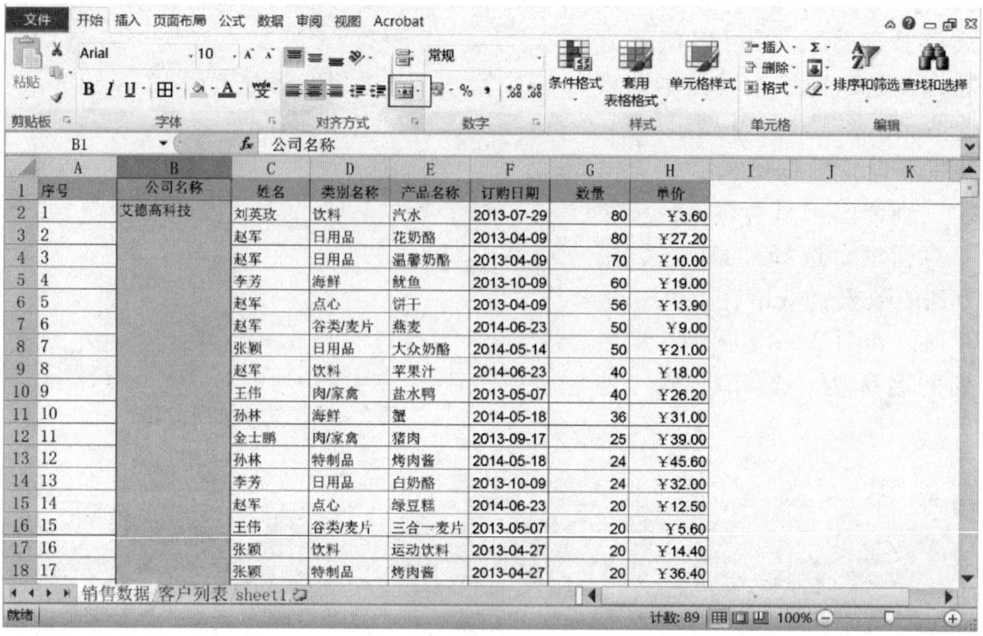

图 2－41　取消合并单元格的“合并”

在保持该列选中的前提下，点击“开始”选项卡中的“查找和选择”下的“定位条件”，如图 2－42 所示。

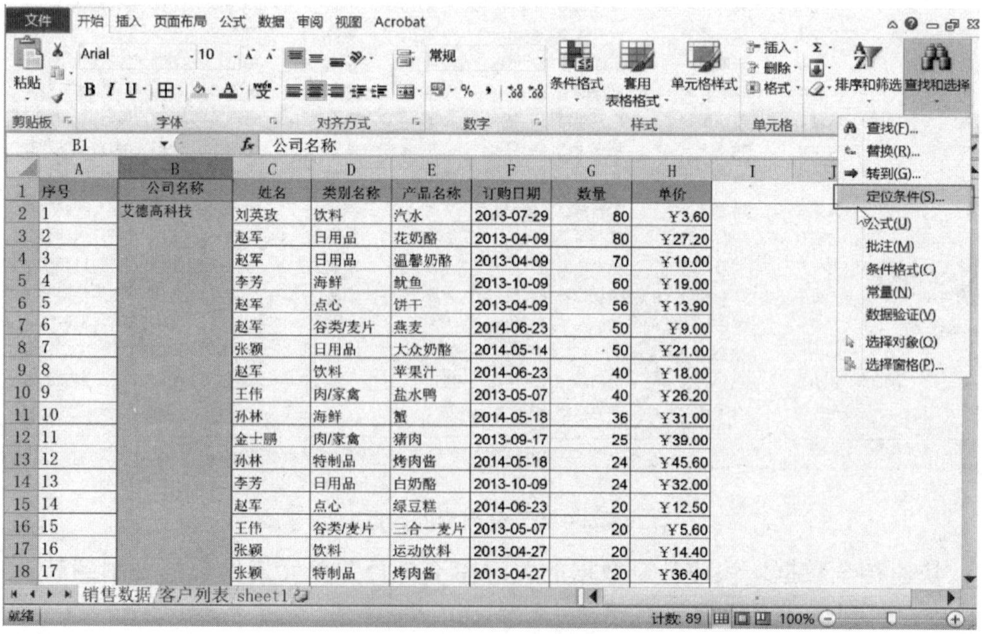

图 2－42　选择“定位条件”

在打开的“定位条件”对话框中选中“空值”，如图 2－43 所示。

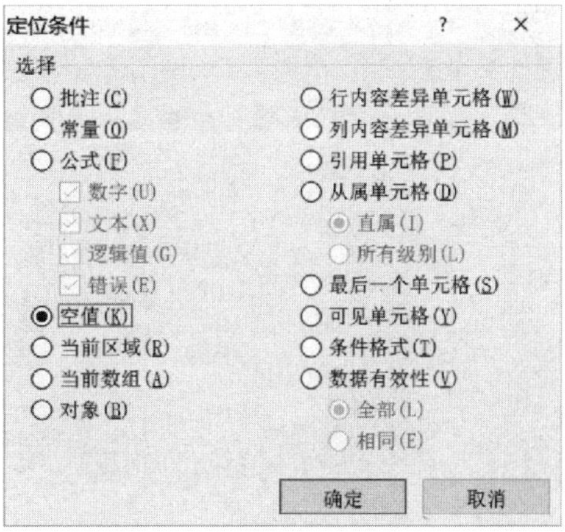

图 2－43　“定位条件”对话框

点击确定后，保持当前单元格所在位置，并在当前单元格的内容框中输入“ = B2”，如图 2－44 所示。

最后按 Ctrl + Enter，快速填充。这是至关重要的一步，如果没有使用 Ctrl + Enter，则需要从“定位”开始重复操作。快速填充后的数据如图 2－45 所示。

3. 删除或标记数据表中的重复数据。对于采集到的数据，通常先要确定数据表中是否有重复数据，则可以用标记的方式进行查看，再确定是否要删除或其他处理。

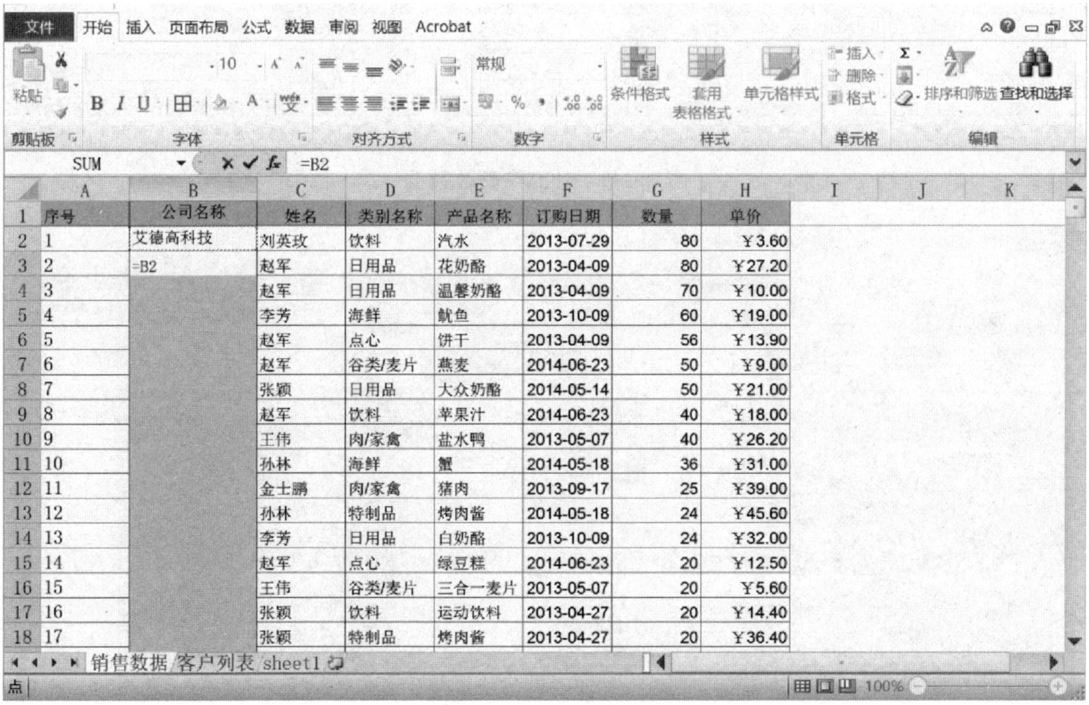

图 2－44　当前单元格内容

标记重复数据是采用“条件格式”进行设定。在选中所有数据后，点击“开始”选项卡的“条件格式”按钮，再选择“突出显示单元格规则”下的“重复值”，如图 2－46所示。在弹出的对话框中选择默认设置即可。

重复值的标记把字段中所有的重复数据项均标记出来，通常希望删除的是完全重复的记录，例如春永建设、国顶有限公司等有多条完全重复的记录，需要将其删除。

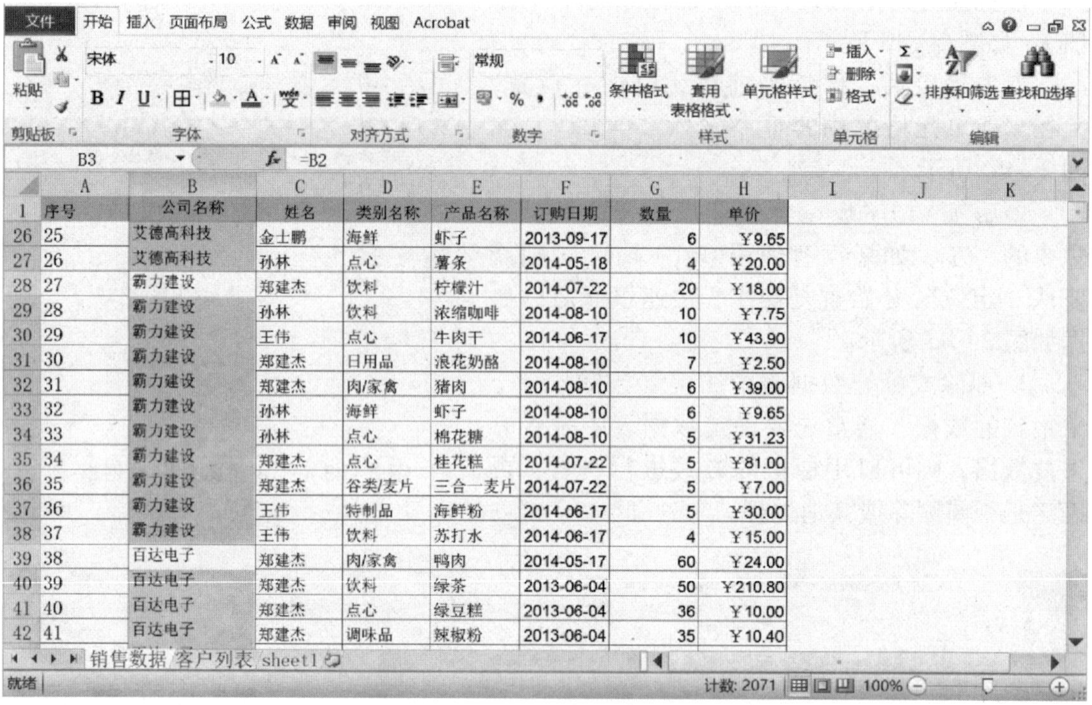

图 2－45　补充完整的数据

图 2－46　条件格式标记重复值

删除重复记录时，选择“数据”选项卡中的“删除重复项”按钮，在打开的对话框中设定查询重复的列，如果把所有的数据列选中，则表示删除完全重复的多条数据，如图 2－47 所示。点击“确定”，则提示发现了多少重复值，保留了多少唯一值。

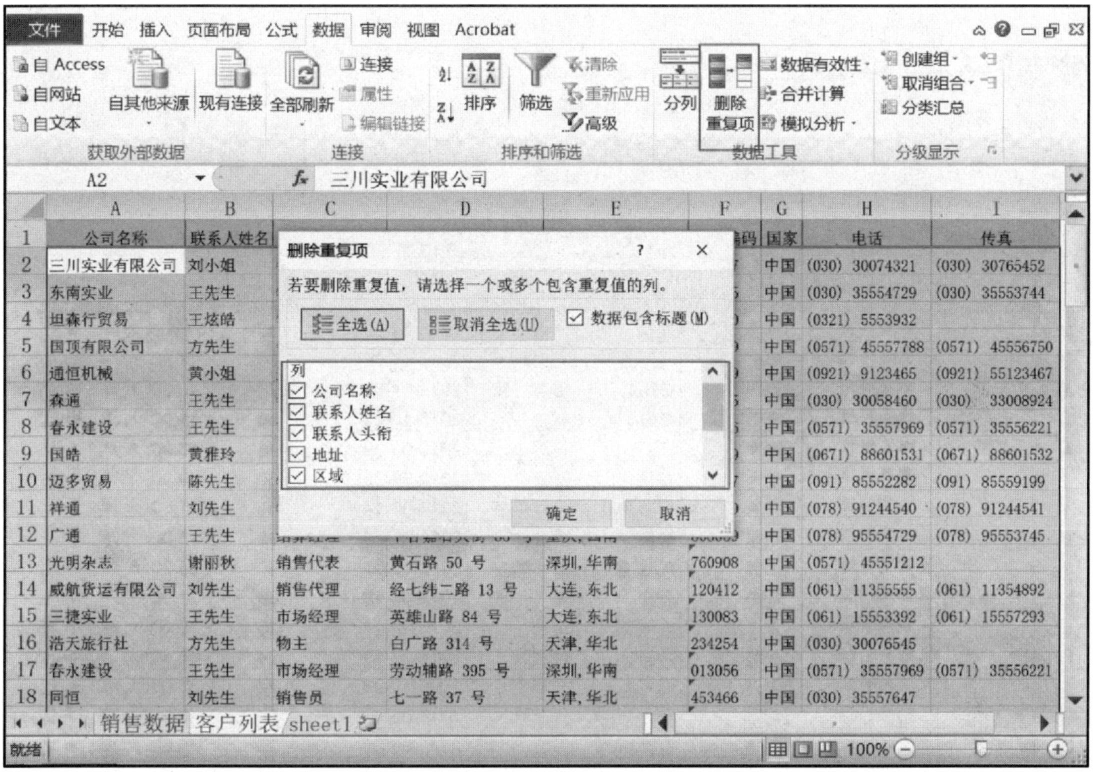

图 2－47　删除重复数据项

4. 将多张数据表中的数据进行合并。根据共同的字段将两张数据表中数据合并，首先要选定两张数据表中重复的字段，例如本题目中的“公司名称”，然后利用 VLOOKUP 函数进行合并。

VLOOKUP 函数的语法为：

VLOOKUP(lookup_value,table_array,col_index_num,range_lookup)

其中：

lookup_value：要查找的值

table_array：要查找的区域

col_index_num：返回数据在查找区域的第几列

range_lookup：模糊匹配或精确匹配（通常都采用精确匹配）

具体操作过程如下。

选中“销售数据”表中的 I1 单元格，输入“区域”，在 I2 单元格输入公式“=

VLOOKUP（B2，客户列表！A：I，5，FALSE）”，其中“B2”表示两张表的重复字段，“客户列表！A：I”表示从“客户列表”数据表中查询的数据范围，“5”表示从“客户列表”数据表获取的字段对象，“FALSE”表示精确匹配。输入公式后确定并填充，为所有数据区获取相匹配的数据，如图 2－48 所示。

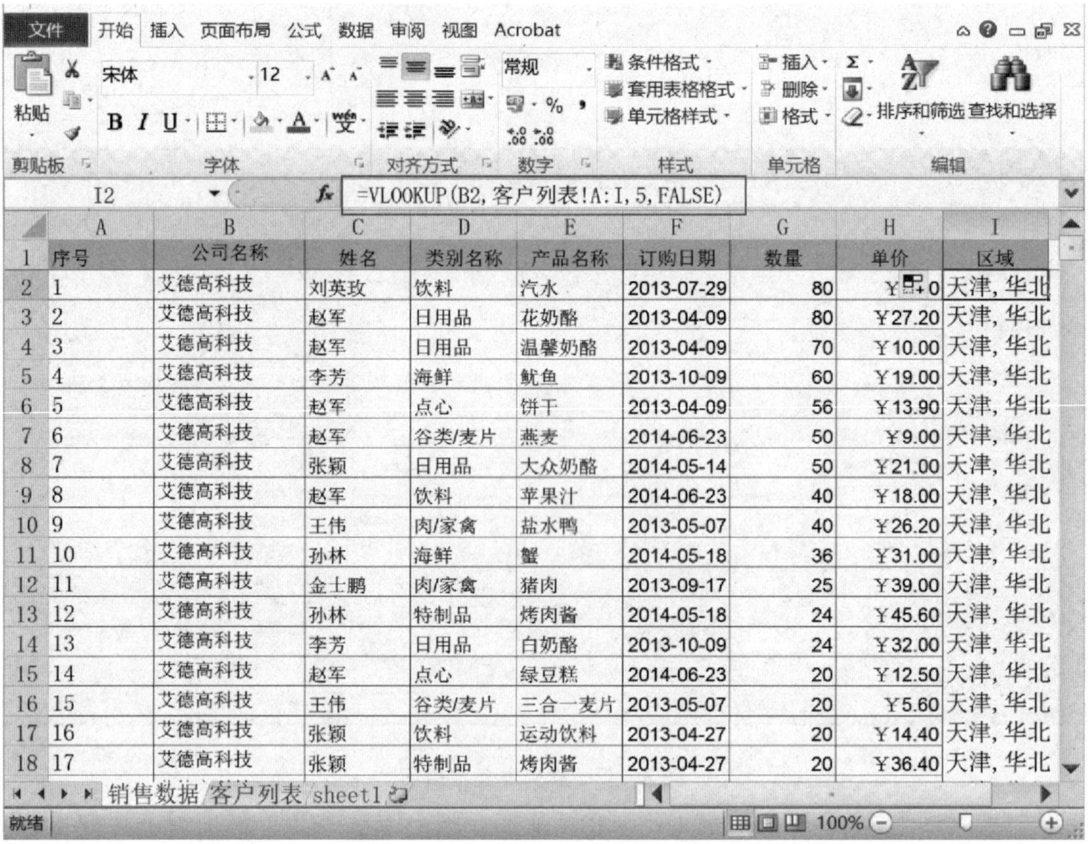

	A	B	C	D	E	F	G	H	I
1	序号	公司名称	姓名	类别名称	产品名称	订购日期	数量	单价	区域
2	1	艾德高科技	刘英玫	饮料	汽水	2013-07-29	80	￥[illegible]0	天津，华北
3	2	艾德高科技	赵军	日用品	花奶酪	2013-04-09	80	￥27.20	天津，华北
4	3	艾德高科技	赵军	日用品	温馨奶酪	2013-04-09	70	￥10.00	天津，华北
5	4	艾德高科技	李芳	海鲜	鱿鱼	2013-10-09	60	￥19.00	天津，华北
6	5	艾德高科技	赵军	点心	饼干	2013-04-09	56	￥13.90	天津，华北
7	6	艾德高科技	赵军	谷类/麦片	燕麦	2014-06-23	50	￥9.00	天津，华北
8	7	艾德高科技	张颖	日用品	大众奶酪	2014-05-14	50	￥21.00	天津，华北
9	8	艾德高科技	赵军	饮料	苹果汁	2014-06-23	40	￥18.00	天津，华北
10	9	艾德高科技	王伟	肉/家禽	盐水鸭	2013-05-07	40	￥26.20	天津，华北
11	10	艾德高科技	孙林	海鲜	蟹	2014-05-18	36	￥31.00	天津，华北
12	11	艾德高科技	金士鹏	肉/家禽	猪肉	2013-09-17	25	￥39.00	天津，华北
13	12	艾德高科技	孙林	特制品	烤肉酱	2014-05-18	24	￥45.60	天津，华北
14	13	艾德高科技	李芳	日用品	白奶酪	2013-10-09	24	￥32.00	天津，华北
15	14	艾德高科技	赵军	点心	绿豆糕	2014-06-23	20	￥12.50	天津，华北
16	15	艾德高科技	王伟	谷类/麦片	三合一麦片	2013-05-07	20	￥5.60	天津，华北
17	16	艾德高科技	张颖	饮料	运动饮料	2013-04-27	20	￥14.40	天津，华北
18	17	艾德高科技	张颖	特制品	烤肉酱	2013-04-27	20	￥36.40	天津，华北

图 2－48　数据合并公式

任务 4　数据的组别

【任务清单】

利用 Excel 对非数值型数据和数值型数据进行排序分组，并用图形描述。数据对象：Chap2 数据 . xlsx。

1. 对非数值型数据进行分类，汇总该类别相应数据个数，绘制柱状图或条形图进行比较；

2. 对数值型数据进行分组，并绘制直方图观察数据分布情况。

【具体要求】

1. 对非数值型数据的描述。“销售数据”表中商品类别共有 8 种，分别是点心、谷类/麦片、海鲜、日用品、肉/家禽、特制品、调味品和饮料。数据按照“类别名称”

进行排序，并根据各类数据的个数绘制柱状图或条形图，比较不同种类的商品销售量之间的差别，结果如图 2－49 所示。

点心	7 927
谷类/麦片	4 563
海鲜	7 681
日用品	9 137
肉/家禽	4 211
特制品	2 990
调味品	5 276
饮料	9 534

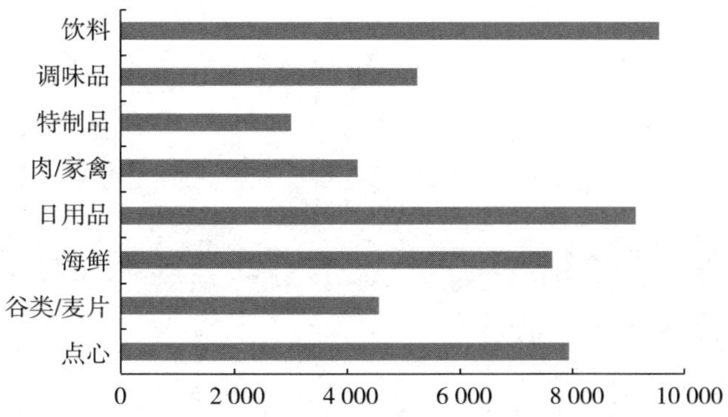

图 2－49　数据汇总和图表示意图

2. 对数值型数据的分类描述。对“销售数据”表中各商品的销售数量进行分组，并用直方图进行表示，描述直方图的类型，如图 2－50 所示。

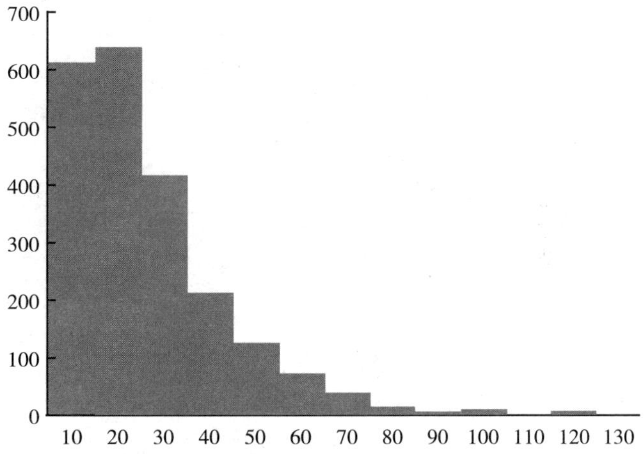

图 2－50　直方图示例

【操作示范】

1. 对非数值型数据的描述。

非数值型数据的分组一般比较简单，例如文字描述的商品类别、职工的性别、学生的出生年月等，非数值型数据多表示对象的自然属性。

对非数值型数据的分组刻画在 Excel 中有多种方式，下面分别采用分类汇总、数据透视表两种方法对非数值型数据进行分组表示。

（1）分类汇总法。分类汇总的前提是对数据进行排序，所以对“销售数据”表中的数据，首先要将合并的单元格内容进行去合并并快速补全内容（参看任务 3），如果数据表中有合并单元格，则在对整个数据表进行排序时，会出现“此操作要求合并单元格具有相同大小”的提示对话框。

Excel 的数据排序要求当前单元格在数据区中，建议不选择数据域，排序过程会自动识别数据区域。如果要选择，一定注意选择所有的数据字段，否则行之间的数据会混乱。

点击“开始”选项卡中的“排序和筛选”的下拉按钮，选择“自定义排序”（见

图2－51)，在弹出的“排序”对话框中选择“类别名称”，点击“确定”按钮（见图2－52)。数据将按照中文序列升序排序（见图2－53)。

	A	B	C	D	E	F	H
1	序号	公司名称	姓名	类别名称	产品名称	订购	单价
2	1	艾德高科技	刘英玫	饮料	汽水	2013-	￥3.60
3	2	艾德高科技	赵军	日用品	花奶酪	2013-	￥27.20
4	3	艾德高科技	赵军	日用品	温馨奶酪	2013-04-09	￥10.00
5	4	艾德高科技	李芳	海鲜	鱿鱼	2013-10-09	￥19.00
6	5	艾德高科技	赵军	点心	饼干	2013-04-09	￥13.90
7	6	艾德高科技	赵军	谷类/麦片	燕麦	2014-06-23	￥9.00
8	7	艾德高科技	张颖	日用品	大众奶酪	2014-05-14	￥21.00
9	8	艾德高科技	赵军	饮料	苹果汁	2014-06-23	￥18.00
10	9	艾德高科技	王伟	肉/家禽	盐水鸭	2013-05-07	￥26.20
11	10	艾德高科技	孙林	海鲜	蟹	2014-05-18	￥31.00
12	11	艾德高科技	金士鹏	肉/家禽	猪肉	2013-09-17	￥39.00
13	12	艾德高科技	孙林	特制品	烤肉酱	2014-05-18	￥45.60
14	13	艾德高科技	李芳	日用品	白奶酪	2013-10-09	￥32.00
15	14	艾德高科技	赵军	点心	绿豆糕	2014-06-23	￥12.50
16	15	艾德高科技	王伟	谷类/麦片	三合一麦片	2013-05-07	￥5.60
17	16	艾德高科技	张颖	饮料	运动饮料	2013-04-27	￥14.40
18	17	艾德高科技	张颖	特制品	烤肉酱	2013-04-27	￥36.40

(数量列可见值：70, 60, 56, 50, 50, 40, 40, 36, 25, 24, 24, 20, 20, 20, 20)

图2－51 数据排序

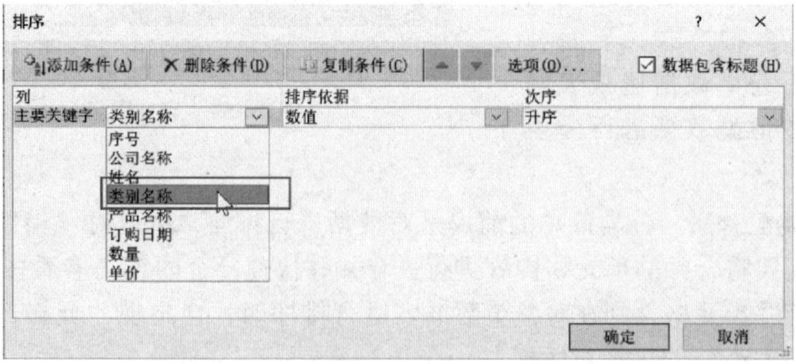

图2－52 排序对话框

再选择“数据”选项卡，点击“分类汇总”，弹出“分类汇总”对话框，在其中选择“分类字段”为“类别名称”，“汇总方式”为“求和”，“选定汇总项”勾选

图 2－53　排序后数据

“数量”（见图 2－54）。点击“确定”，则得到数据的分类汇总表示。从左侧的显示级别中选择“2”，则显示各类的销售数量合计值（见图 2－55）。

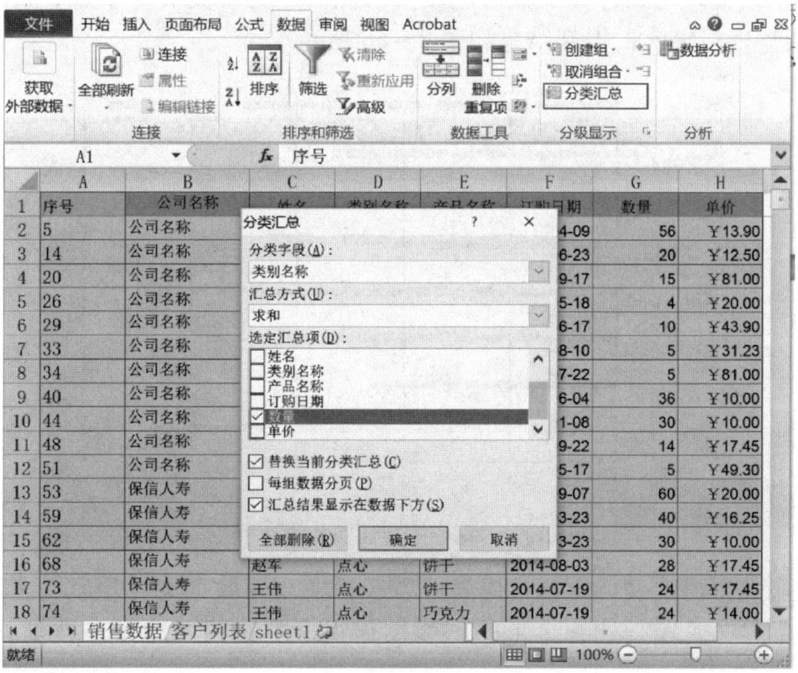

图 2－54　对数据进行分类汇总

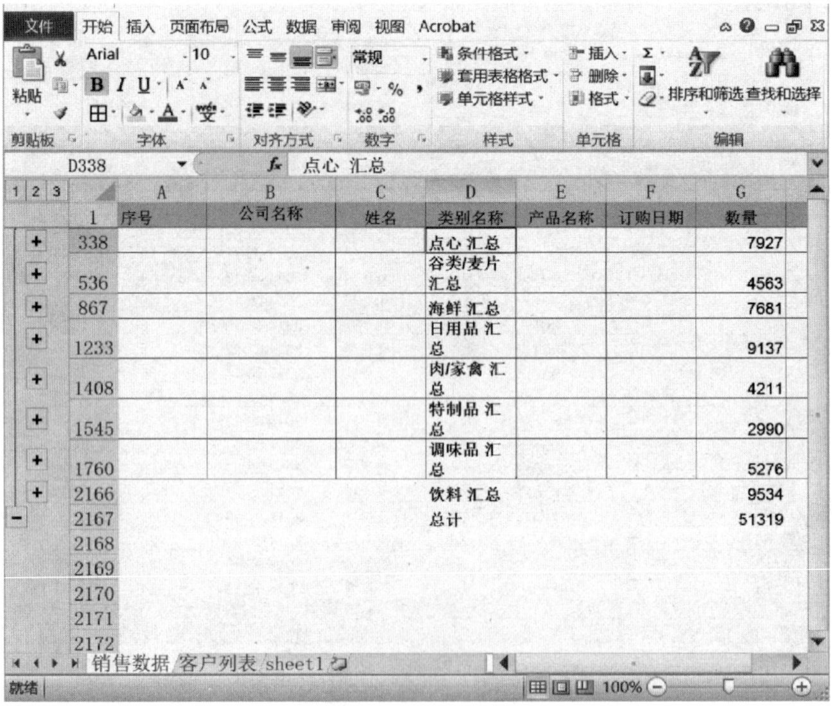

	序号	公司名称	姓名	类别名称	产品名称	订购日期	数量
338				点心 汇总			7927
536				谷类/麦片 汇总			4563
867				海鲜 汇总			7681
1233				日用品 汇总			9137
1408				肉/家禽 汇总			4211
1545				特制品 汇总			2990
1760				调味品 汇总			5276
2166				饮料 汇总			9534
2167				总计			51319

图 2－55　数据的汇总结果

选择除了“总计”行外的各类数据，点击“插入”选项卡，选择“条形图”下的“二维条形图”，可以得到各类的数据比较条形图。因为各类名称较长，可更改为“条形图”，并调整坐标轴值，得到结果如图 2－56 所示。

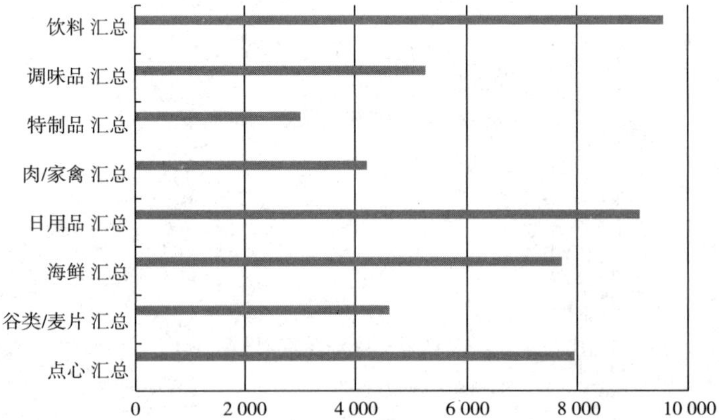

图 2－56　图表对比数据值

（2）利用数据透视表。数据透视表可以轻松实现对数据的排序和汇总工作。操作过程如下。点击“插入”选项卡下的“数据透视表”按钮，选择“数据透视表”，如图 2－57 所示。

图 2－57　插入数据透视表

在打开的“创建数据透视表”对话框中，如果默认选择的表区域不正确，则需要重新选择，透视表放置位置选择为“新工作表”，如图 2－58 所示。

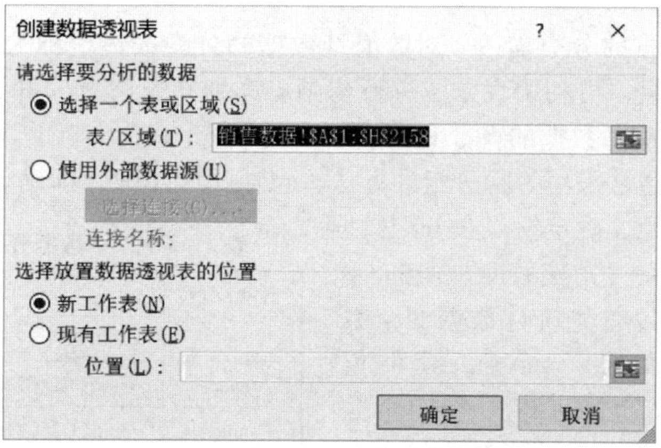

图 2－58　创建数据透视表对话框

在新表中，将分类的字段拖动到“行标签”下，将汇总的对象拖动到“数值”下，则在左侧的数据区可以看到汇总的结果（见图 2－59）。再根据汇总数据制作柱状图或条形图。

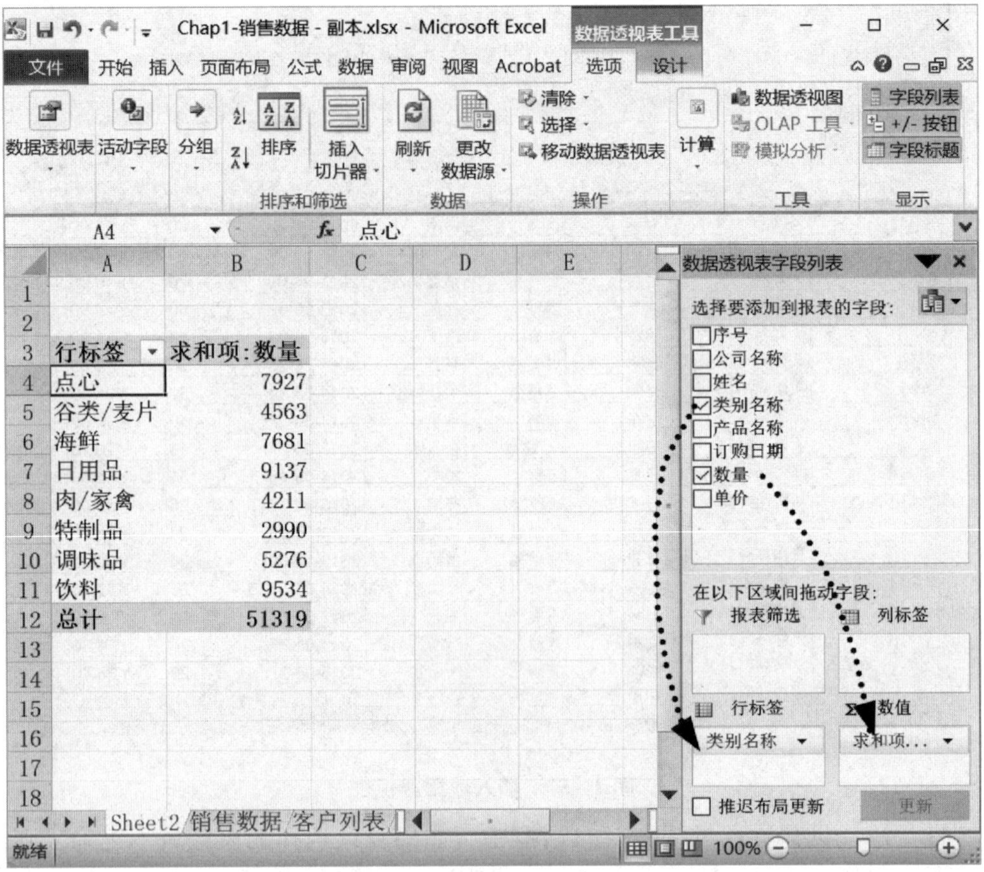

图 2－59　数据透视表字段关系

2. 对数值型数据的分类描述。对数值型数据的分类描述也称为频数分析，需要将数值型数据进行分组，再利用直方图进行刻画。详细知识请看“知识要点”中“数据的排序和分组”以及“数据的特征和测度”中的内容。

对数据的分组通常采用等距分组的方法，包括5个步骤，即确定数值的取值范围、确定组数、计算组距、确定组限和分配数据。

要分组的数据在“销售数据”表的G2到G2158区域，所以首先统计数据的个数（n）、数据的最大值（max）、最小值（min）、数据的取值范围（R）、分组个数（K）、组距（d），并根据数值对分组个数和组距进行适当调整。详细公式和结果如表2－3所示。

表 2－3　数据分组计算

计算项目	计算公式
n	= COUNT(G2:G2158)
max	= max(G2:G2158)
min	= min(G2:G2158)
R	= max(G2:G2158) − min(G2:2158)
K	= 1 + LOG10(K2)/LOG10(2)
d	= K5/K6

根据组距和最大值、最小值，确定各组

边界，第一组的下限应低于最小变量值，最后一组的上限应高于最大变量值。得到分组结果如表 2－4 所示。

表 2－4　各组组限

组下界	组上界
0	10
10	20
20	30
30	40
40	50
50	60
60	70
70	80
80	90
90	100
100	110
110	120
120	130

接下来将数据分配到各个区间中，统计各区间包含的数据个数。在 Excel 中，可以通过"数据分析"中的"直方图"完成。点击"数据"选项卡下的"数据分析"按钮（如果该选项卡下没有该按钮，可以通过"文件"菜单的"选项"下的"加载项"旁"转到"按钮加载"分析工具库"），在打开的"数据分析"对话框中选择"直方图"，如图 2－60 所示。

在接下来打开的"直方图"对话框中选择"数量"数据区域作为"输入区域"，"接收区域"选择已经确定的各组上界，"输出区域"选择当前工作表的任意空白单元

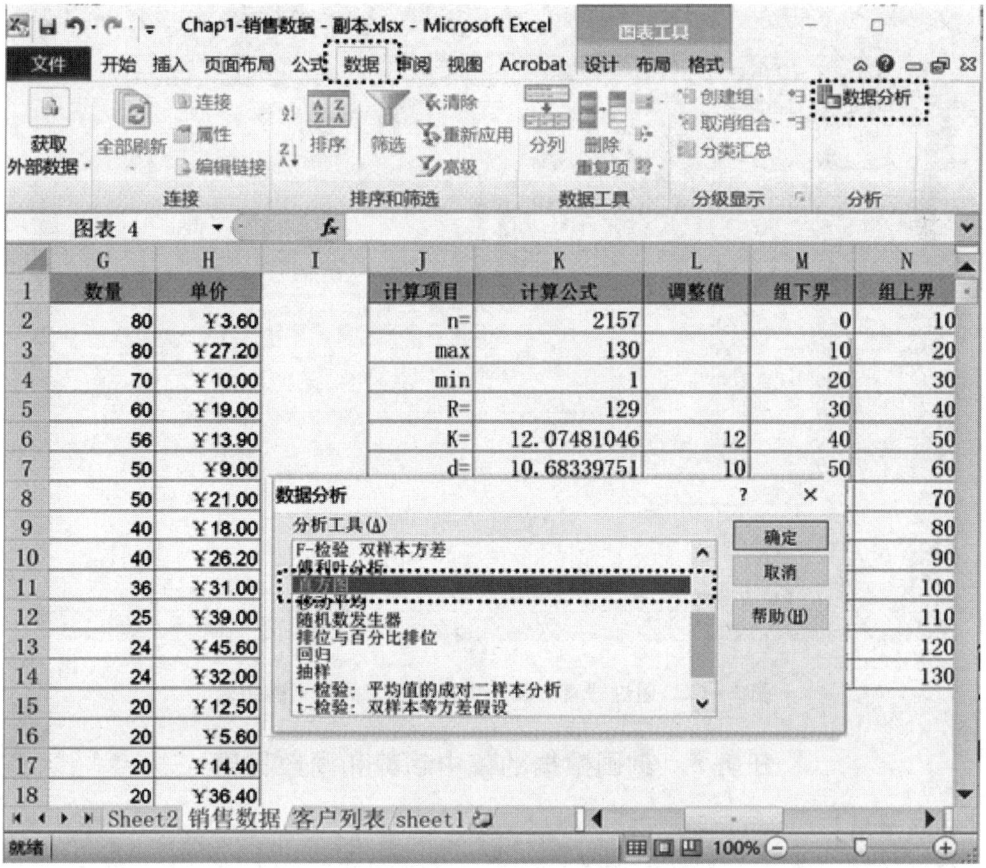

图 2－60　数据分析工具直方图

格，勾选“图表输出”（见图2－61）。点击“确定”后，得到各区间的数据个数和图表表示，如图2－62所示。但该图表不是规范的直方图，需要进行格式调整和修饰，得到示例图形。

通过数据的直方图可以看出，该直方图是偏峰的，并且是正偏态，数据多集中在0～40的区域，说明多数被订购的商品是价格低于40元的。

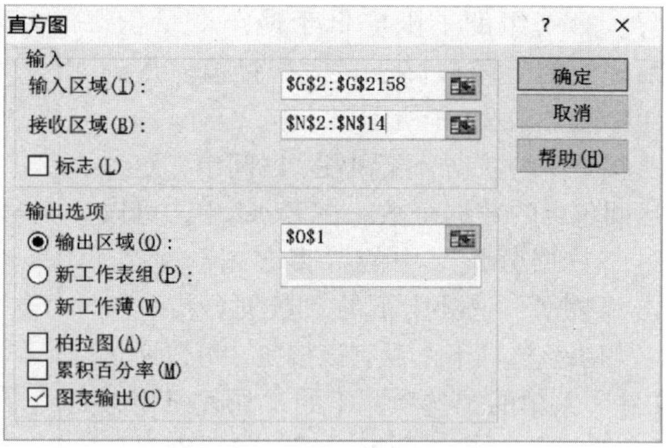

图2－61 直方图数据设定

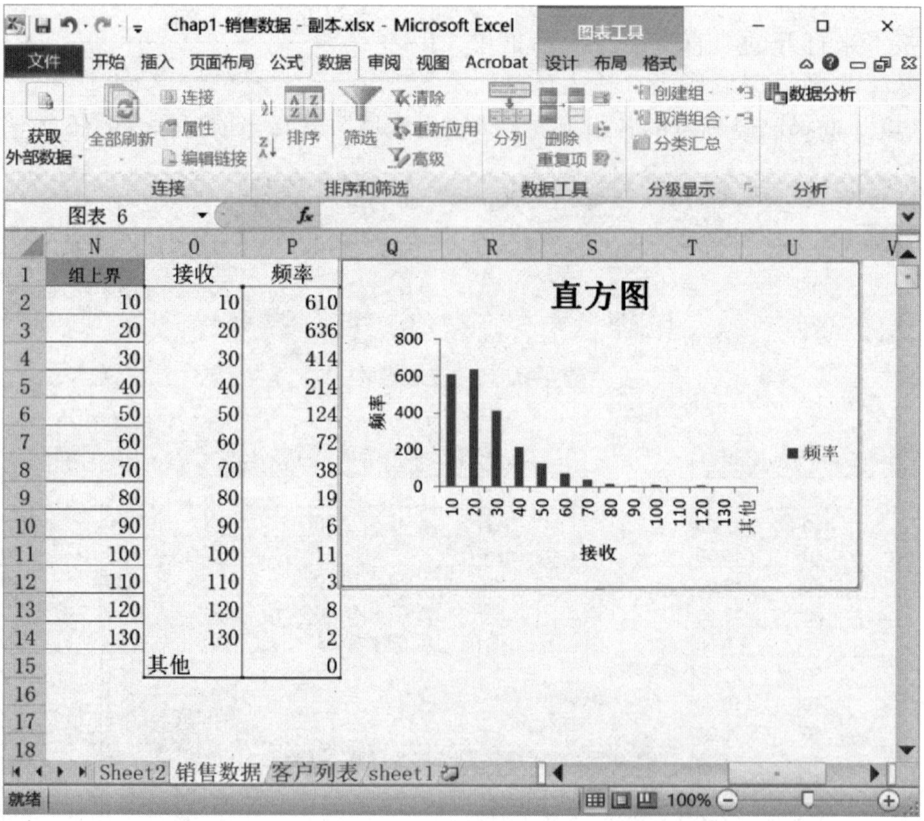

图2－62 通过“直方图”数据分析工具得到的结果

任务5 刻画数据的集中趋势和离散程度

【任务清单】

对数据的集中趋势和离散程度进行分析，并说明数据分布的偏态和峰度。数据对象：Chap2 数据 . xlsx。

【具体要求】

针对“销售数据”表中的“数量”值，计算数据的集中趋势代表值：均值、中位数和众数。再计算描述数据离散程度的量：极差、标准差和方差。计算表示数据分布的偏态和峰度的系数值。

【操作示范】

在 Excel 中，对于数据集中趋势和离散程度，可以分别使用函数实现，对应关系如表 2－5 所示。

表 2－5　　Excel 中计算集中趋势和离散程度值的函数

值	函数名称	函数语法
均值	AVERAGE	AVERAGE（number1，number2，…）
中位数	MEDIAN	MEDIAN（number1，number2，…）
众数	MODE	MODE（number1，number2，…）
标准差	STDEV. S	STDEV. S（number1，number2，…）
方差	VAR. S	VAR. S（number1，number2，…）
偏度	SKEW	SKEW（number1，number2，…）；如果 SKEW 函数参数中的数据点个数少于 3 个，或样本标准差为 0，则该函数将会返回错误值#DIV/0！
峰度	KURT	KURT（number1，number2，…）；如果数据点的个数少于 4 个，或样本标准偏差等于 0，则该函数将会返回#DIV/0 错误值

在上面数值中，对于标准差和方差，因为是仅计算样本的标准差和方差，而不是用其作为总体的表示值，所以不用 STDEV. P 和 VAR. P。

离散系数没有单独的公式，需要根据离散系数的计算公式进行计算得到。

如果要同时获得数据的这些代表值，可以利用“数据”选项卡下的“数据分析”工具，在“数据分析”对话框中选择“描述统计”，如图 2－63 所示。确定后在出现的“描述统计”对话框中设定“输入区域”为“数量”的数据区，“分组方式”选择“逐列”，“输出区域”选择当前工作表中空白单元格，勾选“汇总统计”（见图2－64）。点击“确定”后得到数据结果（见图 2－65）。

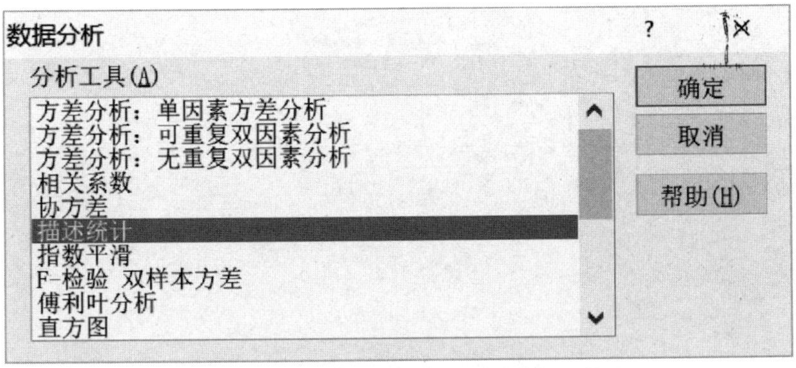

图 2－63　“描述统计”数据分析工具

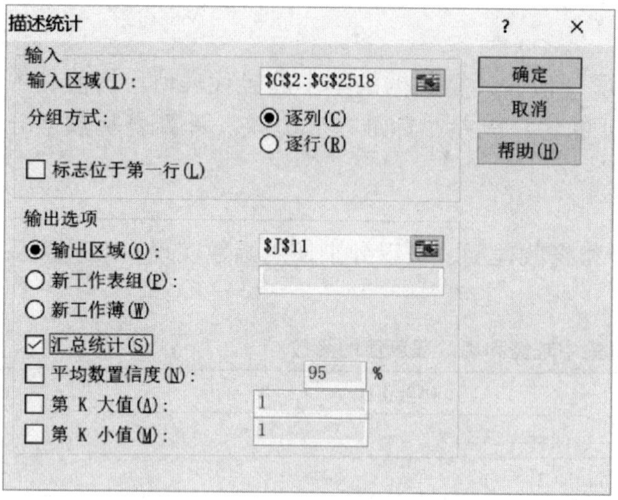

图 2－64　描述统计计算的设置

J	K
列1	
平均	23.79184052
标准误差	0.409656811
中位数	20
众数	20
标准差	19.02590189
方差	361.9849427
峰度	4.599122889
偏度	1.781479173
区域	129
最小值	1
最大值	130
求和	51319
观测数	2157

图 2－65　描述统计计算结果

根据计算的结果，均值大于中位数和众数，且偏度大于0，是正偏的，绝大多数的值在均值的左侧。离散程度是多组数据之间比较的参考值，此处只有一组数据，所以不能用标准差和离散系数得出数据离散程度大或小的结论，仅能表示该组数据的标准差为19.03，离散系数（标准差/均值）为0.8。

五、能力拓展

运用网络爬虫的方法，在金融界网站上爬取基金数据，并对采集的数据进行数据清洗，包括空缺值处理和异常值处理。

采集目标网址：http://fund.jrj.com.cn/netvalue/currency.shtml。

采集的内容包括基金代码、基金简称、每万份基金净收益、7日年化收益率、成立日期、基金经理。

项目三

从数据看总体

一、学习目标

【知识目标】

- 理解抽样调查的原理，掌握总体、样本、个体之间的关系。
- 掌握利用样本对总体参数进行估计的方法。
- 掌握假设检验的方法和原理。

【能力目标】

- 能分别应用参数估计和假设检验的思想去看待、分析问题。
- 能指出假设检验中第一类错误和第二类错误的发生原因。

【思政目标】

- 真理是具有相对性的，培养学生学会用科学、联系、发展的眼光看待问题，思想上避免绝对、偏执。

二、项目背景：大模型 + 小样本数据，人工智能赋能金融

金融机构数字化转型正在如火如荼地进行，人工智能（AI）作为数字化转型的重要手段之一，全方位融合赋能金融行业的业务领域和场景应用，AI 助力金融行业升级的序幕已经开启。

从应用范围来看，目前 AI 技术在金融产品设计、市场营销、风险控制、客户服务和其他支持性活动等金融行业五大业务链环节均有渗透，已经全面覆盖了主流业务场景。

从技术价值来看，深度融合金融业务场景的 AI 技术正逐步解决行业痛点问题，在实现业务流程自动化、弥合信息差、构建普惠金融方面发挥着关键作用，已经在获取增量业务、降低风险成本、改善运营成本、提升客户满意度方面进入了价值创造阶段。

从应用场景来看，以生物特征识别、机器学习、计算机视觉、知识图谱等技术赋能下的金融行业，衍生出智能营销、智能身份识别、智能客服等多个金融 AI 典型场景。

可以预见，AI 技术是金融机构未来大幅提升效率、快速办理业务的基础。这样的

场景还有更多，例如银行内部各种审核流程、单证流转，传统银行业务用纸质完成，现在用数字世界的识别能力将它们电子化。比如银行业务中涉及的手写签名比对、密码验证、识别笔迹、印章的真伪性，以及系统将手写单据录入至系统中再将其作为指令发送出去，包括一些线下网点提供的远程机器人业务办理服务，背后涉及多个银行业务系统的多套单元操作。今天的AI技术已经可以做到几乎代替人工自动化地去完成单个的步骤和复杂的流程操作。

这些场景对AI能力要求越来越高。那么在金融这种特殊的业务场景下，有哪些相较于一般应用场景的特殊需求？第一，金融机构严格的监管以及数据的私有化决定了数据获取成本很高，考验AI能否用更少的数据解决同样的问题；第二，基于少量数据样本训练的AI模型是否能达到非常高的准确率以很好地解决业务问题；第三，业务场景非常多，例如银行、保险、证券等场景涉及不同业务规则、流程操作，金融机构往往希望模型快速上线，一年内开发100个流程应用涉及的模型可能有1 000多个，这些挑战决定了需要不同AI模型和应用的组合能力来解决复杂业务问题。

通过AI+金融的应用场景需求，我们不难发现，因为人力、物力、时间等多方面的原因，绝大多数研究者都不可能对总体里的每个观察单位进行测量和研究。可行的办法是我们研究和测量总体中的某个样本，通过样本信息来推论总体信息。这就是统计推断。

三、知识要点

（一）总体和样本

前一章我们已经介绍了抽样调查的概念，抽样调查是按照随机原则从调查对象（总体）中抽取一部分单位进行调查，用调查所得指标数值对调查对象相应指标数值作出具有一定可靠性的估计和推断的一种统计调查方法。在抽样调查中，总体和样本是两个重要概念，正是因为总体和样本之间有一定的数学规律，我们才能够通过调查的数据作出总体的推断。

1. 总体。总体指所要认识的研究对象的全体，它是由所研究范围内具有某种共同性质的全体单位所组成的集合体。例如，要研究××城市职工的生活水平，则该城市全部职工即构成总体。

总体分为变量总体和属性总体两大类，其中变量总体是用数值型数据进行表示的对象，例如居民收入、货币发行量等。属性总体是用非数值型数据表示的，例如居民的性别构成、产品是否是合格品等。

对于变量总体，根据数值可取值的数目分为无限总体和有限总体。无限总体所包含的值无限多。这种无限既包含可列的无限变量，如1，2，3，…也可以是某个区间上的不可列无限变量，如0~1区间上所有的小数。有限总体所包含的值是有限的，可以按顺序加以一一列举。

2. 样本。样本是从总体中随机抽取出来的一部分所组成的集合体，如图3-1所示。

一次抽样所包含的样本个数称为样本的容量。样本容量大，抽样误差会较小；反之，样本容量过小，将导致抽样误差增大，甚至失去抽样推断的价值。因此，在抽样设计中应根据调查目的认真考虑合适的样本容量。一般来说，样本单位数超过30的样本称为大样本，不超过30的称为小样本。社会经济现象的抽样调查多取大样本，而自然试验观察多取小样本。以很小的样本来推断很大的总体，这是抽样调查的一个特点。

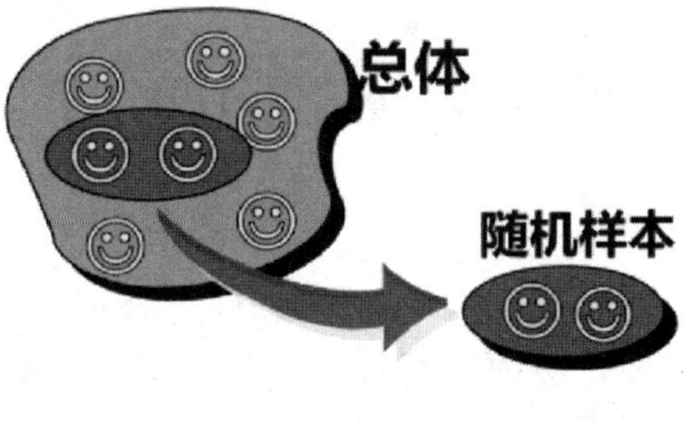

图3－1　总体和样本关系示意图

样本个数是指从一个总体中可能抽取多少个样本。样本个数的多少与抽样方法有关。抽样方法有重复抽样和不重复抽样，重复抽样是指从总体中抽取一个对象并记录相应值后，将该对象放回，下次该对象可能会被再次抽到。不重复抽样指从总体中抽取一个对象并记录相应值后，该对象不放回，不会被重复抽取到。不重复抽样的抽样平均误差小于重复抽样的抽样平均误差。

3. 总体参数。根据总体各单位标志值或标志属性计算的、反映总体某种属性的综合指标，称为全及指标，也称为“总体参数”或“母体参数”。总体参数是总体变量的函数，由于总体是唯一确定的，根据总体计算的总体参数也是唯一确定的。常用的总体参数有总体平均数μ、总体标准差σ、总体方差σ^2和总体比率（比例）P。

（1）总体平均数。设总体变量X有N个取值：X_1，X_2，…，X_N，则总体平均数：

$$\mu = \frac{X_1 + X_2 + \cdots + X_N}{N} = \frac{\sum_{i=1}^{N} X_i}{N} \tag{3.1}$$

（2）总体标准差和方差。总体标准差和方差都是测量总体数值离散程度的指标。设总体变量X有N个取值：X_1，X_2，…，X_N。则总体标准差为

$$\sigma = \sqrt{\frac{\sum_{i=1}^{N} (X_i - \mu)^2}{N}} \tag{3.2}$$

总体方差为

$$\sigma^2 = \frac{\sum_{i=1}^{N} (X_i - \mu)^2}{N} \tag{3.3}$$

（3）总体比率（比例）。对于属性总体，由于各单位标志不能用数量来表示，只能用一定的文字来加以描述，因此，就应计算结构相对指标，称为总体比率（比例）。总体比率常以大写英文字母P来表示总体中具有某种性质的单位数在总体全部单位数中所占的比例。

设总体N个单位中，有N_1个单位具有某种性质，N_0个单位不具有某种性质，$N_1 + N_0 = N$，则具有某种属性的单位数所占的比例为

$$P = \frac{N_1}{N} \tag{3.4}$$

不具有某种属性的单位数所占的比例为

$$1 - P = \frac{N_0}{N} \tag{3.5}$$

4. 抽样指标。根据样本各值计算的、反映样本属性的指标称为抽样指标。和总体指标相对应的有样本平均数 $\bar{x}$、样本标准差 S、样本方差 S^2 和样本比率 p 等。$\bar{x}$ 和 p 用小写英文字母表示，用于和总体参数相区别。

（1）样本平均数、标准差和方差。设样本有 n 个值：x_1，x_2，…，x_n，则样本平均数为

$$\bar{x} = \frac{x_1 + x_2 + \cdots + x_n}{n} = \frac{\sum_{i=1}^{n} x_i}{n} \tag{3.6}$$

样本标准差为

$$S = \sqrt{\frac{\sum_{i=1}^{n} (x_i - \bar{x})^2}{n - 1}} \tag{3.7}$$

样本方差为

$$S^2 = \frac{\sum_{i=1}^{n} (x_i - \bar{x})^2}{n - 1} \tag{3.8}$$

（2）样本比率。设样本 n 个单位中有 n_1 个单位具有某种属性，n_0 个单位不具有某种属性，$n_1 + n_0 = n$，p 为样本中具有某种属性的单位数所占的比重，样本比率为

$$p = n_1/n \tag{3.9}$$

$1 - p$ 为样本中不具有某种属性的单位数所占的比重，样本比率为

$$1 - p = n_0/n \tag{3.10}$$

5. 抽样调查的理论基础。抽样调查是建立在概率论大数定律和中心极限定理基础上的。大数定律的一系列定理和中心极限定理为抽样调查提供了数学依据。

大数定律是阐明大量随机现象平均结果的稳定性的一系列定理的总成。人们在观察个别事物时，是连同一切个别的特性来观察的。个别现象受偶然因素的影响，各有各的表现。但是，对总体大量观察后再进行平均，就能使偶然因素的影响相互抵消，消除由个别偶然因素引起的极端性影响，从而使总体平均数稳定下来，反映出事物变化的一般规律。即随着抽样单位数 n 的增加，样本平均数 $\bar{x}$ 有接近总体平均数 μ 的趋势，这一可能性的概率可以无限接近于 1。这就是大数法则的意义。

大数定律论证了样本平均数趋近于总体平均数的趋势，这为抽样调查提供了重要的理论依据。但是，抽样平均数和总体平均数离差究竟有多大？或者说，这个差别不超过一定范围的概率有多大？这个问题由概率论中的中心极限定理来回答。

在客观实际中，总体服从正态分布的条件不会总是成立的。但如果总体存在有限

的平均数和方差，那么，不论这个总体的分布如何，随着样本容量 n 的增加，样本平均数的分布趋近于正态分布。

定理 3.1　中心极限定理：随机变量 x_1，x_2，…，x_n 相互独立，且服从同一分布，该分布存在有限的期望和方差：$E(x_i)=\mu$，$\sigma^2(x_i)=\sigma^2$，$i=1,2,\cdots$。当 n 趋于无穷大时，算术平均数 $\bar{x}=(\sum_{i=1}^{n}x_i)/n$ 近似服从正态分布，即

$$\bar{x} \sim N(\mu,\sigma/\sqrt{n}) \tag{3.11}$$

中心极限定理为抽样误差的概率估计提供了理论基础。

6. 抽样误差。重温抽样调查的目的：利用样本指标来估计总体参数。用抽样指标来估计总体参数是否可行，关键问题在于抽样误差。抽样误差的大小表明抽样效果的好坏，如果误差超过了允许的限度，抽样也就失去了价值。

抽样误差是指由于抽样的随机性而带来的偶然的代表性误差，例如××班级 50 名同学中有 30 名男同学和 20 名女同学，现在随机抽取 5 名同学为样本，由于随机的原因未必都能抽到 3 名男同学和 2 名女同学，使得利用样本计算的性别比例指标不能代表班级同学的性别比例指标，而发生样本指标和总体指标之间存在绝对离差，这就是抽样误差。

抽样误差包括抽样实际误差和抽样平均误差两种。抽样实际误差是指某一样本指标与被它估计的总体指标之间数值的差异，如样本平均数与总体平均数的绝对离差 $|\bar{x}-\mu|$，样本比率与总体比率的绝对离差 $|p-P|$ 等。由于样本是按随机原则抽选的，从同一总体抽取样本容量相同的样本可以有多种不同的抽取方法，每个样本都有自己的样本指标，因此抽样实际误差不是一个确定的值。

抽样平均误差就是反映抽样误差一般水平的指标，是指所有可能出现的样本指标的标准差，也可以说是所有可能出现的样本指标和总体指标的平均离差。抽样平均数的平均误差用 $\mu_{\bar{x}}$ 表示，抽样比率的平均误差用 μ_p 表示，如果样本个数为 M，则

$$\mu_{\bar{x}}=\sqrt{\frac{\sum(\bar{x}-\mu)^2}{M}} \tag{3.12}$$

$$\mu_p=\sqrt{\frac{\sum(p-P)^2}{M}} \tag{3.13}$$

计算示例：假设总体为 2、3、4，总体均值为 3。现在对总体进行抽样，样本容量为 2，进行 10 次重复抽样，抽样结果如表 3－1 所示。表中的“样本平均数”表示每次抽样得到的样本平均值，根据每次样本均值和总体均值的差平方，计算得到抽样平均数的平均误差 $\mu_{\bar{x}}=0.5477$。

表 3－1　　抽样平均数的平均误差计算示例

序号	样本总量		样本平均数	$(\bar{x}-\mu)^2$
	(1)	(2)		
1	2	2	2	1
2	2	3	2.5	0.25

续表

序号	样本总量		样本平均数	$(\bar{x}-\mu)^2$
	(1)	(2)		
3	2	4	3	0
4	3	2	2.5	0.25
5	3	3	3	0
6	3	4	3.5	0.25
7	4	2	3	0
8	4	3	3.5	0.25
9	4	4	4	1
10	3	3	3	0
$\mu_{\bar{x}}=\sqrt{\frac{\sum(\bar{x}-\mu)^2}{M}}$				0.5477

上面计算抽样平均误差的方法在实际情况下是不可行的，因为一方面抽样的次数可能很多，另一方面，总体参数是不知道的，因为如果总体参数已经知道，抽样就没有任何必要。所以，在实际的应用中，需要用其他的公式来计算抽样的平均误差。

（1）重复抽样下抽样平均误差的计算。抽样平均数的平均误差：

$$\mu_{\bar{x}}=\sqrt{\frac{\sigma^2}{n}}=\frac{\sigma}{\sqrt{n}} \tag{3.14}$$

式中，σ 为总体标准差，n 为样本容量，在总体标准差 σ 未知，且样本单位数较大时，可以用样本标准差代替。

由式（3.14）可以看出，抽样平均误差与总体标准差成正比关系，总体标准差越大，抽样平均误差越大，总体标准差越小，抽样平均误差也越小。抽样平均误差与抽样容量的平方根成反比关系，因此要减小抽样平均误差，需要增大样本容量。

样本比率的平均误差：

$$\mu_p=\sqrt{\frac{\sigma_P^2}{n}}=\sqrt{\frac{P(1-P)}{n}} \tag{3.15}$$

式中，σ_P 为总体不具有某种属性的标准差，n 为样本容量。

（2）不重复抽样下抽样平均误差的计算。抽样平均数的平均误差：

$$\mu_{\bar{x}}=\sqrt{\frac{\sigma^2}{n}\left(\frac{N-n}{N-1}\right)}\approx\sqrt{\frac{\sigma^2}{n}\left(1-\frac{n}{N}\right)} \tag{3.16}$$

样本比率的平均误差：

$$\mu_p=\sqrt{\frac{\sigma_P^2}{n}\left(\frac{N-n}{N-1}\right)}=\sqrt{\frac{P(1-P)}{n}\left(\frac{N-n}{N-1}\right)}\approx\sqrt{\frac{P(1-P)}{n}\left(1-\frac{n}{N}\right)} \tag{3.17}$$

不重复抽样与重复抽样相比，抽样平均误差公式多了一个修正系数 $\sqrt{\frac{N-n}{N-1}}$，当

N很大时，$\frac{N-n}{N-1} \approx 1-\frac{n}{N}$。所以，在其他条件相同的条件下，不重复抽样的抽样误差要小于重复抽样的抽样误差。当N很大时，不论用重复抽样还是不重复抽样公式计算抽样平均误差，其结果相差无几。因为如果N很大，$\frac{n}{N}$就很小，$1-\frac{n}{N}$近似等于1。因此，从无限总体中抽样时，无论用重复抽样还是不重复抽样方法，都可以用重复抽样的抽样平均误差公式来计算。对于有限的总体，如果样本容量小于总体容量的5%，也用重复抽样的抽样平均误差公式来计算。

7. 抽样极限误差。我们总是希望抽样误差尽可能地小，如果抽样误差越大，抽样的结论参考价值就越小，当误差超过了一定限度，估计就没有价值了。在进行抽样估计时，通常需要事先根据所调查对象的特点、调查的需要，确定可允许的误差范围，并将估计误差限制在这一范围之内，这个范围就是抽样极限误差。

抽样极限误差是根据概率理论，以一定的可靠程度来保证抽样误差不超过某一给定的范围。统计上把抽样极限误差又称为置信区间。

如果用$\Delta_{\bar{x}}$与Δ_p分别表示样本平均数与样本比率的抽样极限误差，则有

$$\Delta_{\bar{x}} = |\bar{x}-\mu| \quad (3.18)$$

$$\Delta_p = |\bar{p}-\bar{P}| \quad (3.19)$$

将式（3.18）和式（3.19）进行变换，可以得到总体平均数和总体比率的可能范围如下：

$$\bar{x}-\Delta_{\bar{x}} \leqslant \mu \leqslant \bar{x}+\Delta_{\bar{x}} \quad (3.20)$$

$$p-\Delta_p \leqslant \bar{P} \leqslant p+\Delta_p \quad (3.21)$$

式（3.20）表明总体平均数μ是以抽样平均数$\bar{x}$为中心，在$\bar{x}-\Delta\bar{x}$至$\bar{x}+\Delta_{\bar{x}}$之间变动，区间［$\bar{x}-\Delta\bar{x}$，$\bar{x}+\Delta_{\bar{x}}$］称为平均数估计区间或平均数的置信区间。区间的总长度为2$\Delta_{\bar{x}}$，在这个区间内样本平均数和总体平均数之间的绝对离差不超过$\Delta_{\bar{x}}$。同样，式（3.21）表明，总体比率P是以抽样比率p为中心，在$p-\Delta_p$至$p+\Delta_p$之间变动，抽样比率在区间［$p-\Delta_p$，$p+\Delta_p$］内，与总体比率的绝对离差不超过Δ_p。

在给定的准确度范围内，抽样估计还要求其估计的可靠程度，即可信度。抽样估计的可信度就是表明抽样指标和总体指标的误差不超过一定范围的概率保证程度，用$1-\alpha$表示。

（二）由样本估计总体参数

如果能得到分析的总体，那么可以直接计算出总体的参数，然而，很多场合不可能获取对所有个体元素的观察值，例如灯泡的合格率检验不可能把所有生产的灯泡都接电检查其寿命。这就需要根据样本的指标数值对总体的数量特征进行估计或判断。在统计学中，这种用样本参数值估计总体参数的方法称为抽样估计，也称为参数估计。参数估计可以分为点估计和区间估计两类。

1. 点估计。点估计又称定值估计，它是利用样本计算出的统计量直接作为总体参数的估计量。其中最简单的点估计方法是矩法估计，即用样本平均数的实际值作为总

体平均数的估计量、用样本比率的实际值作为总体比率的估计值。

例如，为了了解杭州市民2015年的平均月收入（假设有901万人口），挑选其中1 000人，计算月收入的算术平均数，假设计算结果为4 000元人民币，点估计会推论杭州市民2015年的平均月收入为4 000元人民币。

估计总体参数，未必只能用一个统计量，也可以用其他统计量。如估计总体平均数，可以用样本平均数，也可以用样本中位数、众数等。应当以哪一种统计量作为总体参数的估计量才是最优的，主要依据如下三个标准。

（1）无偏性。样本统计量的期望值（平均数）等于被估计的总体参数。也就是说，虽然每一次抽样所计算的统计量和总体参数的真值可能有误差，误差可正可负、可大可小，但在多次反复的估计中，所有样本统计量取值的平均数应该等于总体参数本身。即样本统计量的估计，平均来说是没有偏差的。

（2）有效性。作为优良估计量的方差应该比其他估计量的方差小。例如 θ_1 和 θ_2 都是总体参数 θ 的无偏估计量，但 θ_1 比 θ_2 有较小的方差，则 θ_1 比 θ_2 有效。

（3）一致性。当样本的容量充分大时，样本统计量也充分靠近总体参数。即随着样本容量 n 的无限增加，样本统计量和被估计的总体参数之差的绝对值小于任意小的数，它的可能性也趋近于必然性，或者说实际上是几乎肯定的。

从抽样误差的影响中可以看出，在其他因素不变的情况下，抽样误差与样本容量 n 的平方根成反比变化，样本容量越大则误差就越小，当样本容量接近于总体容量时，抽样误差也就接近于零。也就是说，样本统计量作为总体参数的估计量是符合一致性原则的。

有时，我们不一定能找到完全符合以上标准的最优估计量，但总是希望所采用的估计量尽可能符合或接近这些标准。例如在正态分布的情况下，总体平均数和中位数是重合在一起的，样本平均数是总体中位数的无偏估计量和一致估计量，而且样本平均数比样本中位数作为总体中位数的估计量也是更有效的，因为样本平均数的方差比样本中位数的方差更小。

一般来讲，样本平均数作为总体平均数的估计量、样本比率作为总体比率的估计量，都具有上述的优良性质，所以通常用样本平均数估计总体平均数，用样本比率估计总体比率，记总体平均数和总体比率的点估计为

$$\widehat{\mu} = \bar{x}, \quad \widehat{P} = p \tag{3.22}$$

点估计的优点是简单、明确，但由于样本的随机性，从一个样本得到的估计值往往不能作为总体参数的实际值。例如上面的例子中，如果再对杭州市民进行一次抽样，计算结果可能与上一次抽样结果有较大差距。点估计没有表明抽样估计的误差，也无法说明对估计的结果有多大的把握程度。要说明这些问题，就需要采用区间估计的方法。

2. 区间估计。区间估计是根据样本指标和抽样极限误差，以一定的可靠程度推断总体指标的可能范围的方法。区间估计不是直接给出总体参数的估计值，而是利用实际样本资料，构造出一个置信区间，用这个区间来表明总体参数可能存在的范围，同时给出这个估计相应的概率保证程度，即置信度。换言之，区间估计包括两部分内容：

一是这一可能范围的大小；二是总体指标落在这个可能范围内的概率。例如，美国大选民意调查中说：“在××地区调查1 000个样本，支持率为58%，误差为3%，置信度为95%”，这句话包含的含义是：样本中的支持率是58%，这是用样本比率对总体比率的点估计；估计的范围是58% ±3%，即区间是（55%，61%）；用类似的方法，以相同样本容量重复抽取多个样本时，产生的类似区间中包含总体比率真值的区间所占比例为95%。

区间估计的公式表示为

$$\bar{x} - \Delta_{\bar{x}} < \mu < \bar{x} + \Delta_{\bar{x}} \tag{3.23}$$

$$p - \Delta_p < P < p + \Delta_p \tag{3.24}$$

式中，$(\bar{x} + \Delta_{\bar{x}})$ 和 $(\bar{x} - \Delta_{\bar{x}})$ 分别是总体平均数区间的上限与下限，$(p + \Delta_p)$ 和 $(p - \Delta_p)$ 分别为总体比率的上限与下限。$1 - \alpha$ 为置信度，表示 $\bar{X}$ 或 P 被包含在区间 $[\bar{x} - \Delta_{\bar{x}}, \bar{x} + \Delta_{\bar{x}}]$ 和 $[p - \Delta_p, p + \Delta_p]$ 内的概率为 $1 - \alpha$，即

$$P\{\bar{x} - \Delta_{\bar{x}} < \mu < \bar{x} + \Delta_{\bar{x}}\} = 1 - \alpha \tag{3.25}$$

$$P\{p - \Delta_p < P < p + \Delta_p\} = 1 - \alpha \tag{3.26}$$

所以，称 $\{\bar{x} - \Delta_{\bar{x}}, \bar{x} + \Delta_{\bar{x}}\}$ 和 $\{p - \Delta_p, p + \Delta_p\}$ 为置信区间。

置信区间就是联系一定概率保证程度确定的区间，它表达了区间估计的精确性。置信度表示区间估计的可靠程度。例如 $1 - \alpha = 0.95$，则说明有95%的可能总体参数包含在估计区间内。而不包括在这个区间的概率为 $\alpha = 5\%$，叫显著性水平。

总体参数的区间估计根据所给定的条件不同，有不同的估计方法。下面分别介绍总体均值和总体比率的区间估计方法。

（1）总体均值的区间估计。

①总体是正态分布且方差已知。当样本 $(x_1, x_2, \cdots, x_n)$ 来自正态分布 $N(\mu, \sigma^2)$，且 σ 已知时，数理统计证明 $\bar{x}$ 服从正态分布 $N(\mu, \frac{\sigma^2}{n})$，将其标准化处理，则 $\frac{\bar{x} - \mu}{\sigma / \sqrt{n}}$ 服从标准正态分布 $N(0,1)$，对给定的置信系数 $1 - \alpha$，查询标准正态分布表得到临界值 $Z_{\alpha/2}$，使得 $\frac{\bar{x} - \mu}{\sigma / \sqrt{n}}$ 在区间 $(-Z_{\alpha/2}, Z_{\alpha/2})$ 的概率为 $1 - \alpha$，即

$$P\left\{\frac{|\bar{x} - \mu|}{\sigma / \sqrt{n}} \leqslant Z_{\alpha/2}\right\} = 1 - \alpha \tag{3.27}$$

则通过样本估计方差已知的正态分布均值的区间估计是 $\left[\bar{x} - Z_{\alpha/2} \cdot \frac{\sigma}{\sqrt{n}},\quad \bar{x} + Z_{\alpha/2} \cdot \frac{\sigma}{\sqrt{n}}\right]$，其中 $\Delta_{\bar{x}} = Z_{\alpha/2} \cdot \frac{\sigma}{\sqrt{n}}$ 为抽样的极限误差。

[例3－1] 对于一个超市，调查工作日期间客人的平均消费金额，随机抽取200人，计算得到平均消费金额为95元。已知超市客人消费金额近似服从正态分布，标准差为42元，在置信度为95%条件下，求该超市工作日期间所有客人的平均消费金额。

解： 置信度为95%，即 $1 - \alpha = 0.95$，则 $\alpha/2 = 0.025$，根据标准正态分布数据，可

得 $Z_{0.025}=1.95996$，极限误差 $\Delta_{\bar{x}}=Z_{\alpha/2}\cdot\frac{\sigma}{\sqrt{n}}=1.95996\times\frac{42}{\sqrt{200}}=5.82$，则在95%置信度下，该超市工作日期间所有客人的平均消费金额区间为［89.18，100.82］。

②总体是正态分布且方差未知。根据抽样分布理论，如果总体是正态分布，总体标准差未知而需要用样本标准差 S 来代替，则采用 t 分布来建立总体均值的置信区间，$\frac{\bar{x}-\mu}{S/\sqrt{n}}\sim t(n-1)$。对给定的置信系数 $1-\alpha$，查询自由度为 $n-1$ 的 t 分布表，得到 $t_{\alpha/2}(n-1)$，使得 $\frac{\bar{x}-\mu}{S/\sqrt{n}}$ 在区间 $(-t_{\alpha/2},t_{\alpha/2})$ 的概率为 $1-\alpha$，即

$$P\left\{\frac{|\bar{x}-\mu|}{S/\sqrt{n}}\leqslant t_{\alpha/2}(n-1)\right\}=1-\alpha \tag{3.28}$$

从而得到总体均值的置信度为 $1-\alpha$ 的置信区间是 $\left[\bar{x}-t_{\alpha/2}\cdot\frac{S}{\sqrt{n}},\ \bar{x}+t_{\alpha/2}\cdot\frac{S}{\sqrt{n}}\right]$，抽样的极限误差为 $\Delta_{\bar{x}}=t_{\alpha/2}\cdot\frac{S}{\sqrt{n}}$。

③大样本和小样本。进行抽样调查中，通常都希望获得大样本（超过30个样本数），但也存在无法获得大样本的情况，例如医院特殊病情的病例，或者受当时条件限制无法获得大样本的情况。此时，无论总体是否服从正态分布，或者是否已知标准差，则需要根据大样本还是小样本的情况选择公式进行总体均值的区间估计（见表3－2）。

表3－2　　样本数不同对总体均值的区间估计方法

总体分布	样本容量	σ 已知	σ 未知
正态分布	大样本	$\bar{x}\pm Z_{\alpha/2}\cdot\frac{\sigma}{\sqrt{n}}$	$\bar{x}\pm Z_{\alpha/2}\cdot\frac{S}{\sqrt{n}}$
	小样本		$\bar{x}\pm t_{\alpha/2}\cdot\frac{S}{\sqrt{n}}$
非正态分布	大样本		$\bar{x}\pm Z_{\alpha/2}\cdot\frac{S}{\sqrt{n}}$

（2）总体比率的区间估计。根据样本比率的抽样分布理论，在大样本（一般经验规则：$np\geqslant 5n(1-p)\geqslant 5$）条件下，样本比率 p 的分布趋近于均值为 P，标准差为 $\sqrt{\frac{p(1-p)}{n}}$ 的正态分布，所以 $\frac{p-P}{\sqrt{\frac{p(1-p)}{n}}}$ 服从标准正态分布 $N(0,1)$。

在置信系数为 $1-\alpha$ 的条件下，查询标准正态分布表得到临界值 $Z_{\alpha/2}$，使得 $\frac{p-P}{\sqrt{\frac{p(1-p)}{n}}}$ 在区间 $(-Z_{\alpha/2},Z_{\alpha/2})$ 的概率为 $1-\alpha$，即

$$P\left\{\frac{|p-P|}{\sqrt{p(1-p)/n}}\leqslant Z_{\alpha/2}\right\}=1-\alpha \tag{3.29}$$

则通过样本比率估计总体比率的区间估计是 $\left[p - Z_{\alpha/2} \cdot \sqrt{\frac{p(1-p)}{n}},\right.$ $\left.p + Z_{\alpha/2} \cdot \sqrt{\frac{p(1-p)}{n}}\right]$，其中 $\Delta_p = Z_{\alpha/2} \cdot \sqrt{\frac{p(1-p)}{n}}$ 为抽样的极限误差。

例如，前面的美国大选民意调查中，在××地区调查 1 000 个样本，支持率为 58%，置信度为 95% 条件下，计算该地区所有居民的支持率区间。根据给出条件，得到样本的极限误差 $\Delta_p = Z_{\alpha/2} \cdot \sqrt{\frac{p(1-p)}{n}} = 1.95996 \times \sqrt{\frac{0.58 \times (1-0.58)}{1\ 000}} = 0.0306$，所以该地区所有居民的支持率区间估计为 [0.5494，0.6106]。

3. 样本容量的确定。对一个大的集合（如数千万选民）做一次调查的成本较高，抽样调查可以低成本地用近似的（可接受的）数据反映实际情况，正如我们前面的各种方法，可以利用抽样指标近似总体参数。但随之出现的一个问题是：该选取多大容量的样本呢，或者说选择多少对象来做一次抽样调查呢？

一般来讲，样本容量越大，收集的信息就越多，从而会提高估计的精度，但相应地，投入的调查、观测成本会比较高，所以在确定样本容量时，既要考虑估计的精度，还要权衡获取样本的代价。代价随着样本容量的增加而增加，因此通常选择能够使估计精度得到保障的最小样本容量。

（1）估计正态总体均值时样本容量的确定。对于正态总体，在重复抽样或抽样比 $\frac{n}{N} < 5\%$ 时，总体均值的置信度为 $1-\alpha$ 的置信区间估计是 $\left[\bar{x} - Z_{\alpha/2} \cdot \frac{\sigma}{\sqrt{n}},\right.$ $\left.\bar{x} + Z_{\alpha/2} \cdot \frac{\sigma}{\sqrt{n}}\right]$，其中极限误差 $\Delta_{\bar{x}} = Z_{\alpha/2} \cdot \frac{\sigma}{\sqrt{n}}$，表示总体均值和样本均值之间的最大误差程度，如果给出极限误差的值，则可以推出样本容量：

$$n = \frac{Z_{\alpha/2}^2 \sigma^2}{\Delta_{\bar{x}}^2} \tag{3.30}$$

从公式（3.30）可以看出：样本容量 n 与置信度所对应的标准正态分布的双侧分位数 $Z_{\alpha/2}$ 的平方成正比，置信度越高，要求样本容量就越大；样本容量 n 与总体方差 σ^2 成正比，总体方差越大，要求样本容量就越大；样本容量 n 与极限误差成反比，增大极限误差，也就是扩大置信区间的宽度，降低估计的精度，可以减少样本容量。

如果总体方差 σ^2 未知，则根据极限误差为 $\Delta_{\bar{x}} = t_{\alpha/2} \cdot \frac{S}{\sqrt{n}}$，计算得到样本容量为

$$n = \frac{t_{\alpha/2}^2 S^2}{\Delta_{\bar{x}}^2} \tag{3.31}$$

（2）估计总体比率时样本容量的确定。对总体比率的置信度为 $1-\alpha$ 的置信区间估计中，极限误差 $\Delta_p = Z_{\alpha/2} \cdot \sqrt{\frac{p(1-p)}{n}}$，如果给定极限误差值，则可以计算样本容量：

$$n = \frac{Z_{\alpha/2}^2 p(1-p)}{\Delta_p^2} \tag{3.32}$$

［**例3－2**］根据国家统计局数据，2005—2008年，大部分公司公布的利润都比估计的要高。现在有一个由162家公司组成的样本，其中104家利润比估计的高，29家利润与估计相符，29家利润低于估计。如果在置信度为95%时，对所有公司中利润高于估计的公司所占比例进行估计时，如果希望极限误差是0.05，则需要多大的样本容量?

解：计算高于估计的公司比例，根据样本，$p = \frac{104}{162} = 0.64$，根据公式（3.30），得到$n = \frac{Z_{\alpha/2}^2 p(1-p)}{\Delta_p^2} = \frac{1.95996^2 \times 0.64 \times (1-0.64)}{0.05^2} = 354$，所以需要的样本容量为354家公司。

（三）假设检验

在应用统计中，样本数据除了能够估计总体的参数，还能够对总体的参数进行推断，即假设检验。

对于点估计和区间估计，在收集数据之前，并不对总体参数的真值进行假定，仅利用样本数据，根据置信系数确定总体参数的估计值。而在假设检验中，首先对总体参数有一个假设结论，再利用收集到的样本数据判断接受还是拒绝该假设。最常见的例子是在生产制造业中，假设核定150克的××品牌饼干，随机抽样50个样本，样本的平均重量和150克存在显著差异的时候，能否认定该品牌所有核定150克的饼干都不符合重量标准呢?

假设检验是先对总体的参数（或分布形式）提出某种假设，然后利用样本信息判断假设是否成立的过程。假设检验在证明过程中运用反证法，依据小概率原理对假设作出判断。

假设检验的步骤通常分为五步：

（1）提出假设；

（2）从总体中随机抽取一个样本；

（3）确定一个适当的检验统计量，并用样本数据计算出具体数值；

（4）确定一个适当的显著水平α，计算出临界值，指定拒绝域；

（5）将（3）中计算的具体数值与（4）中的临界值进行比较，作出决策。在前计算机时代（手工计算），如果（3）计算的数值落在拒绝域，则拒绝原假设H_0，否则不拒绝H_0。在计算机时代，则直接利用p－值作出决策，如果p－值小于α，则拒绝H_0。

1. 提出假设。在假设检验中，首先对总体参数作一个试验性的假设，将其称为原假设（Null Hypothesis），记作H_0，再定义一个与原假设相反的假设，称之备择假设（Alternative Hypothesis），记作H_1。原假设和备择假设是相互对立的。

建立假设检验的第一步就是确立适当的H_0和H_1。尽管合适的原假设和备择假设的设定往往需要大量的经验，但也有一般的方法可循。通常，多数的假设检验都以否定原假设为目标，即人们希望通过掌握的反映现实世界的数据找出假设和现实之间的矛盾，从而否定这个假设，并称该检验显著（Significant）。

显著在统计上的含义是：这样的结果不是偶然得到的，或者说，不是靠机遇能够得到的。拒绝原假设，表示这样的样本结果并不是偶然得到的；不拒绝原假设，则表示这样的样本结果只是偶然得到的。在此，需要注意的是，“不拒绝原假设”并不表示“接受原假设”，而只是说明当前的证据不足以拒绝原假设，或者说，拒绝原假设的证据不充分。

接下来看两个提出假设的例子。

以检验××品牌所有核定150克的饼干是否符合重量标准为例，人们希望饼干是符合重量标准的。所以，如果收集的证据与期望相悖，则该检验是显著的。建立的原假设和备择假设是：

$$H_0:\mu = 150;\quad H_1:\mu \neq 150$$

再以汽车拥有率研究为例。一家研究机构估计，2015年××城市中家庭拥有汽车的比例不超过60%。为验证这一估计是否正确，该研究机构随机抽取了一个样本进行检验。则如何给出原假设和备择假设呢?

研究者想验证自己的估计是否正确，所以如果收集的数据否定了该估计，则这个检验是显著的，所以原假设和备择假设为

$$H_0:\mu \leqslant 60\%;\quad H_1:\mu > 60\%$$

一般来讲，等号“=”总是放在原假设上。

如果备择假设没有特定的方向性，并含有符号“≠”，这样的假设检验称为双侧检验或双尾检验。

如果备择假设具有特定的方向性，并含有符号“>”或“<”的假设检验，称为单侧检验或单尾检验。备择假设的方向为“<”，称为左侧检验；备择假设的方向为“>”，称为右侧检验。

假设检验的最终目标是根据样本数据判断拒绝原假设还是不拒绝原假设。判断的结果可能正确，也可能出现错误，即错误地拒绝原假设，或错误地不拒绝原假设，它们被称为第Ⅰ类错误和第Ⅱ类错误。

第Ⅰ类错误：原假设为真时拒绝原假设。第Ⅰ类错误的概率记为α，被称为显著水平。

第Ⅱ类错误：原假设为假时未拒绝原假设。第Ⅱ类错误的概率记为β。

这两类错误中，相对而言更加严重的是第Ⅰ类错误，所以α的值应该尽可能小。

2. 检验统计量。检验统计量是根据样本数据计算所得的某个样本统计量的标准化结果，例如将样本均值、样本比率等点估计值进行标准化处理。

$$\text{标准化检验统计量} = \frac{\text{点估计值} - \text{假设值}}{\text{点估计值的抽样标准差}}$$

常用的检验统计量有t统计量、Z统计量、F统计量等。

（1）当总体是正态分布或大样本（$n>30$）时的非正态分布时，使用 Z 检验统计量。

假设均值为 μ_0，若总体标准差 σ 已知，则总体均值检验的统计量为

$$Z=\frac{\bar{x}-\mu_0}{\sigma/\sqrt{n}} \tag{3.33}$$

若总体标准差 σ 未知，则用样本标准差 S 代替总体标准差，总体均值检验的统计量为

$$Z=\frac{\bar{x}-\mu_0}{S/\sqrt{n}} \tag{3.34}$$

（2）当总体是正态分布，小样本抽样。如果总体标准差 σ 已知，则采用公式（3.33）的 Z 检验统计量。如果总体标准差 σ 未知，使用 t 检验统计量。

用样本标准差 S 代替总体标准差，检验统计量服从自由度为 $n-1$ 的 t 分布：

$$t=\frac{\bar{x}-\mu_0}{S/\sqrt{n}} \tag{3.35}$$

（3）大样本时总体比率的检验，使用 Z 检验统计量。

假设均值为 P_0，样本比率为 p，总体比率的检验统计量为

$$Z=\frac{p-P_0}{\sqrt{\frac{P_0(1-P_0)}{n}}} \tag{3.36}$$

（4）总体是正态分布时，总体方差的检验，使用卡方分布 χ^2 检验统计量。

假设的方差为 σ_0^2，样本数据计算得到的样本方差为 S^2，则总体方差的检验统计量为

$$\chi^2=\frac{(n-1)S^2}{\sigma_0^2} \tag{3.37}$$

3. 拒绝域。在原假设条件下，样本估计量服从一个给定的概率分布，而在备择假设下则不然。所以，如果检验统计量的值落在上述分布的临界值之外，则可拒绝原假设，否则不能拒绝原假设，如图 3-2 和图 3-3 所示。

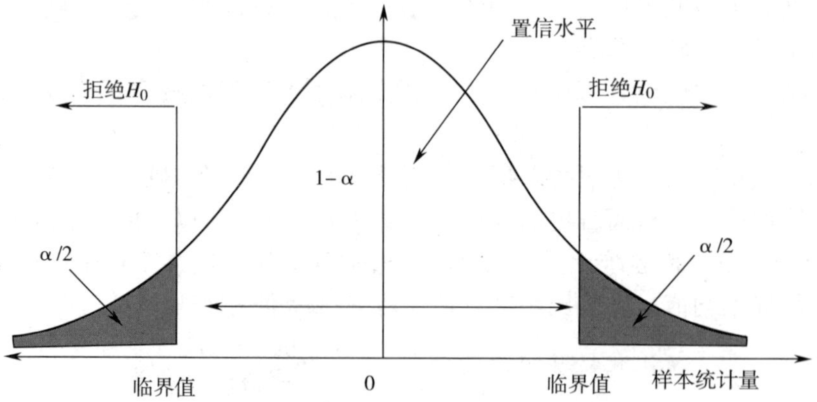

图 3-2　双侧检验的拒绝域

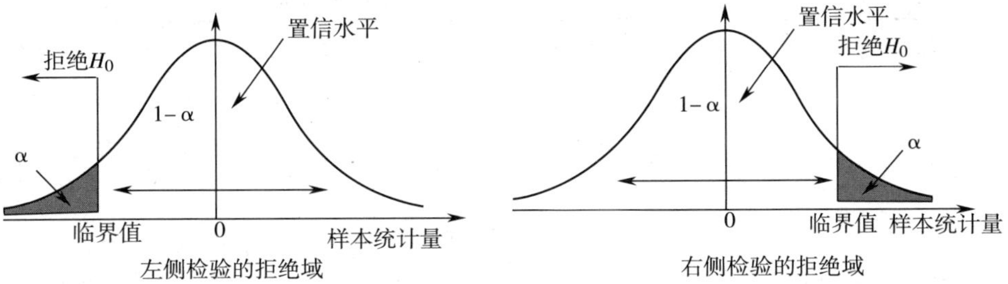

图 3－3　单侧检验的拒绝域

通过图 3－2 和图 3－3 可以看出，显著水平 α 值对应的是拒绝域的面积。双侧检验的拒绝域关于原点对称，每一侧的面积为 $\alpha/2$。根据选定的检验统计量，可以计算出临界值点。例如，当显著水平 $\alpha=0.05$ 时，如果采用 Z 检验统计量，可通过查标准正态分布表得到 $Z_{\alpha/2}=Z_{0.025}=1.96$。对样本统计量标准化后，如果其值大于 1.96 或小于 －1.96 时，则拒绝原假设。

4. 决策。假设检验的决策是指给出结论：拒绝原假设，还是不拒绝原假设。决策的作出可以通过检验统计量与拒绝域的比较，也可以通过 p 值与显著水平 α 的比较。

p 值（p－value）是指如果原假设为真，检测统计量取其实现值或者沿着备择假设的方向取得更加极端的值的概率。p 值是反映实际观测到的数据与拒绝原假设 H_0 之间不一致的程度，被称为观察到的或实际的显著性水平。假定某检验统计量 T 的样本实现值为 t，如果量 T 越大，就越有利于备择假设，则 p 值等于概率 $P_{H_0}(T \geqslant t)$。如果量 T 越小，就越有利于备择假设，则 p 值等于 $P_{H_0}(T \leqslant t)$。如果量 $|T|$ 越大，就越有利于备择假设，则 p 值等于 $P_{H_0}(|T| \geqslant |t|)$。

采用 p 值的决策规则是：若 p 值小于 α，则拒绝 H_0。

常见的总体均值和总体比率的假设检验方法如表 3－3 至表 3－6 所示。

表 3－3　　正态分布或大样本条件下一个总体均值的检验方法

假设检验	双侧检验	左侧检验	右侧检验
假设形式	$H_0:\mu=\mu_0$ $H_1:\mu\neq\mu_0$	$H_0:\mu\geqslant\mu_0$ $H_1:\mu<\mu_0$	$H_0:\mu\leqslant\mu_0$ $H_1:\mu>\mu_0$
检验统计量	总体标准差 σ 已知：$Z=\dfrac{\bar{x}-\mu_0}{\sigma/\sqrt{n}}$ 总体标准差 σ 未知：$Z=\dfrac{\bar{x}-\mu_0}{S/\sqrt{n}}$		
α 与拒绝域	$\|Z\|>Z_{\alpha/2}$	$Z<-Z_\alpha$	$Z>Z_\alpha$
p 值的决策	$p<\alpha$，拒绝 H_0		

表 3－4　　正态分布且小样本条件下一个总体均值的检验方法

假设检验	双侧检验	左侧检验	右侧检验
假设形式	$H_0:\mu=\mu_0$ $H_1:\mu\neq\mu_0$	$H_0:\mu\geqslant\mu_0$ $H_1:\mu<\mu_0$	$H_0:\mu\leqslant\mu_0$ $H_1:\mu>\mu_0$
检验统计量	总体标准差 σ 未知：$t=\dfrac{\bar{x}-\mu_0}{S/\sqrt{n}}$		
α 与拒绝域	$\lvert t\rvert>t_{\alpha/2}(n-1)$	$t<-t_{\alpha}(n-1)$	$t>t_{\alpha}(n-1)$
p 值的决策	$p<\alpha$，拒绝 H_0		

表 3－5　　大样本条件下一个总体比率的检验方法

假设检验	双侧检验	左侧检验	右侧检验
假设形式	$H_0:p=P_0$ $H_1:p\neq P_0$	$H_0:p\geqslant P_0$ $H_1:p<P_0$	$H_0:p\leqslant P_0$ $H_1:p>P_0$
检验统计量	$Z=\dfrac{p-P_0}{\sqrt{\dfrac{P_0(1-P_0)}{n}}}$ 近似服从标准正态分布		
α 与拒绝域	$\lvert Z\rvert>Z_{\alpha/2}$	$Z<-Z_{\alpha}$	$Z>Z_{\alpha}$
p 值的决策	$p<\alpha$，拒绝 H_0		

表 3－6　　一个正态分布总体方差检验的方法

假设检验	双侧检验	左侧检验	右侧检验
假设形式	$H_0:\sigma^2=\sigma_0^2$ $H_1:\sigma^2\neq\sigma_0^2$	$H_0:\sigma^2\geqslant\sigma_0^2$ $H_1:\sigma^2<\sigma_0^2$	$H_0:\sigma^2\leqslant\sigma_0^2$ $H_1:\sigma^2>\sigma_0^2$
检验统计量	$\chi^2=\dfrac{(n-1)S^2}{\sigma_0^2}$		
α 与拒绝域	$\chi^2>\chi^2_{\alpha/2}(n-1)$ 或 $\chi^2<\chi^2_{1-\alpha/2}(n-1)$	$\chi^2<\chi^2_{\alpha}(n-1)$	$\chi^2>\chi^2_{\alpha}(n-1)$

5. 假设检验示例。以检验某品牌所有核定 150 克的饼干是否符合重量标准为例，假设随机抽取了 40 盒饼干进行检验，样本均值和标准差分别是 146 克和 5.2 克。显著水平为 0.05，能否表明该品牌饼干不符合重量标准？

首先，给出假设：

$$H_0:\mu=150;\quad H_1:\mu\neq 150$$

根据题目描述，问题属于大样本条件下，总体标准差 σ 未知的总体均值检验，采用检验量 $Z=\dfrac{\bar{x}-\mu_0}{S/\sqrt{n}}=\dfrac{146-150}{5.2/\sqrt{40}}=-0.12$。根据显著水平 $\alpha=0.05$，计算双侧检验临界值 $Z_{\alpha/2}=Z_{0.025}=1.96$。因为 $\lvert Z\rvert<Z_{\alpha/2}$，不能拒绝原假设。如果用 p 值进行决策，

计算 $p = P_{H_0}(|Z| \geq 0.12) = 0.096$，$p$ 值大于 α，所以不能拒绝原假设。

因此，当前数据不能表明该品牌饼干不符合重量标准。

四、项目任务

【任务概览】

本项目针对总体和抽样之间的关系，既包含从总体进行抽样，进而得到总体参数和抽样指标的关系，又包含从抽样到总体，利用点估计和区间估计的方法预测总体参数值。

1. 在 Excel 中根据关键字获得指定数据。
2. 在 Excel 中通过公式计算总体参数和抽样指标。
3. 正确选择合适的公式通过样本估计总体参数。
4. 为抽样的正确实施设计合适的样本容量值。

任务 1　从总体中抽样

【任务清单】

以给定的数据集为总体，进行重复抽样。在熟悉本项目的知识要点（一）后，分别计算总体参数和抽样指标。

【具体要求】

“Chap3 数据 . xlsx”的“员工奖励”数据表中包含了一家企业所有员工当年获得奖励的金额和以往是否受到过奖励的情况汇总。以该数据为总体，计算总体参数。再从该总体中以样本容量为 100 进行 5 次重复抽样，分别计算各次抽样的抽样指标，并计算抽样的平均误差。

【操作示范】

首先，需要对“Chap3 数据 . xlsx”中的“员工奖励”数据表进行分析。该数据表包含了 2 500 条数据，需要分析的字段有“奖励金额（元）”和“往年是否受过奖励”，其中“奖励金额（元）”是数值型数据，小数位数为 2 位，可以对其计算总体平均数、标准差和方差。“往年是否受过奖励”是非数值型数据，但只有“Yes”和“No”两个值，可以对其计算总体比率。

1. 总体参数计算。以 2 500 个数据作为总体，计算其总体参数，则“数据分析”中的“描述统计”工具不适合，因为这个工具是对样本进行计算，其标准差计算的是样本标准差，与总体标准差计算式有系数差异。样本标准差的自由度为 $n-1$，n 为样本的容量，而总体标准差的自由度为 N，N 为总体容量。

采用公式计算总体参数，公式如图 3－4 所示。对于奖励金额总体均值为 51 800.00，标准差为 399.20，方差是 15 993 600.53。对于是否受过奖励，总体比率是 0.60。

2. 一次抽样。以 100 为样本容量进行重复抽样，编号在 1～2 500，通过随机数可以随机选取任意对象。因为编号是一个范围内的整数，可以利用 RANDBETWEEN 获得随机数。

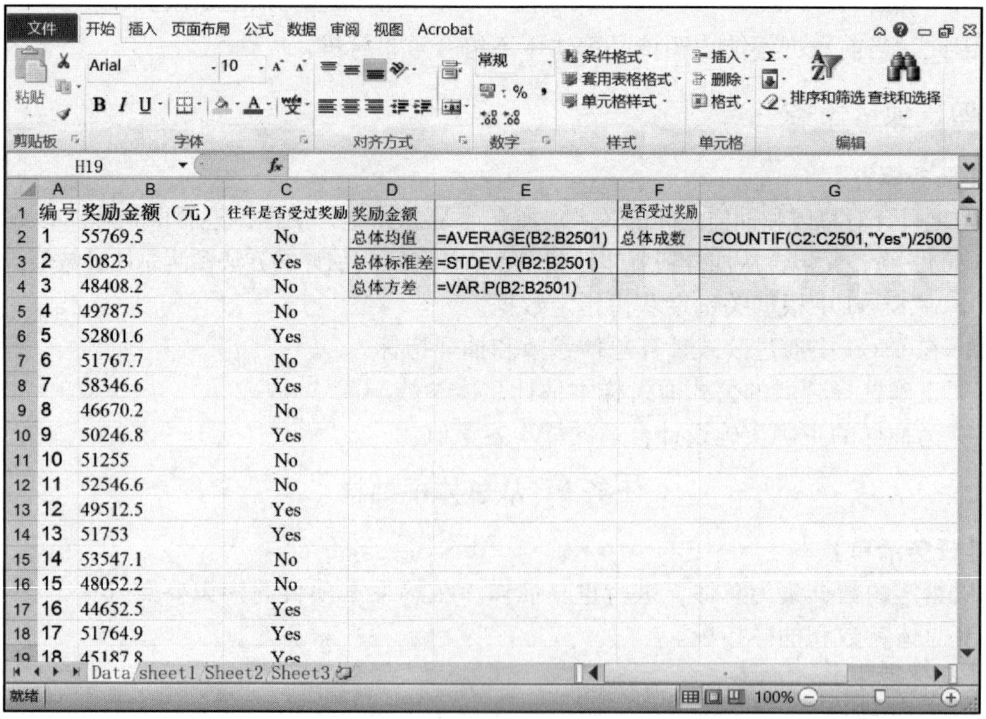

图 3-4　总体参数计算公式

函数用法：

> RANDBETWEEN（Bottom，Top）
> Bottom 参数：RANDBETWEEN 将返回的最小整数。
> Top 参数：RANDBETWEEN 将返回的最大整数。

选定单元格，输入函数并用填充柄进行填充，得到结果如图 3-5 所示。

因为数据表中的随机数会随着表格的变动而变化，可以对填充的数据予以“复制”，再对复制数据的区域点击右键，利用“粘贴选项”中的“值”将生成的随机数固定，如图 3-6 所示。

得到编号之后，可以利用编号从总体数据中获得编号行相应的字段数据，利用Excel的函数 VLOOKUP 实现。VLOOKUP 函数中第二个参数项的地址需要用绝对地址，如图 3-7 所示。

再对该次抽样计算抽样指标，得到本次抽样的“奖励金额”平均值为 50 924. 55，标准差用到的公式是 STDEV. S，得到的值为 3 476. 66，受到奖励的比率为 0. 55。

类似地，进行 5 次抽样，抽样指标汇总后如表 3-7 所示①。

① 因为是随机抽样，每次得到的结果可能不尽相同。

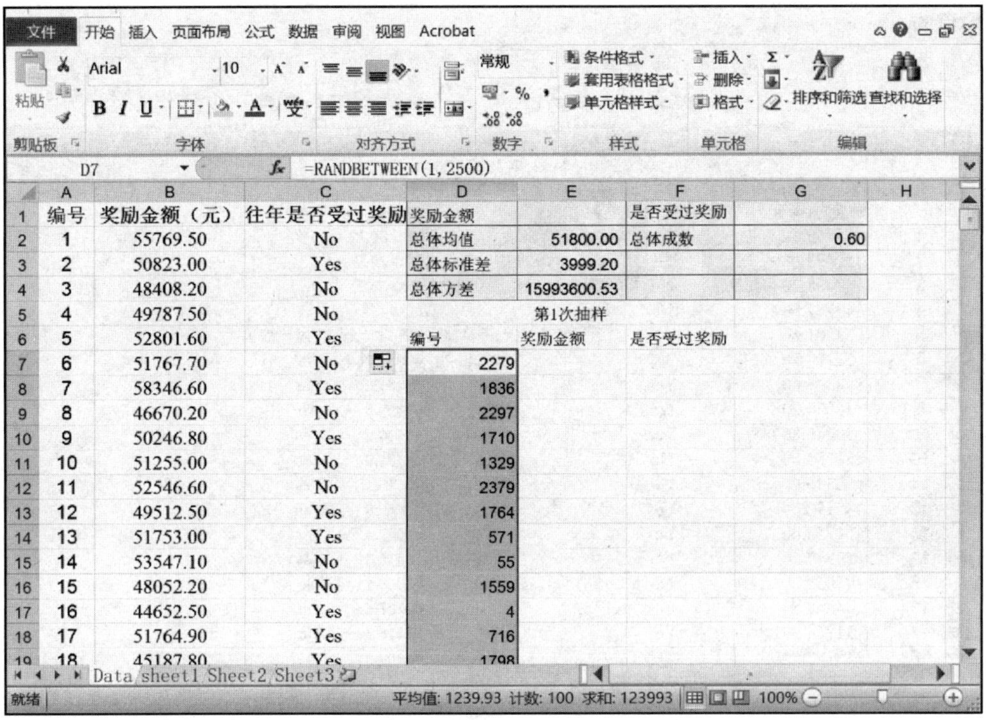

图 3－5　生成 100 个随机编号

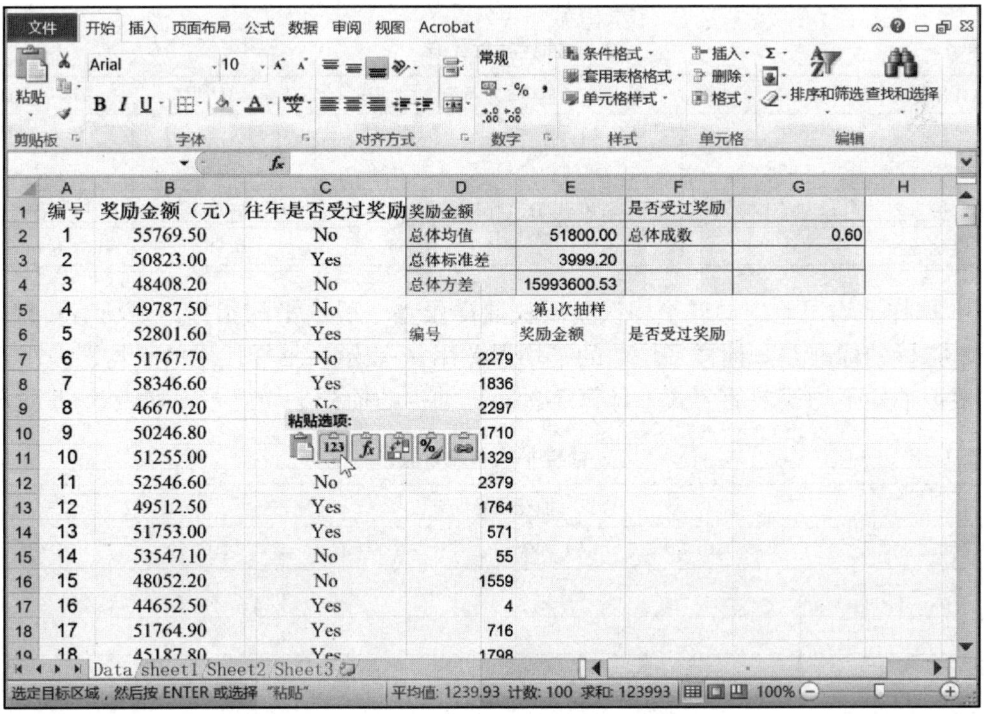

图 3－6　通过粘贴值将本次抽样编号固定

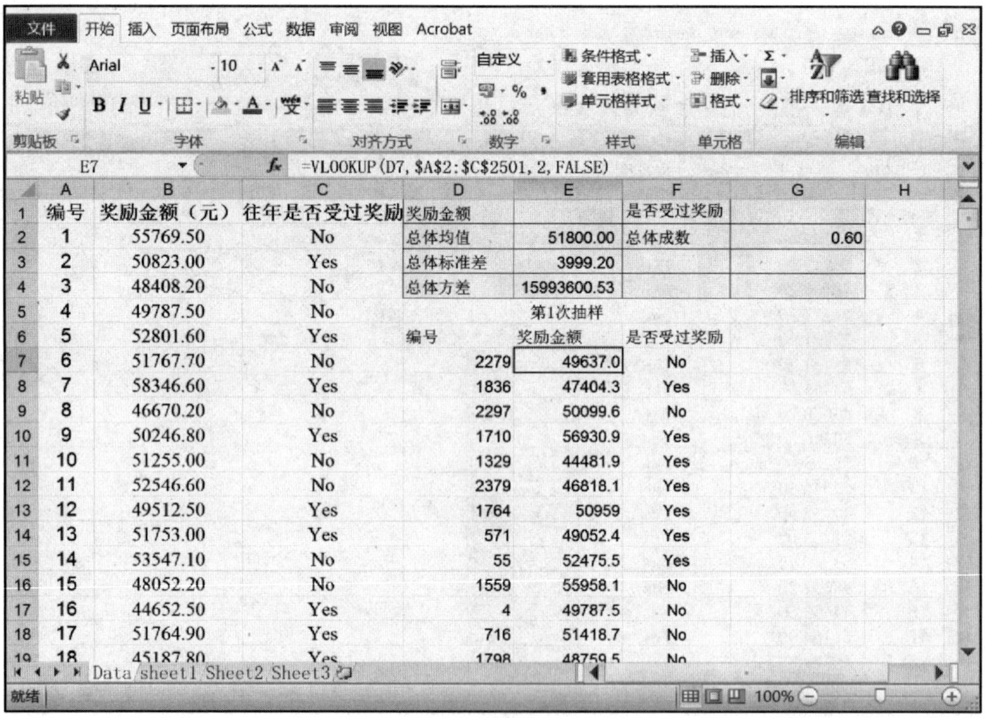

E7 =VLOOKUP(D7, $A$2:$C$2501, 2, FALSE)

	A	B	C	D	E	F	G
1	编号	奖励金额（元）	往年是否受过奖励	奖励金额		是否受过奖励	
2	1	55769.50	No	总体均值	51800.00	总体成数	0.60
3	2	50823.00	Yes	总体标准差	3999.20		
4	3	48408.20	No	总体方差	15993600.53		
5	4	49787.50	No		第1次抽样		
6	5	52801.60	Yes	编号	奖励金额	是否受过奖励	
7	6	51767.70	No	2279	49637.0	No	
8	7	58346.60	Yes	1836	47404.3	Yes	
9	8	46670.20	No	2297	50099.6	No	
10	9	50246.80	Yes	1710	56930.9	Yes	
11	10	51255.00	No	1329	44481.9	Yes	
12	11	52546.60	No	2379	46818.1	Yes	
13	12	49512.50	Yes	1764	50959	Yes	
14	13	51753.00	Yes	571	49052.4	Yes	
15	14	53547.10	No	55	52475.5	Yes	
16	15	48052.20	No	1559	55958.1	No	
17	16	44652.50	Yes	4	49787.5	No	
18	17	51764.90	Yes	716	51418.7	No	
19	18	45187.80	Yes	1798	48759.5	No	

图 3-7　通过 VLOOKUP 函数得到每条记录的值

表 3-7　　抽样指标汇总

抽样指标	第 1 次抽样	第 2 次抽样	第 3 次抽样	第 4 次抽样	第 5 次抽样
奖励金额均值	50 924. 55	51 361. 89	51 585. 51	51 822. 4	52 063. 26
奖励金额标准差	3 476. 66	4 153. 63	4 277. 46	4 162. 04	3 832. 49
奖励金额方差	12 087 199. 38	17 252 628. 51	18 296 641. 24	17 322 607. 78	14 687 961. 39
受过奖励成数	0. 55	0. 60	0. 64	0. 58	0. 62

3. 抽样平均误差。抽样平均误差反映抽样误差一般水平的指标，是所有可能出现的样本指标的标准差。抽样平均数的平均误差用 $\mu_{\bar{x}}$ 表示，抽样比率的平均误差用 μ_p 表示。根据抽样平均误差的公式，计算 5 次随机抽样的抽样平均误差，如表 3-8 所示。

表 3-8　　抽样平均误差计算

抽样平均误差					
$(\bar{x}-\mu)^2$	766 416. 20	191 940. 37	46 004. 67	503. 69	69 305. 30
$\mu_{\bar{x}}=\sqrt{\dfrac{\sum(\bar{x}-\mu)^2}{M}}$	463. 50				
$(p-P)^2$	0. 0025	0. 0000	0. 0016	0. 0004	0. 0004
$\mu_p=\sqrt{\dfrac{\sum(p-P)^2}{M}}$	0. 0313				

任务2　总体标准差已知的总体均值估计

【任务清单】

以给定的样本数据，从本项目的知识要点（二）中选择相适应的公式估计总体的均值。

【具体要求】

××工商局对该市的快餐类餐馆进行一次调查，通过调查50家餐馆发现，消费者满意指数的样本均值为71，根据以往的数据显示，消费者满意指数服从标准差为7的正态分布。

（1）在95%的置信度下，计算总体均值的点估计和区间估计。

（2）在99%的置信度下，计算总体均值的区间估计。

【操作示范】

通过任务描述中“根据以往的数据显示，消费者满意指数服从标准差为7的正态分布”，得知该任务属于“总体是正态分布且方差已知”的情况，总体均值的点估计为 $\widehat{\mu}=\bar{x}$，总体均值的置信度为 $1-\alpha$ 的置信区间是 $\left[\bar{x}-Z_{\alpha/2}\cdot\frac{\sigma}{\sqrt{n}},\quad \bar{x}+Z_{\alpha/2}\cdot\frac{\sigma}{\sqrt{n}}\right]$，其中 $\Delta_{\bar{x}}=Z_{\alpha/2}\cdot\frac{\sigma}{\sqrt{n}}$ 为抽样的极限误差。

根据题目描述，样本均值为71，所以对全市快餐类餐馆满意度的点估计值为71。分别对两种置信度条件下进行区间估计计算，在Excel中利用NORM. INV( ) 函数计算 $Z_{\alpha/2}$。在Excel中，NORM. INV( ) 函数返回指定平均值和标准差的正态累积分布函数的反函数，其语法为

> NORM. INV(probability,mean,standard_dev)
> 其中：probability是对应于正态分布的概率。
> 　　　mean是分布的平均值。
> 　　　standard_dev是分布的标准偏差。

当 $1-\alpha=0.95$ 时，$\alpha/2=0.025$，在Excel中输入函数NORM. INV(0.025,0,1)，计算得到标准正态分布小于等于概率0.025的点（见图3-8），其中阴影部分的面积是0.025，求得对应横坐标轴点 -1.96，为计算方便，取其绝对值得到 $Z_{\alpha/2}=Z_{0.025}=1.96$，进而计算得到极限误差为 $\Delta_{\bar{x}}=Z_{\alpha/2}\cdot\frac{\sigma}{\sqrt{n}}=$

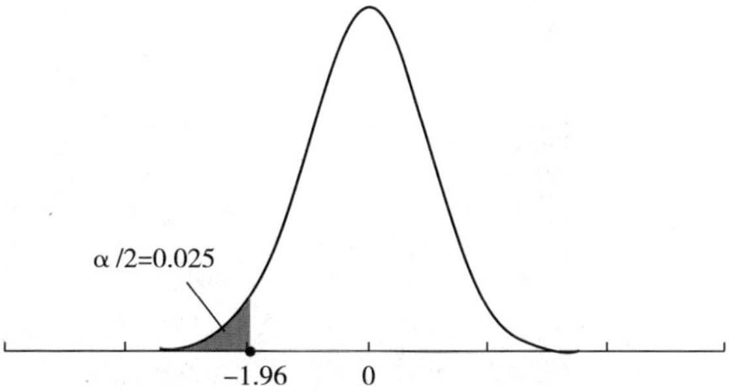

图3-8　$Z_{\alpha/2}$在Excel中的示意图

$1.96 \times \frac{7}{\sqrt{50}} = 1.94$， 区间估计为（69.06，72.94）。

类似地，计算得到置信度为99%时区间估计为（68.45，73.55）。在 Excel 中的具体计算过程和结果如图 3－9 和图 3－10 所示。

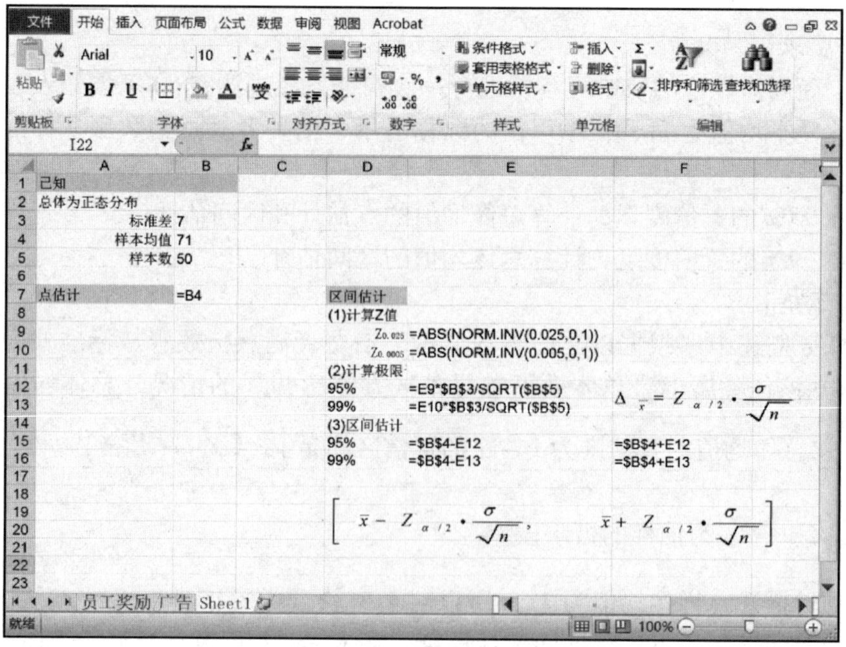

图 3－9　餐馆满意度总体均值估计计算过程

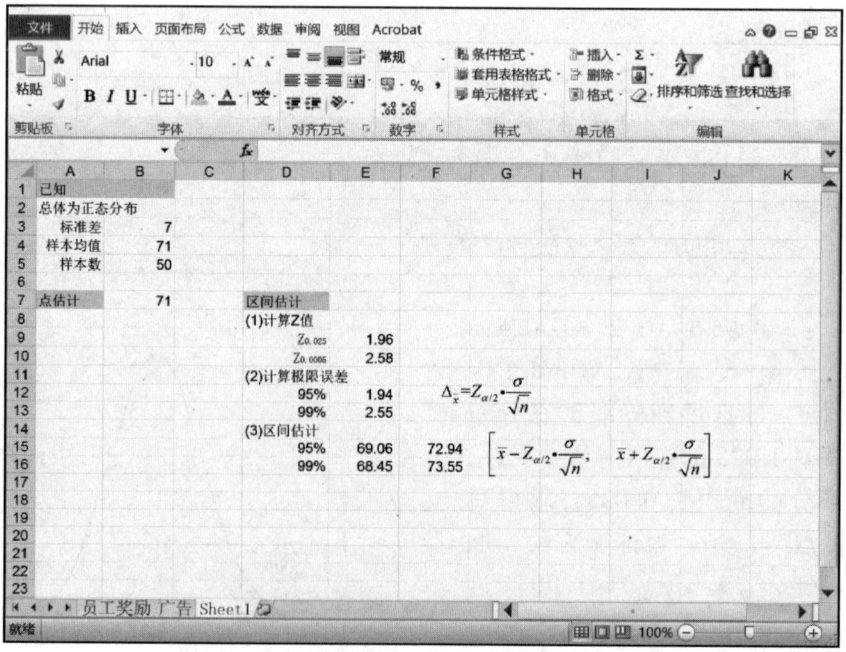

图 3－10　餐馆满意度总体均值估计计算结果

【思考】为什么置信度越大得到的区间估计值范围越大?

任务3 总体标准差未知的总体均值估计

【任务清单】

以给定的样本数据，从本项目的知识要点（二）中选择合适的公式估计总体均值。

【具体要求】

广告统计组记录了网络视频平台最热门节目中广告所占的分钟数。在2015年7月选取国内三大网络视频平台20个当时的热门节目组成样本，从中得到每45分钟节目中广告时间数据汇总，见“Chap3数据.xlsx”中的“广告”数据表。假定广告时间总体服从正态分布，计算平均广告时间的点估计和95%置信度下的区间估计。

【操作示范】

根据题目描述中“假定广告时间总体服从正态分布”，但没有给出总体标准差，所以属于“总体是正态分布且方差未知”一类，总体均值的点估计是样本均值 $\widehat{\mu}=\bar{x}$，总体均值的置信度为 $1-\alpha$ 的置信区间是 $\left[\bar{x}-t_{\alpha/2}\cdot\frac{S}{\sqrt{n}},\ \bar{x}+t_{\alpha/2}\cdot\frac{S}{\sqrt{n}}\right]$，抽样的极限误差为 $\Delta_{\bar{x}}=t_{\alpha/2}\cdot\frac{S}{\sqrt{n}}$。

通过题目数据，计算得到样本均值为6.5，所以网络视频热门节目中每45分钟的广告时长总体均值的点估计为6.5。置信度 $1-\alpha=0.95$，在Excel中计算 $t_{\alpha/2}$，利用函数T.INV( )，该函数返回t分布的左尾反函数。

T.INV函数的语法规则如下：

T.INV(probability,deg_freedom)
其中：probability是与 t 分布相关的概率。
deg_freedom代表分布的自由度数。

样本容量为 n，则 t 分布的自由度为 $n-1$，在Excel单元格中输入函数T.INV(0.025，19)，计算得到 t 分布的左尾横坐标轴点 -2.09，为了计算方便，取其绝对值，得到 $t_{\alpha/2}=2.09$。极限误差公式中包含样本标准差，在Excel中根据函数STDEV.S( )计算样本标准差为0.54。极限误差值为0.25，则95%置信度下区间估计值为（6.27，6.78），详细计算公式和结果如图3-11和图3-12所示。

任务4 总体比率的估计

【任务清单】

根据数据调查的对象，从本项目的知识要点（二）中选择合适的公式对总体比率进行估计。

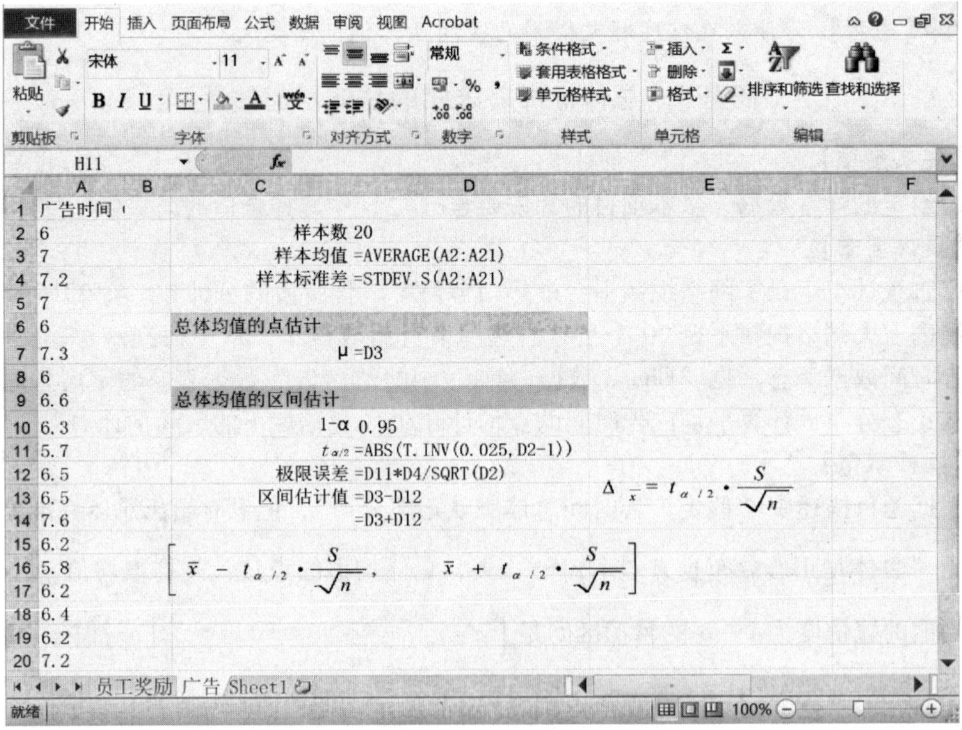

图 3－11　广告时长均值区间估计计算过程

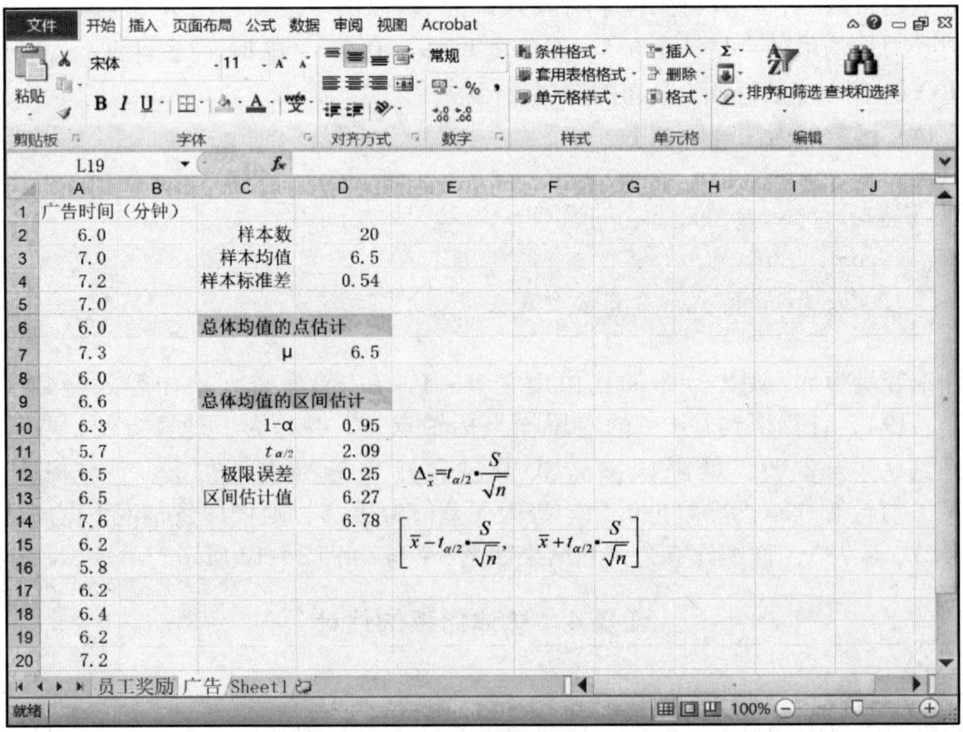

图 3－12　广告时长均值区间估计计算结果

【具体要求】

杭州在出台小轿车的限制政策前，对城市中 200 人进行随机调查，结果有 127 个人支持限制小轿车的政策。因此，交管部门给出结论，在 95% 的可信度下，杭州全体市民支持限制小轿车的人的比例有 65% 。请你判断交管部门的结论是否合理。

【操作示范】

在大样本（一般经验规则：$np \geqslant 5n(1-p) \geqslant 5$）条件下，根据样本比率的抽样分布理论，样本比率 p 的分布趋近于均值为 P。在置信系数为 $1-\alpha$ 的条件下，样本比率估计总体比率的区间估计是 $\left[p - Z_{\alpha/2} \cdot \sqrt{\dfrac{p(1-p)}{n}},\ \ p + Z_{\alpha/2} \cdot \sqrt{\dfrac{p(1-p)}{n}}\right]$，极限误差为 $\Delta_p = Z_{\alpha/2} \cdot \sqrt{\dfrac{p(1-p)}{n}}$。

根据任务 4 题目描述，符合大样本条件，总体比率的点估计为样本比率 $P = p = 0.635$。置信度 $1-\alpha = 0.95$，则在 Excel 中利用 NORM. INV( ) 函数计算得到 $Z_{\alpha/2} = Z_{0.025} = 1.960$，极限误差为 $\Delta_p = Z_{\alpha/2} \cdot \sqrt{\dfrac{p(1-p)}{n}} = 1.960 \times \sqrt{\dfrac{0.635 \times (1-0.635)}{200}} = 0.067$，区间估计为（0.568，0.702）。题目描述中政府给出的支持率 65% 在该置信度计算的区间估计范围，可认为交管部门的结论是合理的。在 Excel 中的计算公式如图 3 – 13 所示。

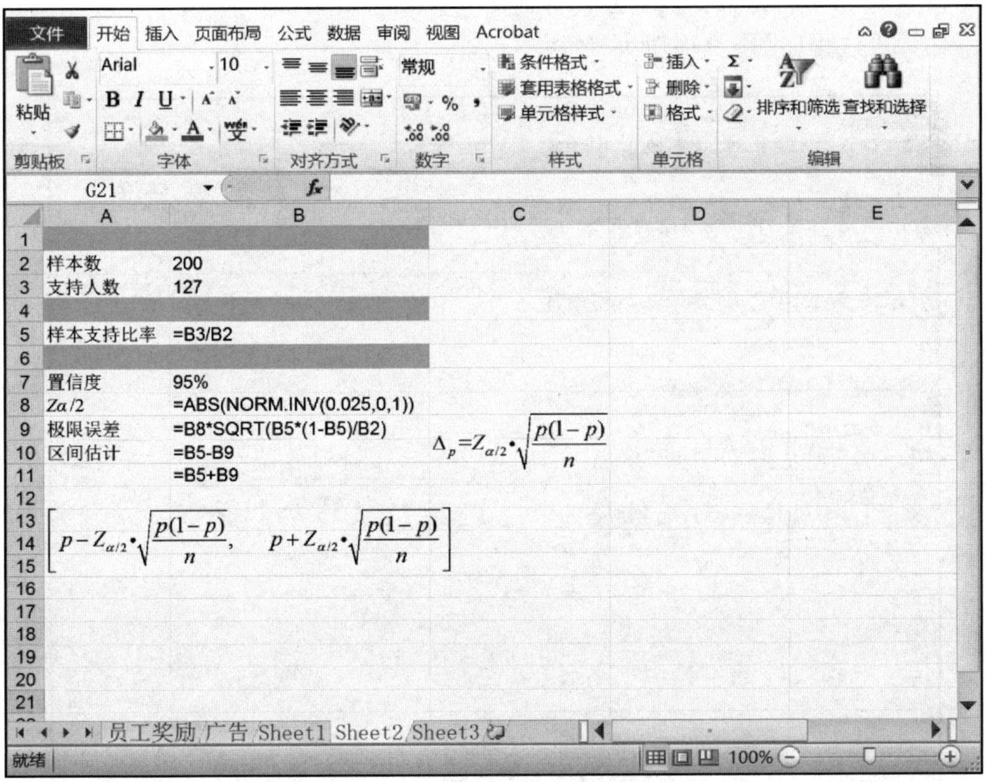

图 3 – 13　总体比率估计的计算过程

任务5 样本容量的确定

【任务清单】

根据数据调查计划，从本项目的知识要点（二）中选择合适的公式计算需要调查的样本容量。

【具体要求】

××银行的信用卡部要估计在月末时，未按时还款的信用卡持卡人所占的比率。假定期望的边际误差为0.03，置信度为95%。在实际调查之前，需要先确定抽取多少样本。

（1）如果预期的未按时还款持卡人所占比率为70%，则应该抽取多大容量的样本?

（2）如果不能指定总体比率的计划值，则应该抽取多大容量的样本?

【操作示范】

在估计总体比率时确定样本容量，如果给定极限误差值，则根据极限误差公式推导得出 $\Delta_p = Z_{\alpha/2} \cdot \sqrt{\frac{p(1-p)}{n}}$，样本容量 $n = \frac{Z_{\alpha/2}^2 p(1-p)}{\Delta_p^2}$。

在题目（1）中，边际误差为0.03，置信度为95%，预期的未按时还款持卡人所占比率为70%，将各数据代入公式中得到 $n = 896$。

在题目（2）中，不能指定总体比率的计划值，则根据正负各占50%的原则，预期比率设置为50%，将数据代入公式得到 $n = 1\ 067$。

具体计算过程如图3－14所示。

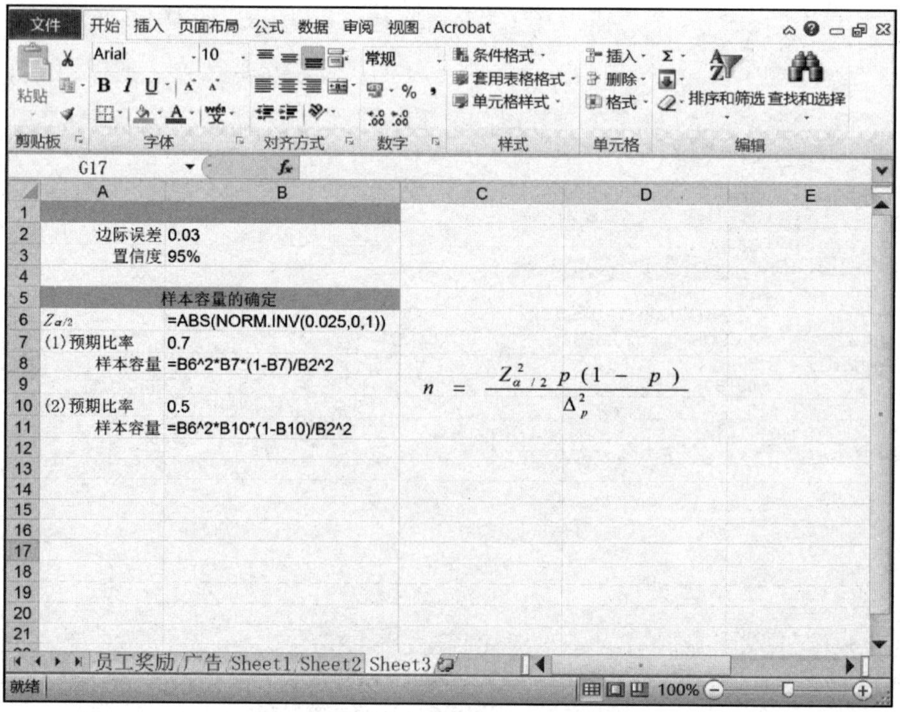

图3－14 样本容量计算过程

任务6　从样本作推断

【任务清单】

根据给定的数据和描述，从本项目的知识要点（三）中选择与题目情景相适应的方法给出假设并利用样本数据对假设进行检验，给出结论。

【具体要求】

（1）双侧检验：假定一只股票去年日收益均值为＄2，而30天样本日收益的平均值是＄1.5，总体的标准差为＄0.1，我们能否以0.05的显著性水平拒绝原假设呢？

（2）左侧检验：假定投资者预期一只股票自上市以来日收益的均值大于等于＄10，而30天样本日收益的平均值是＄9.9，总体的标准差为＄1.1，我们能否以0.05的显著性水平拒绝原假设？

（3）右侧检验：假定投资者预期一只股票自上市以来日收益的均值小于等于＄5，而30天样本日收益的平均值是＄5.1，总体的标准差为＄0.25，我们能否以0.05的显著性水平拒绝原假设？

【操作示范】

（1）双侧检验

提出假设：$H_0: \mu = 2$，$H_1: \mu \neq 2$。

抽样：从去年的日期中抽了30天的日收益作为样本。

计算检验统计量：总体标准差已知且为大样本，故计算Z检验统计量：

$$Z = \frac{\overline{X} - \mu}{\sigma / \sqrt{n}} = \frac{1.5 - 2}{0.1 / \sqrt{30}} = -27.39$$

指定拒绝域：显著性水平为0.05，在Excel中运用NORM.INV（）函数计算出临界值，临界值为+1.96和−1.96，拒绝域为［−∞，−1.96］∪［1.96，+∞］。

作出决策：Z统计量的值＝−27.39＜−1.96，落在拒绝域内，因此拒绝原假设，即我们可以拒绝认为两者的均值不存在显著差异的原假设。

（2）左侧检验

提出假设：$H_0: \mu \geqslant 10$，$H_1: < 10$。

抽样：抽了30天的日收益作为样本。

计算检验统计量：总体标准差已知且为大样本，故计算Z检验统计量：

$$Z = \frac{\overline{X} - \mu}{\sigma / \sqrt{n}} = \frac{9.9 - 10}{1.1 / \sqrt{30}} = -0.4979$$

指定拒绝域：显著性水平为0.05，在Excel中运用NORM.INV（）函数计算出临界值，则临界值为−1.645，拒绝域为［−∞，−1.645］。

作出决策：Z统计量的值＝−0.4979＞临界值−1.645，落在接受域内，因此我们无法拒绝认为该股票日收益大于＄10的原假设。

（3）右侧检验

提出假设：$H_0: \mu \leqslant 5$，$H_1: \mu > 5$。

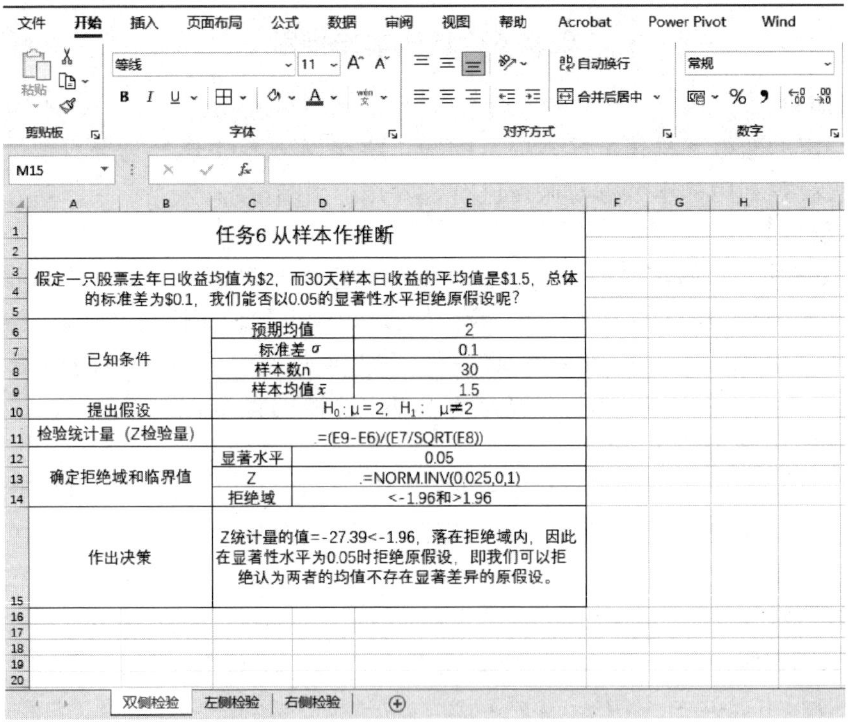

任务6 从样本作推断			
假定一只股票去年日收益均值为$2，而30天样本日收益的平均值是$1.5，总体的标准差为$0.1，我们能否以0.05的显著性水平拒绝原假设呢？			
已知条件	预期均值		2
	标准差 σ		0.1
	样本数n		30
	样本均值 $\bar{x}$		1.5
提出假设	H_0: μ=2，H_1：μ≠2		
检验统计量（Z检验量）	=(E9-E6)/(E7/SQRT(E8))		
确定拒绝域和临界值	显著水平	0.05	
	Z	=NORM.INV(0.025,0,1)	
	拒绝域	<-1.96和>1.96	
作出决策	Z统计量的值=-27.39<-1.96，落在拒绝域内，因此在显著性水平为0.05时拒绝原假设，即我们可以拒绝认为两者的均值不存在显著差异的原假设。		

图 3－15　双侧检验计算过程示例

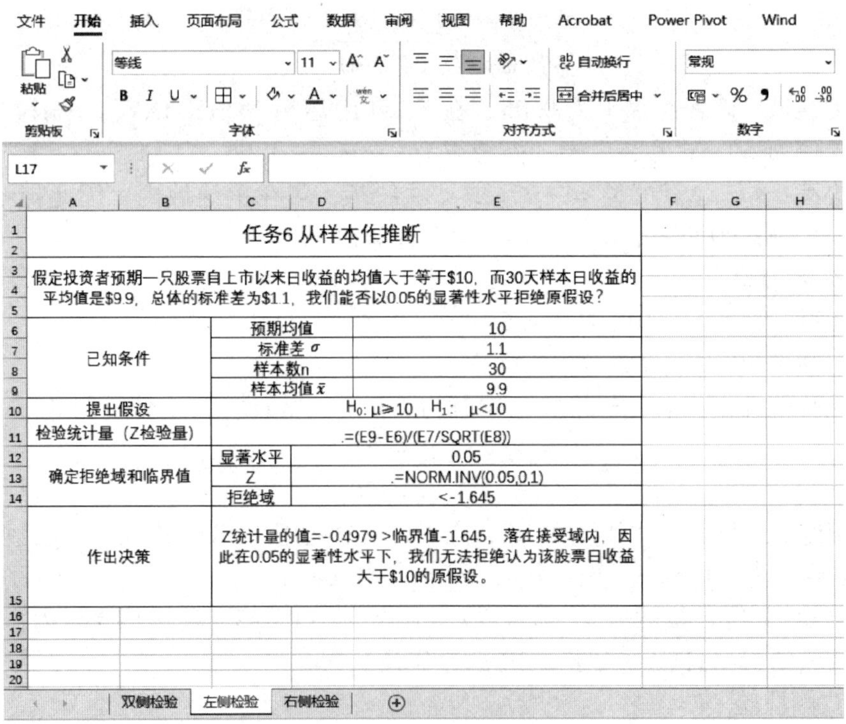

任务6 从样本作推断			
假定投资者预期一只股票自上市以来日收益的均值大于等于$10，而30天样本日收益的平均值是$9.9，总体的标准差为$1.1，我们能否以0.05的显著性水平拒绝原假设？			
已知条件	预期均值		10
	标准差 σ		1.1
	样本数n		30
	样本均值 $\bar{x}$		9.9
提出假设	H_0: μ≥10，H_1：μ<10		
检验统计量（Z检验量）	=(E9-E6)/(E7/SQRT(E8))		
确定拒绝域和临界值	显著水平	0.05	
	Z	=NORM.INV(0.05,0,1)	
	拒绝域	<-1.645	
作出决策	Z统计量的值=-0.4979 >临界值-1.645，落在接受域内，因此在0.05的显著性水平下，我们无法拒绝认为该股票日收益大于$10的原假设。		

图 3－16　左侧检验计算过程示例

抽样：抽了30天的日收益作为样本。

计算检验统计量：总体标准差已知且为大样本，故计算Z检验统计量：

$$Z = \frac{\overline{X} - \mu}{\sigma / \sqrt{n}} = \frac{5.1 - 5}{0.25 / \sqrt{30}} = 2.191$$

指定拒绝域：显著性水平为0.05，在Excel中运用NORM. INV（）函数计算出临界值，则临界值为1.645，拒绝域为[1.645，+∞]。

作出决策：Z统计量的值 = 2.191 >临界值1.645，落在拒绝域内，因此我们拒绝认为该股票日收益小于$ 5的原假设。

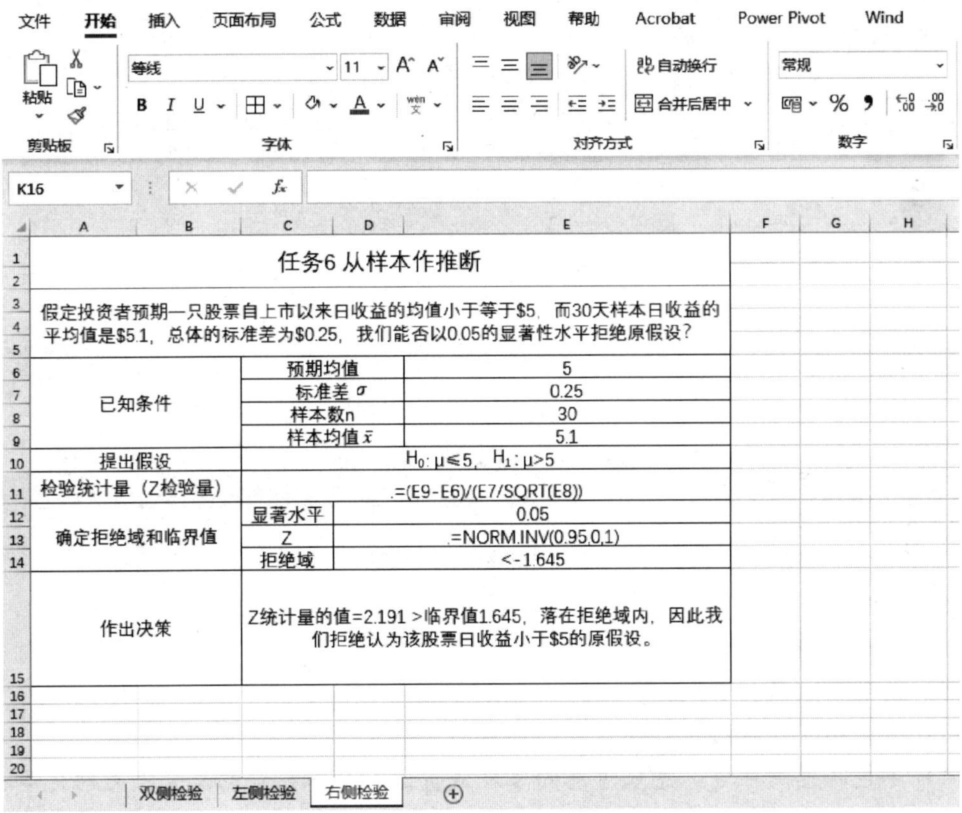

图3－17 右侧检验计算过程示例

五、能力拓展

1.《潜力》电子杂志开发的目标读者是刚毕业的大学生，这些大学毕业生正处于他们职业生涯的前10年中。在过去两年的发行中杂志取得了成功。目前出版商感兴趣的问题是：如何扩大该杂志的广告客户量。潜在的广告客户不断地询问有关改杂志的订户特征。为了收集这些信息，杂志进行了一次调查以便获取订阅用户的资料，从而为广告客户提供数据支持。你作为该杂志的一名新雇员，被指派帮助分析这些调查结果。

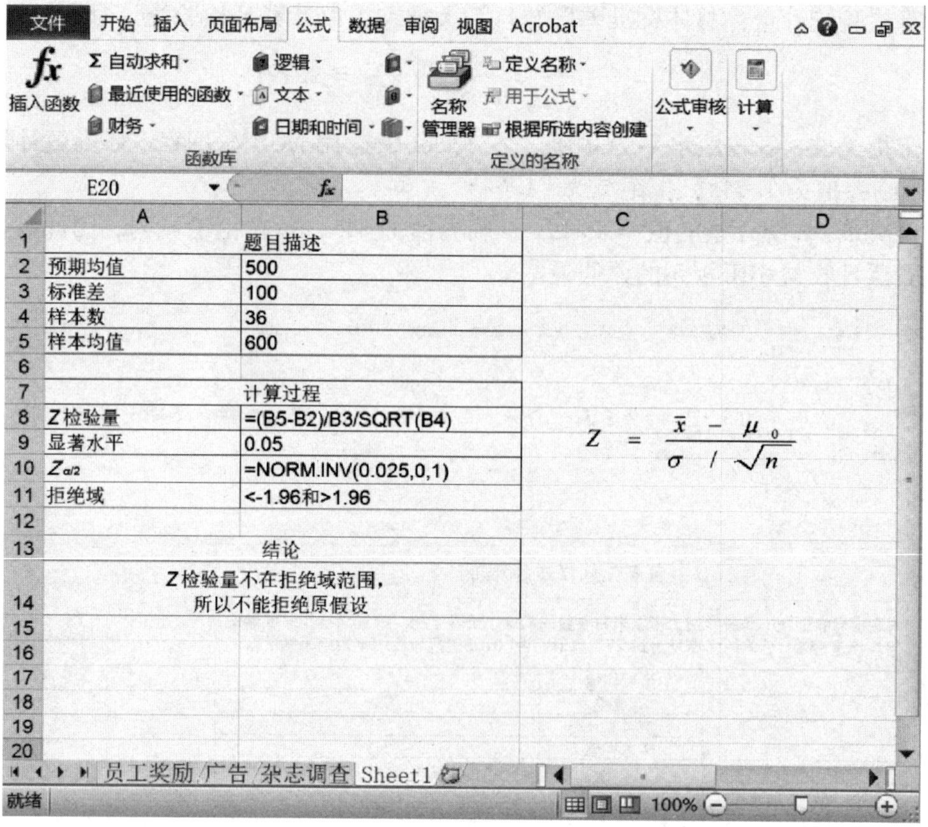

图 3－18　假设检验计算过程示例

以下是部分调查问题：

(1) 您的年龄多大?

(2) 您的性别是：男/女。

(3) 未来两年您是否有购买房产的计划?

(4) 不包括您的住宅，您或者您的家庭成员进行金融投资的总金额大约是多少?

(5) 去年您共进行了多少次股票/基金的交易?

(6) 您在家中频繁使用智能设备吗?

(7) 您家庭去年的总收入大约是多少?

(8) 您有子女吗?

这些数据得到的回答，汇总在“Chap3 数据 . xlsx”中的“杂志调查”数据表中。请准备一份管理报告对调查结果进行汇总。除了汇总之外，还需讨论该电子杂志该如何利用这些结果吸引广告客户，例如，对于 App 推广代理商而言，该杂志是一个好的广告渠道吗？对于销售儿童教育软件和儿童计算机游戏的公司来说，该杂志是打广告的好地方吗？还可以建议该刊物的编辑利用这些调查结果来判断读者对哪些话题更感兴趣。

2. “Chap3 数据.xlsx”中的“基金变动”数据表中列出了2015年9月9日排名前50的基金日变化值。

（1）通过样本数据，在显著水平为0.05时，是否能够表明基金值与前一日的交易值相比有变化？

（2）进行问题1的检验之前，需要作出什么假设？

（3）计算p值，并说明其含义。

项目四

从数据看差距

一、学习目标

【知识目标】

- 理解独立样本和匹配样本的含义。
- 掌握不同条件下两个总体均值进行比较的方法。
- 分别掌握独立样本总体均值之差和匹配样本总体均值之差的检验方法。

【能力目标】

- 能正确区分独立样本方案和匹配样本方案。
- 能运用数据分析工具对双样本均值进行分析。

【思政目标】

- 通过对比和联系不同的事物，锻炼学生的逻辑思维能力、问题分析能力和实践动手能力。

二、项目背景：数字人民币与第三方支付的关系

数字人民币由中国人民银行发行，是一种和纸钞、硬币等价的法定货币，定位于流通中现金（M_0），属于基础货币范畴，其法律地位与现金相同。数字人民币由中国人民银行指定运营机构负责运营和兑换服务，并实现可控匿名，属于双层运营体系下的混合型央行数字货币。数字人民币以数字形式存在，自身具有价值，且以国家信用作为担保，支持与银行账户松耦合，因此数字人民币能够作为数字化支付手段，并在一定程度上支持匿名交易。

数字人民币看似与支付宝、微信等第三方支付工具雷同，都可以进行线上和线下支付，但是又有本质上的差别。一是数字人民币是国家法定货币，是安全等级最高的资产。商家不能拒收。数字人民币钱包不会收取任何费用，而第三方支付提现会收取费用。二是数字人民币具有价值特征，可在不依赖银行账户的前提下进行价值转移，并支持离线交易，具有“支付即结算”的特性。三是数字人民币借鉴了区块链技术，支持可控匿名，有利于保护个人隐私及用户信息安全。

数字人民币与第三方支付是否存在竞争关系？“数字人民币是钱，是支付工具；钱

包是载体，是基础设施。”中国人民银行数字货币研究所所长穆长春在第十三届陆家嘴论坛上表示。数字人民币钱包和其他钱包一样都是载体。对于第三方支付机构来说，这方面功能并没有发生变化，依然可以作为数字人民币的载体和基础设施。数字人民币和第三方支付机构之间并不会是竞争的关系。穆长春还表示，数字人民币是双层运营架构，从一开始就不是人民银行对公众直接提供兑换流通服务，而是由两层指定运营机构提供兑换流通服务，从一开始就是全社会共同参与，公司、部门共同参与，所有社会力量共同参与的过程。“铜钱无脚走千家。货币的流通过程需要全社会共同来实现。”穆长春表示，第三方支付机构依然要在这一过程中找到自己的角色，来为数字人民币的兑换和流通作出相应的贡献。

从统计学的角度，可以分别调查人们对于数字人民币和第三方支付工具的使用频率、使用场景以及其便利程度等，从而了解人们对数字人民币和第三方支付的需求差异，促进数字人民币和第三方支付工具的共同发展。

三、知识要点

在统计学中，除了能够计算一个总体的均值区间估计，还可以为两个总体的均值差异构造置信区间，比如希望知道两个地区可乐的销售量差异，可以建立两个地区销售量均值之差 $\mu_1 - \mu_2$ 的置信区间。想知道在某一地区，随着经济环境的转好，工作的女性的比例差异，可以构造比例之差 $p_1 - p_2$ 的置信区间。数据之间的差异比较分为两大类：一类是比较两个总体的独立样本（Independent Samples），例如两个超市的销售量、两只股票近三年的平均收益等；另一类基于两个总体的匹配样本（Matched Samples），例如参加调查的人群服用了××减肥产品前后的体重变化、促销方案实施前后可乐的销售量差异等。

（一）两个总体均值之间的差距

样本 $x_1, x_2, \cdots, x_n$ 和 $y_1, y_2, \cdots, y_m$ 分别来自两个总体 X 和 Y。假设总体 X 的均值为 μ_X，标准差为 σ_X，总体 Y 的均值为 μ_Y，标准差为 σ_Y，要通过样本均值 $\bar{x}$ 和 $\bar{y}$ 计算 $\mu_X - \mu_Y$ 在指定置信度下的置信区间。下面分别介绍两个总体是否服从正态分布、两个总体标准差是否已知等几种情况下的总体均值差区间估计方法。

1. 两个总体方差已知。如果两个总体的方差已知，且都服从正态分布；或者方差已知，非正态分布，但是大样本情况下，来自两个总体的样本均值之差 $\bar{x} - \bar{y}$ 服从 $N\left(\mu_X - \mu_Y, \frac{\sigma_X^2}{n} + \frac{\sigma_Y^2}{m}\right)$ 的正态分布，将其标准化处理，则 $\frac{(\bar{x} - \bar{y}) - (\mu_X - \mu_Y)}{\sqrt{\frac{\sigma_X^2}{n} + \frac{\sigma_Y^2}{m}}}$ 服从标准正态分布 $N(0,1)$，对给定的置信系数 $1 - \alpha$，查询标准正态分布表得到临界值 $Z_{\alpha/2}$，使得 $\frac{(\bar{x} - \bar{y}) - (\mu_X - \mu_Y)}{\sqrt{\frac{\sigma_X^2}{n} + \frac{\sigma_Y^2}{m}}}$ 在区间 $(-Z_{\alpha/2}, Z_{\alpha/2})$ 的概率为 $1 - \alpha$，即

$$P\left\{\frac{(\bar{x}-\bar{y})-(\mu_X-\mu_Y)}{\sqrt{\frac{\sigma_X^2}{n}+\frac{\sigma_Y^2}{m}}}\leqslant Z_{\alpha/2}\right\}=1-\alpha \tag{4.1}$$

则两个总体均值之差 $\mu_X-\mu_Y$ 的置信区间是

$$(\bar{x}-\bar{y})\pm Z_{\alpha/2}\cdot\sqrt{\frac{\sigma_X^2}{n}+\frac{\sigma_Y^2}{m}} \tag{4.2}$$

式中，$\Delta_{(\bar{x}-\bar{y})}=Z_{\alpha/2}\cdot\sqrt{\frac{\sigma_X^2}{n}+\frac{\sigma_Y^2}{m}}$ 为抽样的极限误差。

2. 两个正态总体方差未知但相等。此情况只计算两个总体服从正态分布的情况。两个总体的方差未知但相等，假设用 S^2 表示，$S^2=\frac{(n-1)S_x^2+(m-1)S_y^2}{n+m-2}$，其中 S_x^2 和 S_y^2 分别是来自两个总体的样本方差。

根据数理统计知识，采用 t 分布来建立两个总体均值之差的置信区间，$\frac{(\bar{x}-\bar{y})-(\mu_X-\mu_Y)}{S\cdot\sqrt{\frac{1}{n}+\frac{1}{m}}}\sim t(n+m-2)$。对给定的置信系数 $1-\alpha$，查询自由度为 $n+m-2$ 的 t 分布表，得到 $t_{\alpha/2}(n+m-2)$，使得

$$P\left\{\frac{|(\bar{x}-\bar{y})-(\mu_X-\mu_Y)|}{S\cdot\sqrt{\frac{1}{n}+\frac{1}{m}}}\leqslant t_{\alpha/2}(n+m-2)\right\}=1-\alpha \tag{4.3}$$

从而得到两个总体均值之差 $\mu_X-\mu_Y$ 的置信度为 $1-\alpha$ 的置信区间是

$$(\bar{x}-\bar{y})\pm t_{\alpha/2}(n+m-2)\cdot S\cdot\sqrt{\frac{1}{n}+\frac{1}{m}} \tag{4.4}$$

极限误差为 $\Delta_{(\bar{x}-\bar{y})}=t_{\alpha/2}(n+m-2)\cdot S\cdot\sqrt{\frac{1}{n}+\frac{1}{m}}$，其中 $S=\sqrt{\frac{(n-1)S_x^2+(m-1)S_y^2}{n+m-2}}$。

3. 两个正态总体方差未知且不相等。两个总体的方差未知，根据样本计算得到的样本方差分别为 S_x^2 和 S_y^2。采用 t 分布来建立两个总体均值之差的置信区间，$\frac{(\bar{x}-\bar{y})-(\mu_X-\mu_Y)}{\sqrt{\frac{S_x^2}{n}+\frac{S_y^2}{m}}}\sim t(df)$，其中 df 是 t 分布的自由度：

$$df=\left[\frac{S_x^2}{n}+\frac{S_y^2}{m}\right]^2\Big/\left[\frac{\left(\frac{S_x^2}{n}\right)^2}{n}+\frac{\left(\frac{S_y^2}{m}\right)^2}{m}\right] \tag{4.5}$$

对给定的置信系数 $1-\alpha$，得到两个总体均值之差 $\mu_X-\mu_Y$ 的置信区间是

$$(\bar{x}-\bar{y})\pm t_{\alpha/2}(df)\cdot\sqrt{\frac{S_x^2}{n}+\frac{S_y^2}{m}} \tag{4.6}$$

极限误差为 $\Delta_{(\bar{x}-\bar{y})} = t_{\alpha/2}(df) \cdot \sqrt{\frac{S_x^2}{n}+\frac{S_y^2}{m}}$。

（二）匹配样本方案下的总体均值差距

以一项工程可以采用 A、B 两种施工方法进行为例，为了比较哪种施工方法更好，在实际施工之前可以先进行试验比较。一种试验方法是采用独立样本方案。独立样本方案从公司的所有工人中随机抽取两批工人，一批工人以 A 方法进行施工，另一批以 B 方法施工，对比两批工人的完成数据，判断两种施工方法的优劣。数据的均值之差置信区间的计算按照前面的方法进行。

另一种试验方法是采用匹配样本方案。匹配样本方案从公司的所有工人中随机抽取一批工人，该批工人先以 A 施工方法完成该工程，再以 B 方法完成，或者反之先以 B 方法完成，再用 A 方法完成。抽取的每个工人都要用两种方法完成试验，对比每个工人分别采用两种方法得到的数据，判断两种施工方法的优劣。

样本 $x_1,x_2,\cdots,x_n$ 和 $y_1,y_2,\cdots,y_n$ 分别来自两个总体 X 和 Y。为了便于表示匹配样本方案的均值之差的置信区间计算，定义符号如下：

d_i：第 i 个配对样本数据的差值，即 $d_i = x_i - y_i, i = 1,2,\cdots,n$；

$\bar{d}$：配对样本数据差值的平均值，即 $\bar{d} = \frac{\sum_{i=1}^{n} d_i}{n}$；

S_d：配对样本数据差值的标准差，即 $S_d = \sqrt{\frac{\sum_{i=1}^{n}(d_i-\bar{d})^2}{n-1}}$。

根据数理统计知识，$\frac{\bar{d}-(\mu_X-\mu_Y)}{S_d \cdot \sqrt{\frac{1}{n}}} \sim t(n-1)$。对给定的置信系数 $1-\alpha$，匹配样本方案下的两个总体均值之差的置信区间为

$$\bar{d} \pm t_{\alpha/2}(n-1) \cdot \frac{S_d}{\sqrt{n}} \qquad (4.7)$$

极限误差为 $\Delta_{(\mu_x-\mu_y)} = t_{\alpha/2} \cdot \frac{S_d}{\sqrt{n}}$。

以上面的工程试验为例，假设随机抽取 10 名工人，分别采用 A、B 施工方法完成该工程的时间如表 4－1 所示。计算得到 $\bar{d} = 11.2$，$S_d = 6.106$（截取 3 位小数），根据公式（4.7），得到如下结论：经过试验对比，A、B 两种施工方法在匹配样本方案下平均完成时间的 95% 置信区间是（6.832，15.568）。

表 4－1　施工方法的匹配样本方案比较

人员编号	A 方法	B 方法
1	78	71
2	63	44
3	72	61
4	89	84
5	91	74
6	51	51
7	68	55
8	76	60
9	85	77
10	55	39

（三）两个总体比率之间的差距

样本 $x_1,x_2,\cdots,x_n$ 和 $y_1,y_2,\cdots,y_m$ 分别来自两个总体 X 和 Y，要通过两个样本的样本比率 p_x 和 p_y 计算总体比率 P_X-P_Y 在指定置信度下的置信区间。

当两个样本都是大样本的情况下，p_x-p_y 近似服从均值为 P_X-P_Y，标准差为 $\sqrt{\frac{P_x(1-P_x)}{n}+\frac{P_y(1-P_y)}{m}}$ 的正态分布，利用正态分布标准化方法，对给定的置信系数 $1-\alpha$，两个总体比率之差 p_x-p_y 的置信区间为

$$(p_x-p_y)\pm Z_{\alpha/2}\cdot\sqrt{\frac{p_x(1-p_x)}{n}+\frac{p_y(1-p_y)}{m}} \tag{4.8}$$

极限误差为 $\Delta_{(p_x-p_y)}=Z_{\alpha/2}\cdot\sqrt{\frac{p_x(1-p_x)}{n}+\frac{p_y(1-p_y)}{m}}$。

（四）两个总体方差之间的差距

样本 $x_1,x_2,\cdots,x_n$ 和 $y_1,y_2,\cdots,y_m$ 分别是来自两个总体 X 和 Y 的样本，假设总体 X 的均值为 μ_X，方差为 σ_X^2，总体 Y 的均值为 μ_Y，方差为 σ_Y^2，要通过样本方差 S_x^2 和 S_y^2 计算 $\sigma_X^2-\sigma_Y^2$ 在指定置信度下的置信区间（通常假设 $S_x^2\geqslant S_y^2$）。

当两个总体均服从正态分布，且相互独立时，有 $\frac{S_x^2}{S_y^2}\times\frac{\sigma_X^2}{\sigma_Y^2}\sim F(n-1,m-1)$，则在给定置信系数 $1-\alpha$ 时，两个总体方差之差 $\sigma_X^2-\sigma_Y^2$ 的置信区间为

$$\left[\frac{\frac{S_x^2}{S_y^2}}{F_{\alpha/2}(n-1,m-1)},\frac{\frac{S_x^2}{S_y^2}}{F_{1-\alpha/2}(n-1,m-1)}\right] \tag{4.9}$$

（五）两个总体参数差距的检验

与项目三类似，在讨论了通过样本估计总体参数之后，我们同样对两个总体之间的参数差距进行假设检验，包括两个总体的均值、比率和方差的检验。与前面的参数估计不同，本部分是对两个总体参数的差的状态进行假设，通过样本数据验证是否接受该假设。两个总体参数的差的状态主要分为差为零、大于等于零和小于等于零三种。以两个总体的均值之差的假设检验为例，三种基本假设形式如下：

双侧检验：$H_0:\mu_X-\mu_Y=0$；$H_1:\mu_X-\mu_Y\neq 0$

左侧检验：$H_0:\mu_X-\mu_Y\geqslant 0$；$H_1:\mu_X-\mu_Y<0$

右侧检验：$H_0:\mu_X-\mu_Y\leqslant 0$；$H_1:\mu_X-\mu_Y>0$

1. 两个独立总体均值之差的检验。样本 $x_1,x_2,\cdots,x_n$ 和 $y_1,y_2,\cdots,y_m$ 分别是来自两个总体 X 和 Y 的样本，假设总体 X 的均值为 μ_X，方差为 σ_X^2，总体 Y 的均值为 μ_Y，方差为 σ_Y^2。

如果是大样本情况，或者是小样本且两个总体的分布均是正态分布的情况，若两个总体的方差已知，则采用 Z 检验统计量，对应于三种假设形式，两个总体均值之差的检验方法如表 4-2 所示。

表 4－2　　方差已知的两个总体均值之差的检验方法

假设检验	双侧检验	左侧检验	右侧检验
假设形式	$H_0:\mu_X-\mu_Y=0$, $H_1:\mu_X-\mu_Y\neq 0$	$H_0:\mu_X-\mu_Y\geqslant 0$, $H_1:\mu_X-\mu_Y<0$	$H_0:\mu_X-\mu_Y\leqslant 0$, $H_1:\mu_X-\mu_Y>0$
检验统计量	σ_X^2，σ_Y^2 已知：$Z=\dfrac{(\bar{x}-\bar{y})-(\mu_X-\mu_Y)}{\sqrt{\dfrac{\sigma_X^2}{n}+\dfrac{\sigma_Y^2}{m}}}$		
α 与拒绝域	$\lvert z\rvert>z_{\alpha/2}$	$z<-z_\alpha$	$z>z_\alpha$
p 值决策准则	$p<\alpha$，拒绝 H_0		

如果两个总体的方差未知，对于大样本情况，两个样本的均值之差 $\bar{x}-\bar{y}$ 近似服从正态分布，所以仍采用 Z 检验统计量，未知的方差由样本方差代替（见表 4－3）。

如果两个总体的方差未知，且是小样本情况，则如果两个总体均是正态分布的话，则采用 t 检验统计量进行假设检验，具体如表 4－3 所示。

表 4－3　　方差未知的两个总体均值之差的检验方法

假设检验	双侧检验	左侧检验	右侧检验
假设形式	$H_0:\mu_X-\mu_Y=0$, $H_1:\mu_X-\mu_Y\neq 0$	$H_0:\mu_X-\mu_Y\geqslant 0$, $H_1:\mu_X-\mu_Y<0$	$H_0:\mu_X-\mu_Y\leqslant 0$, $H_1:\mu_X-\mu_Y>0$
检验统计量	大样本：$Z=\dfrac{(\bar{x}-\bar{y})-(\mu_X-\mu_Y)}{\sqrt{\dfrac{S_X^2}{n}+\dfrac{S_Y^2}{m}}}$	小样本且两个总体服从正态分布：$t=\dfrac{(\bar{x}-\bar{y})-(\mu_X-\mu_Y)}{\sqrt{\dfrac{S_X^2}{n}+\dfrac{S_Y^2}{m}}}$ 自由度 $df=\dfrac{\left(\dfrac{S_X^2}{n}+\dfrac{S_Y^2}{m}\right)^2}{\dfrac{(S_X^2/n)^2}{n-1}+\dfrac{(S_Y^2/m)^2}{m-1}}$	
α 与拒绝域	$\lvert z\rvert>z_{\alpha/2}$ 或 $\lvert t\rvert>t_{\alpha/2}(df)$	$z<-z_\alpha$ 或 $t<-t_\alpha(df)$	$z>z_\alpha$ 或 $t>t_\alpha(df)$
p 值决策准则	$p<\alpha$，拒绝 H_0		

2. 匹配样本条件下两个总体均值之差的检验。对于匹配样本时两个总体均值之差的假设检验，同样利用匹配样本之间的差设计统计检验量。

样本 $x_1,x_2,\cdots,x_n$ 和 $y_1,y_2,\cdots,y_n$ 分别是来自两个总体 X 和 Y 的样本，对于每个编号 i，x_i 假设总体 X 的均值为 μ_X，方差为 σ_X^2，总体 Y 的均值为 μ_Y，方差为 σ_Y^2。

对于大样本情况，两个总体配对差值构成的总体服从正态分布，对于小样本情形，配对插值经过标准化后服从自由度为 $n-1$ 的 t 分布，因此选择的检验统计量为 $t=\dfrac{\bar{d}-(\mu_X-\mu_Y)}{S_d/\sqrt{n}}$。其中，$\bar{d}=\dfrac{\sum_{i=1}^{n}d_i}{n}$ 表示配对样本数据差值的平均值，$d_i,i=1,2,\cdots,$

n 表示第 i 个配对样本数据的差值，$S_s^2 = \frac{\sum_{i=1}^{n}(d_i - \bar{d})}{n-1}$ 表示配对数据差值的方差。对于三种假设形式，决策准则如表 4－4 所示。

表 4－4　　　　匹配样本的两个总体均值之差的检验方法

假设检验	双侧检验	左侧检验	右侧检验
假设形式	$H_0:\mu_X - \mu_Y = 0$, $H_1:\mu_X - \mu_Y \neq 0$	$H_0:\mu_X - \mu_Y \geqslant 0$, $H_1:\mu_X - \mu_Y < 0$	$H_0:\mu_X - \mu_Y \leqslant 0$, $H_1:\mu_X - \mu_Y > 0$
检验统计量	$t = \frac{\bar{d} - (\mu_X - \mu_Y)}{S_d/\sqrt{n}}$，自由度 $n-1$		
α 与拒绝域	$\lvert t \rvert > t_{\alpha/2}(n-1)$	$t < -t_\alpha(n-1)$	$t > t_\alpha(n-1)$
p 值决策准则	$p < \alpha$，拒绝 H_0		

3. 两个总体比率之差的检验。样本 $x_1, x_2, \cdots, x_n$ 和 $y_1, y_2, \cdots, y_m$ 分别是来自两个总体 X 和 Y 的样本，假设总体 X 中具有某属性的对象比率为 p_X，总体 Y 中具有某属性的对象比率为 p_Y。

两个总体比率之差的检验分两种情况：检验两个总体比率是否相等的假设，即 $H_0:p_X - p_Y = 0, H_1:p_X - p_Y \neq 0$；检验两个总体比率之差等于某一常数的假设，即 $H_0:p_X - p_Y = c, H_1:p_X - p_Y \neq c$。

对于这两种情况，均采用 Z 检验统计量。

对于判断两个总体比率是否相等的情况，由于原假设中假设两个总体比率相等 $p_X = p_Y$，最佳估计量不是样本比率 p_x 和 p_y，而是将两个样本合并后得到比率 p，即样本 1 中具有某属性的对象个数为 n_1，样本 2 中具有某种属性的对象个数为 m_1，则合并后的比率为 $p = \frac{n_1 + m_1}{n + m}$。

对于判断两个总体比率之差是否为常量的情况，最佳估计量是样本比率 p_x 和 p_y。

两种情况下两个总体比率的假设检验如表 4－5 所示。

表 4－5　　　　两个总体比率之差的检验方法

假设检验	两个总体比率是否相等	两个总体比率之差是否为一常量
假设形式	$H_0:p_X - p_Y = 0$, $H_1:p_X - p_Y \neq 0$	$H_0:p_X - p_Y = c$, $H_1:p_X - p_Y \neq c$
检验统计量	$Z = \frac{p_x - p_y}{\sqrt{p(1-p)\left(\frac{1}{n} + \frac{1}{m}\right)}}$	$Z = \frac{p_x - p_y - c}{\sqrt{\frac{p_x(1-p_x)}{n} + \frac{p_y(1-p_y)}{m}}}$
α 与拒绝域	$\lvert z \rvert > z_{\alpha/2}$	
p 值决策准则	$p < \alpha$，拒绝 H_0	

4. 两个总体方差比的检验。对两个总体的方差进行比较，通常采用方差的比值 σ_X^2/σ_Y^2（或 σ_Y^2/σ_X^2）进行判断，假设的形式分为 $H_0:\sigma_X^2/\sigma_Y^2 = 1, H_1:\sigma_X^2/\sigma_Y^2 \neq 1$；$H_0:\sigma_X^2/\sigma_Y^2 \geqslant 1, H_1:\sigma_X^2/\sigma_Y^2 < 1$ 和 $H_0:\sigma_X^2/\sigma_Y^2 \leqslant 1, H_1:\sigma_X^2/\sigma_Y^2 > 1$。双侧检验时，用较大的样本方差除以较小的样本方差，以保证拒绝域总发生在抽样分布的右侧。

方差比的检验用 F 检验统计量，即 $F = S_1^2/S_2^2$ 或 $F = S_2^2/S_1^2$，详细的假设形式和拒绝域之间的关系如表 4－6 所示。

表 4－6　　两个总体方差比的检验方法

假设检验	双侧检验	左侧检验	右侧检验
假设形式	$H_0:\sigma_X^2/\sigma_Y^2 = 1$, $H_1:\sigma_X^2/\sigma_Y^2 \neq 1$	$H_0:\sigma_X^2/\sigma_Y^2 \geqslant 1$, $H_1:\sigma_X^2/\sigma_Y^2 < 1$	$H_0:\sigma_X^2/\sigma_Y^2 \leqslant 1$, $H_1:\sigma_X^2/\sigma_Y^2 > 1$
检验统计量	$F = \frac{\text{较大的样本方差}}{\text{较小的样本方差}}$	$F = S_1^2/S_2^2$ 或 $F = S_2^2/S_1^2$	
α 与拒绝域	$F > F_{\alpha/2}(n-1, m-1)$	$F > F_{\alpha}(n-1, m-1)$	

四、项目任务

【任务概览】

本项目通过抽样调查的数据，对两个总体的均值或比率进行比较，在给定置信系数的条件下计算两个总体均值之差或比率之差的置信区间。

1. 根据题目描述，判断是独立样本方案还是匹配样本方案。
2. 根据题目给出的条件，选择合适的公式计算两个总体均值之差的置信区间。
3. 能够作出正确的结论描述。

任务 1　方差已知条件下的两个总体均值的比较

【任务清单】

根据调查数据和描述的情景，在本项目知识要点（一）中选择合适的公式对两个总体的均值进行比较，计算两个总体均值差异的区间估计。

【具体要求】

联华超市在市区和郊区都开设了多家分店，以一家市中心超市和一家郊区超市为例进行顾客群体差异的调研。假设现在要调查的是两家超市顾客年龄的差异。已知两家超市的顾客群体年龄均服从正态分布，市区的顾客群体年龄标准差为 9，郊区的顾客群体年龄标准差为 10。

调查数据如下：

市区超市的顾客样本数为 36，平均年龄为 40 岁，郊区超市的顾客样本数为 49，平均年龄为 35 岁。

估计95%置信度下两个超市顾客年龄的相差范围。

【操作示范】

根据题目描述中“已知两家超市的顾客群体年龄均服从正态分布，市区的顾客群体年龄标准差为9，郊区的顾客群体年龄标准差为10”可判断，该问题属于“两个总体方差已知条件下的均值之差置信区间”计算问题。

样本 $x_1,x_2,\cdots,x_n$ 和 $y_1,y_2,\cdots,y_m$ 分别来自两个总体 X 和 Y。则 X 和 Y 的均值之差 $\mu_X-\mu_Y$ 的置信区间是：$(\bar{x}-\bar{y}) \pm Z_{\alpha/2}\cdot\sqrt{\dfrac{\sigma_X^2}{n}+\dfrac{\sigma_Y^2}{m}}$，其中 $\bar{x}$ 和 $\bar{y}$ 分别是样本均值，σ_X 和 σ_Y 分别是两个总体已知的标准差，n 和 m 是两个样本的样本容量。

通过题目描述语句，假设市区超市的顾客总体为 X，郊区超市的顾客总体为 Y，则有 $\bar{x}=40$，$\bar{y}=35$，$n=36$，$m=49$。置信系数 $1-\alpha=0.95$，在Excel指定单元格中输入函数NORM. INV（0.025，0，1），计算得到 $Z_{\alpha/2}=Z_{0.025}=1.96$。再计算极限误差 $\Delta_{(\bar{x}-\bar{y})}=Z_{\alpha/2}\cdot\sqrt{\dfrac{\sigma_X^2}{n}+\dfrac{\sigma_Y^2}{m}}=4$。所以在95%置信度下，市区超市顾客总体和郊区超市顾客总体之间的年龄差置信区间为（1，9），详细计算过程如图4-1所示。

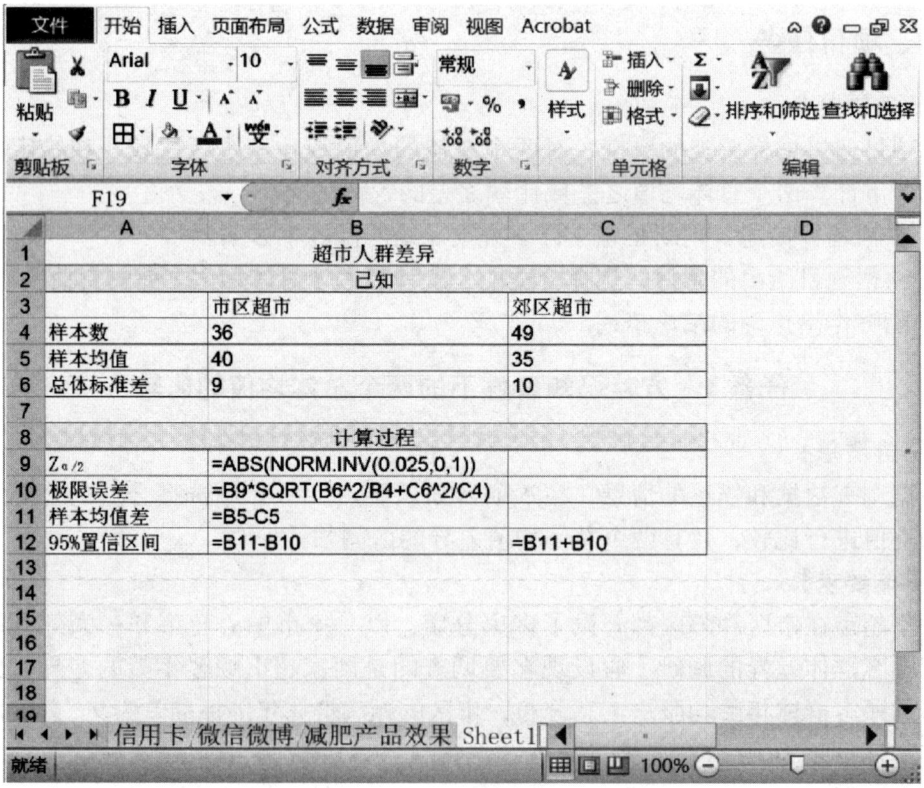

	A	B	C
1	超市人群差异		
2	已知		
3		市区超市	郊区超市
4	样本数	36	49
5	样本均值	40	35
6	总体标准差	9	10
7			
8	计算过程		
9	Zα/2	=ABS(NORM.INV(0.025,0,1))	
10	极限误差	=B9*SQRT(B6^2/B4+C6^2/C4)	
11	样本均值差	=B5-C5	
12	95%置信区间	=B11-B10	=B11+B10

图4-1　市区和郊区超市顾客年龄相差区间

任务 2　方差未知条件下的两个总体均值的比较

【任务清单】

根据调查数据和描述的情景，在本项目知识要点（一）中选择合适的公式对两个总体的均值进行比较，计算两个总体均值差异的区间估计。

【具体要求】

中国工商银行在作一项研究，旨在确定两个分行的客户信用卡消费金额的差异。已知客户的信用卡消费金额基本服从正态分布。从 A 分行抽取 28 个账户组成一个随机样本，从 B 分行抽取 22 个账户组成另一个随机样本，账户月消费金额数据见“Chap4 数据 . xlsx”的“信用卡”表。

请比较置信度为 95% 条件下，两个分行客户信用卡月消费金额均值的差异。

【操作示范】

题目仅给出两个总体服从正态分布样本的样本数和样本数据，没有指明总体的标准差，也没有说明两个总体的标准差是否相等，所以符合“两个正态总体，但方差未知且不相等”的计算问题。对于该类型的来自两个总体 X 和 Y 的样本 $x_1, x_2, \cdots, x_n$ 和 $y_1, y_2, \cdots, y_m$，对给定的置信系数 $1-\alpha$，通过样本计算两个总体均值之差 $\mu_X - \mu_Y$ 的置信区间为 $(\bar{x}-\bar{y}) \pm t_{\alpha/2}(df)\cdot\sqrt{\frac{S_x^2}{n}+\frac{S_y^2}{m}}$，其中 df 是 t 分布的自由度，其计算式为

$$df = \left[\frac{S_x^2}{n}+\frac{S_y^2}{m}\right]^2 \Big/ \left[\frac{\left(\frac{S_x^2}{n}\right)^2}{n}+\frac{\left(\frac{S_y^2}{m}\right)^2}{m}\right]$$

在 Excel 中，两个样本的样本均值和方差可以通过 AVERAGE( ) 和 STDEV. S( ) 计算得到，自由度也可以通过上面的公式得到结果，但更简单的方法是利用 Excel 的“数据分析”工具中的“t－检验：双样本异方差假设”来完成，如图 4－2 所示。

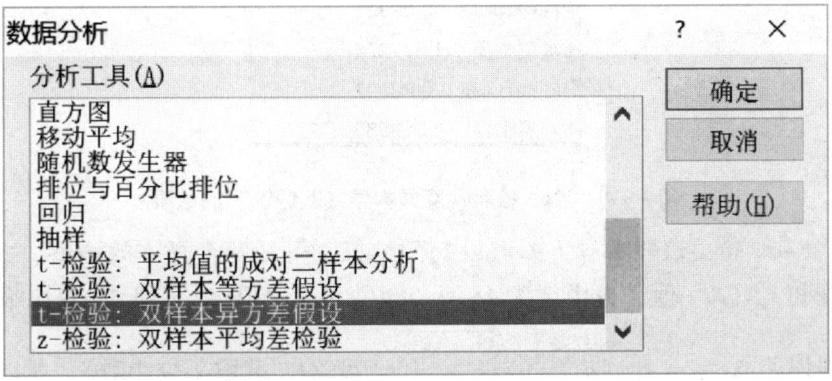

图 4－2　Excel 数据分析工具中的“t－检验：双样本异方差假设”

在选择相应项目后，点击“确定”，在接下来出现的如图 4 – 3 所示的对话框中分别设定“变量 1 的区域”和“变量 2 的区域”所对应的数据单元格范围。再根据给出的置信系数设定 α 的值，选择输出区域，单击“确定”按钮，得到结果如图 4 – 4 所示。

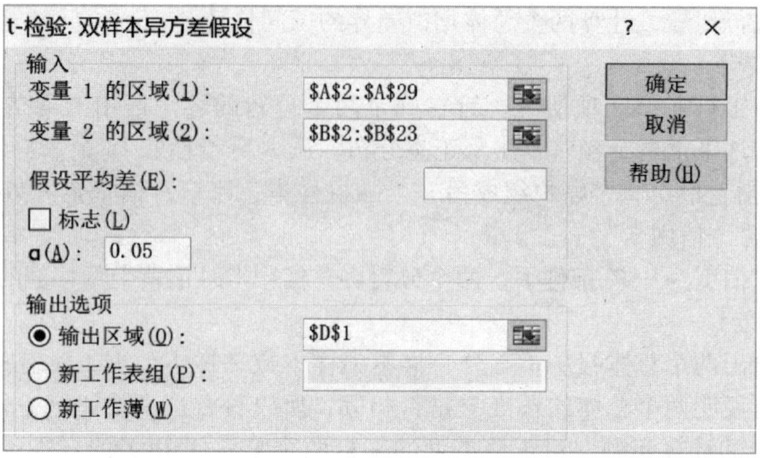

图 4 – 3 “t – 检验：双样本异方差假设”的设定

t-检验: 双样本异方差假设		
	变量 1	变量 2
平均	1024.5	910.4091
方差	23209.74	16430.16
观测值	28	22
假设平均差	0	
df	48	
t Stat	2.874141	
P(T<=t)单尾	0.00301	
t 单尾临界	1.677224	
P(T<=t)双尾	0.00602	
t 双尾临界	2.010635	

图 4 – 4 “t – 检验：双样本异方差假设”的结果

利用“t – 检验：双样本异方差假设”的结果，可知两个样本的均值、方差，待计算的自由度和 $t_{\alpha/2}(df)$ 值，自由度为 48，$t_{\alpha/2}(df)$ 为 2.010635（即“t 双尾临界”），进而得到极限误差 $\Delta_{(\bar{x}-\bar{y})} = t_{\alpha/2}(df) \cdot \sqrt{\frac{S_x^2}{n} + \frac{S_y^2}{m}} = 79.81$（截取 2 位小数）。所以，在 95% 置信度下，两个分行客户信用卡消费金额总体的均值差异为（34.28，193.90），计算过程如图 4 – 5 所示。

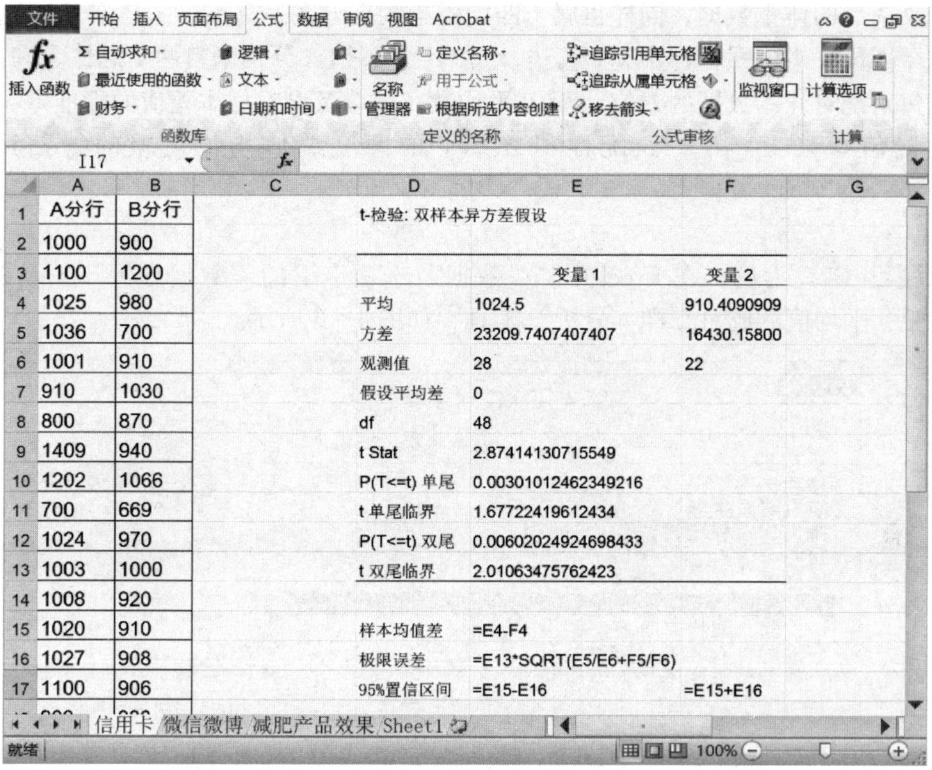

	A	B	C	D	E	F
1	A分行	B分行		t-检验: 双样本异方差假设		
2	1000	900				
3	1100	1200			变量 1	变量 2
4	1025	980		平均	1024.5	910.4090909
5	1036	700		方差	23209.7407407407	16430.15800
6	1001	910		观测值	28	22
7	910	1030		假设平均差	0	
8	800	870		df	48	
9	1409	940		t Stat	2.87414130715549	
10	1202	1066		P(T<=t) 单尾	0.00301012462349216	
11	700	669		t 单尾临界	1.67722419612434	
12	1024	970		P(T<=t) 双尾	0.00602024924698433	
13	1003	1000		t 双尾临界	2.01063475762423	
14	1008	920				
15	1020	910		样本均值差	=E4-F4	
16	1027	908		极限误差	=E13*SQRT(E5/E6+F5/F6)	
17	1100	906		95%置信区间	=E15-E16	=E15+E16

图 4－5　信用卡消费金额总体的均值差异计算过程

任务 3　匹配样本方案下的两个总体均值的比较

【任务清单】

判断下列描述是否属于匹配样本方案，在本项目知识要点（二）中选择合适的公式计算两个总体均值的差异。

【具体要求】

（1）假设研究人们使用微信和微博的习惯，随机抽样调查 35 人，收集了他们一周的数据，平均后得到每人每天看微信和微博的时间数据（单位：分钟），数据见“Chap4 数据 . xlsx”的“微信微博”表。

根据数据回答：在 95% 置信度下，每天人们用于微信和微博的时间差异范围是多少?

（2）××减肥产品在投入市场前，随机选取 10 名志愿者参加 3 个月试用实验，10 人在使用该减肥产品前后的体重数据见“Chap4 数据 . xlsx”的“减肥产品效果”表。

根据数据计算 95% 置信度下，平均体重变化的置信区间。

【操作示范】

题目（1）描述的是抽样调查人们使用微信和微博的习惯，对于调查的对象，收集其每日使用微信和微博的时间，属于匹配样本调查方案。题目（2）是每个志愿者使用减肥产品前后的体重数据，同样也属于匹配样本调查方案。

对于匹配样本方案，样本 $x_1, x_2, \cdots, x_n$ 和 $y_1, y_2, \cdots, y_n$ 分别来自两个总体 X 和 Y，首先计算每对配对样本数据的差值 d_i 及其平均数 $\bar{d}$，以及配对样本差值的标准差 S_d，对给定的置信系数 $1-\alpha$，匹配样本方案下的两个总体均值之差的置信区间为 $\bar{d} \pm t_{\alpha/2}(n-1) \cdot \frac{S_d}{\sqrt{n}}$。

以题目（1）为例，在 Excel 中，“数据”选项卡下的“数据分析”工具提供了“t－检验：平均值的成对二样本分析”工具，如图 4－6 所示。

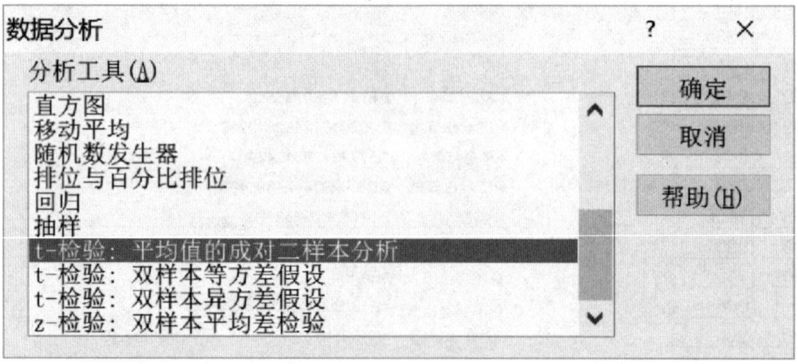

图 4－6　“t－检验：平均值的成对二样本分析”工具

选定该工具后，点击“确定”，打开“t－检验：成对二样本均值分析”对话框（见图 4－7）。在其中输入变量 1 和变量 2 的区域，并设定 α 值，设置“输出选项”到当前工作表的指定输出区域，点击确定，得到结果如图 4－8 所示。

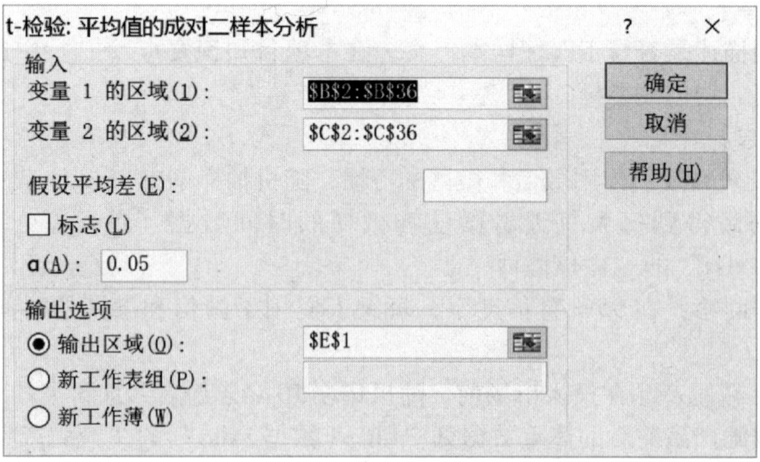

图 4－7　“t－检验：平均值的成对二样本分析”对话框

通过数据分析工具可以得到两个总体抽样的均值、方差和 t 值结果，但缺少匹配样本方案中需要的配对样本差值的标准差 S_d，因此仍需重新计算 d_i、$\bar{d}$ 和 S_d，再计算得

t-检验: 成对二样本均值分析		
	变量 1	变量 2
平均	59.17143	42.8
方差	317.1462	350.8118
观测值	35	35
泊松相关系数	-0.14618	
假设平均差	0	
df	34	
t Stat	3.5007	
P(T<=t)单尾	0.000659	
t 单尾临界	1.690924	
P(T<=t)双尾	0.001318	
t 双尾临界	2.032245	

图 4－8　“t－检验：成对二样本均值分析”的微信微博分析结果

到 95% 置信度下，人们使用微信和微博平均时间差的置信区间为（15.43，34.44），计算过程如图 4－9 所示。

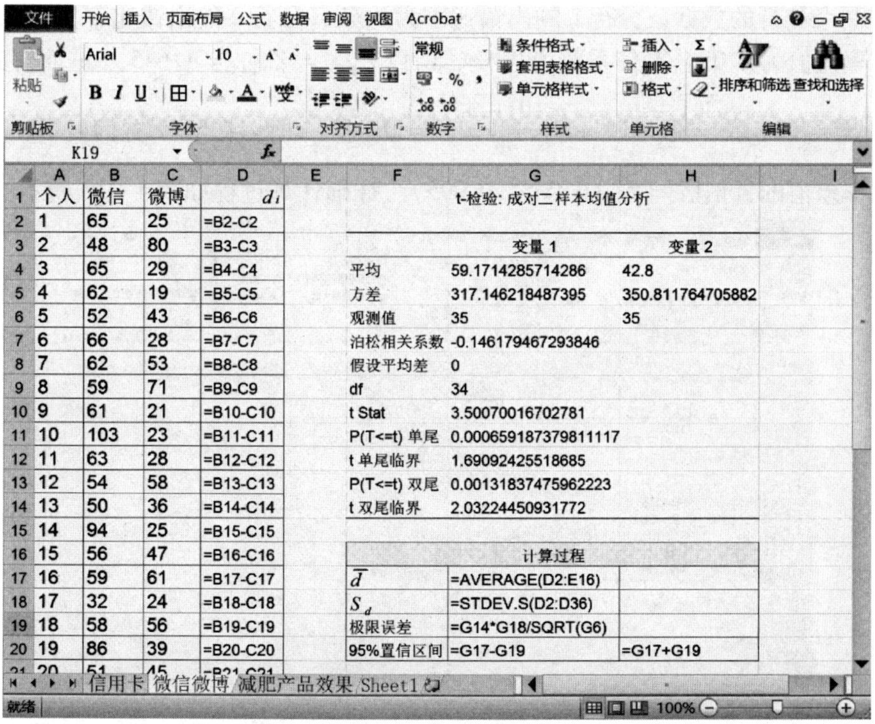

图 4－9　人们使用微信和微博平均时间差的置信区间计算过程

类似地，对于题目（2）可以计算得到在 95% 置信度下，使用该减肥产品的人群体重变化置信区间是（4.5，10.1）。

任务4　两个总体比率的比较

【任务清单】

根据调查数据和描述的情景，在本项目知识要点（三）中选择合适的公式对两个总体的比率进行比较，计算两个总体比率差异的区间估计。

【具体要求】

工商银行要比较两个分行的工作质量。每个分行随即抽取业务样本，对业务的准确性进行核实，得到数据如表4-7所示。

表4-7　两个总体比率比较数据

分行	分行1	分行2
样本数	250	300
出错业务数	35	27

根据数据分别计算90%置信度下和95%置信度下，两个分行的出错比率相差的范围。

【操作示范】

样本 $x_1, x_2, \cdots, x_n$ 和 $y_1, y_2, \cdots, y_m$ 分别来自两个总体 X 和 Y，在对两个总体的比率之差进行置信区间计算时，在给定的置信系数 $1-\alpha$ 条件下，两个总体比率之差 $p_x - p_y$ 的置信区间为 $(p_x - p_y) \pm Z_{\alpha/2} \cdot \sqrt{\frac{p_x(1-p_x)}{n} + \frac{p_y(1-p_y)}{m}}$。

根据两个分行的数据，分行1的出错比率为14%，分行2的出错比率为9%，两个分行样本比率差值为0.05。置信系数为90%，所以 $Z_{\alpha/2} = Z_{0.05} = 1.645$，进而得到极限误差 $\Delta_{(p_x-p_y)} = Z_{\alpha/2} \cdot \sqrt{\frac{p_x(1-p_x)}{n} + \frac{p_y(1-p_y)}{m}} = 0.045$。所以在90%置信度下，两个分行的出错比率差值的置信区间为（0.005，0.095）。详细计算过程如图4-10所示。

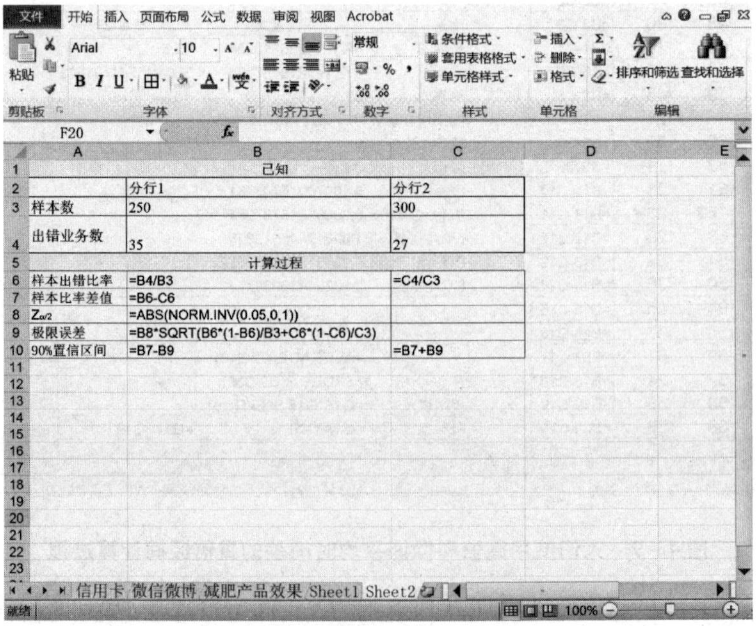

	A	B	C
1		已知	
2		分行1	分行2
3	样本数	250	300
4	出错业务数	35	27
5		计算过程	
6	样本出错比率	=B4/B3	=C4/C3
7	样本比率差值	=B6-C6	
8	$Z_{\alpha/2}$	=ABS(NORM.INV(0.05,0,1))	
9	极限误差	=B8*SQRT(B6*(1-B6)/B3+C6*(1-C6)/C3)	
10	90%置信区间	=B7-B9	=B7+B9

图4-10　分行出错比率差值的置信区间计算过程（90%置信度）

置信系数为 95%，所以 $Z_{\alpha/2}=1.96$，进而得到极限误差 $\Delta_{(p_x-p_y)}=Z_{\alpha/2}\sqrt{\frac{p_x(1-p_x)}{n}+\frac{p_y(1-p_y)}{m}}=0.054$。所以在 95% 置信度下，两个分行的出错比率差值的置信区间为（-0.004，0.104）。详细计算过程如图 4-11 所示。

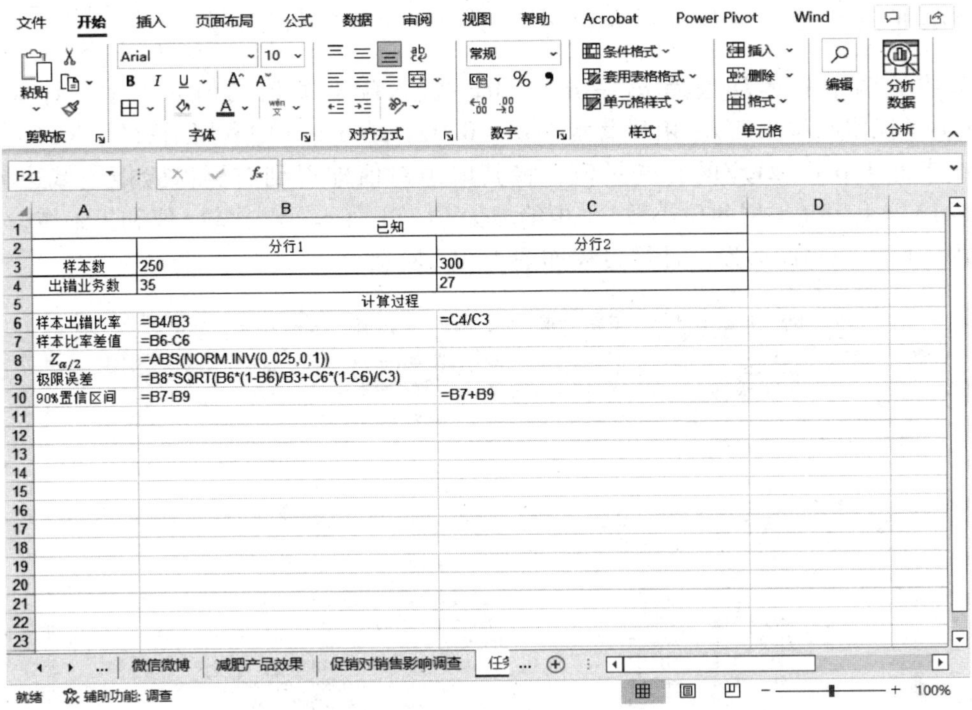

图 4-11　分行出错比率差值的置信区间计算过程（95%置信度）

任务 5　两个总体差距的假设检验

【任务清单】

根据调查数据和描述的情景，在本项目的知识要点（五）中选择合适的公式对两个总体差距设计假设，并对该假设进行检验，给出结论。

【题目描述】

为了比较促销对销售的影响，一名超级市场总部的调研部经理随机抽取了 26 家 13 对门店进行销售情况比较。每一对中的一家门店进行促销活动，另一家门店不进行促销活动，以一周为期的数据见“Chap4 数据 . xlsx”中的“促销对销售影响调查”表。

通过这些数据，在显著性水平为 0.05 时，这个调研部经理能否得出“通过促销，门店的平均销售量会提高”的结论？

【操作示范】

根据题目描述，该比较属于“匹配样本条件下两个总体均值之差的假设检验”。假设参加促销的门店为 X，不参加促销的门店为 Y。按照单侧检验时提出假设的方法：一般将研究者想收集证据予以支持的假设作为备择假设 H_1，提出假设 $H_0:\mu_X-\mu_Y\leqslant 0$，$H_1:\mu_X-\mu_Y>0$。

计算匹配样本之间的差值，得到配对样本之间的差值平均数 $\bar{d}=3.7$（保留两位小数）和差值的方差 $S_d^2=10.15$（保留两位小数），计算检验统计量 $t=\dfrac{\bar{d}-(\mu_X-\mu_Y)}{S_d/\sqrt{n}}$，其中期望的两个总体均值差 $\mu_X-\mu_Y=0$，代入配对差值均值和方差，计算得到 $t=4.14$（保留两位小数）。由显著水平 $\alpha=0.05$，在 Excel 中利用函数 T. INV( ) 计算得到概率低于 0.05 对应的自变量值，将其取绝对值即得到右侧检验拒绝域边界值，$t_\alpha(n-1)=1.78$（保留两位小数），拒绝域为 $(1.78,+\infty)$。比较 t 值和拒绝域，t 在拒绝域内，所以拒绝原假设。计算过程如图 4－12 所示。

图 4－12 匹配样本均值之差的检验计算

p 值通过得到的 t 值计算相应的概率值，利用函数 T. DIST. RT( ) 计算得到相应概率值 $p=0.00069$，p 值小于 α，所以拒绝原假设。

结论：拒绝原假设，接受备择假设，所以通过样本数据，可以给出“通过促销，门店的平均销售量会提高”的结论。

与 t 分布相关的 Excel 函数如表 4－8 所示。

表 4 – 8 Excel 中与 *t* 分布相关的函数

函数名称	语法	功能
T. DIST	T. DIST(x, deg_freedom, cumulative)	返回学生的 t 分布。
T. DIST. 2T	T. DIST. 2T(x, deg_freedom)	返回学生的双尾 t 分布。
T. DIST. RT	T. DIST. RT(x, deg_freedom)	返回学生的右尾 t 分布。
T. INV	T. INV(probability, deg_freedom)	返回学生 *t* 分布的左尾反函数。
T. INV. 2T	T. INV. 2T(probability, deg_freedom)	返回学生 t 分布的双尾反函数。

表格中 x 表示计算分布的数值；deg_freedom 是表示自由度的整数；probability 表示与学生 t 分布相关的概率；cumulative 决定函数形式的逻辑值。如果 cumulative 为 TRUE，则 T. DIST 返回累积分布函数；如果为 FALSE，则返回概率密度函数。

另外，Excel 的数据分析工具提供了“t – 检验：平均值的成对二样本分析”工具，通过点击“数据”工具栏下的“数据分析”工具，在其中选择“t – 检验：平均值的成对二样本分析”（见图 4 – 13）。点击“确定”后，在出现的对话框中选定数据区域，并设定 α 值，选择输出区域为当前工作表中的任意单元格，如图 4 – 14所示。

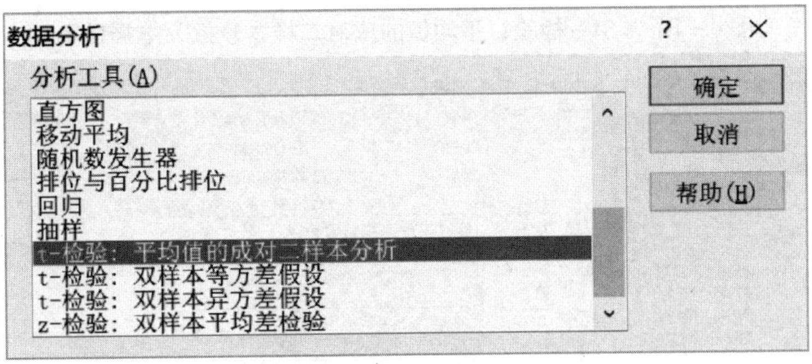

图 4 – 13 “t – 检验：成对二样本均值分析”工具选择

在设定了“t – 检验：平均值的成对二样本分析”的数据后，点击“确定”按钮，得到分析结果（见图 4 – 15）。其中的“变量 1”对应“促销”数据，“变量 2”对应“不促销”数据。“df”为自由度，“t – stat”是检验统计量，下面的四行数据分别是单尾和双尾的 p 值和 t 值。

可以看出，数据分析工具得到的结果与采用公式计算的结果一致，使用数据分析工具相对来讲更容易得出对比数据，可以快速作出结论。

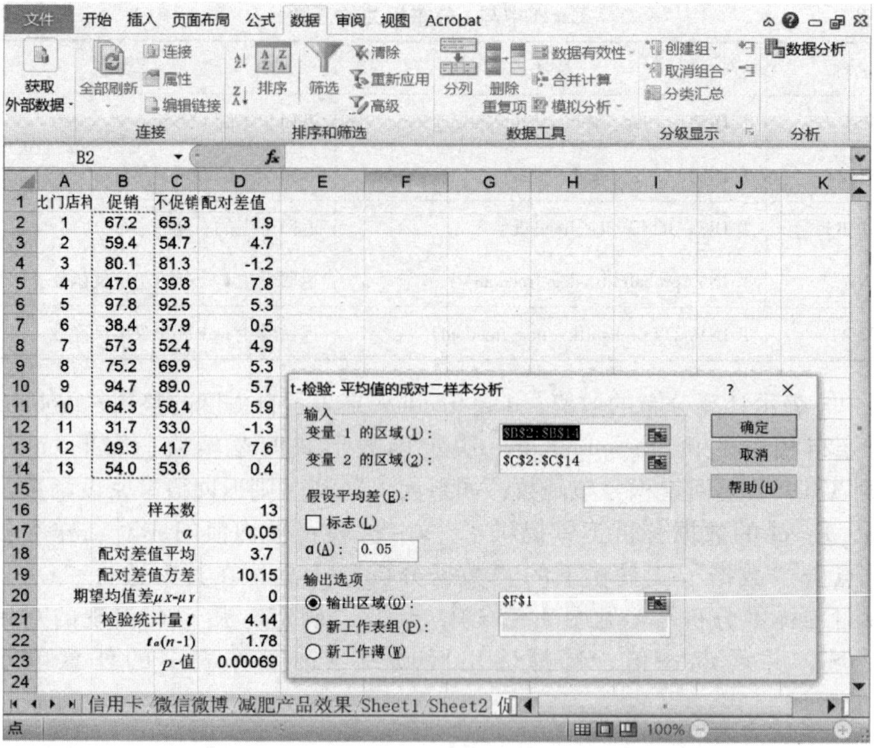

图 4－14　“t－检验：平均值的成对二样本分析”数据设定

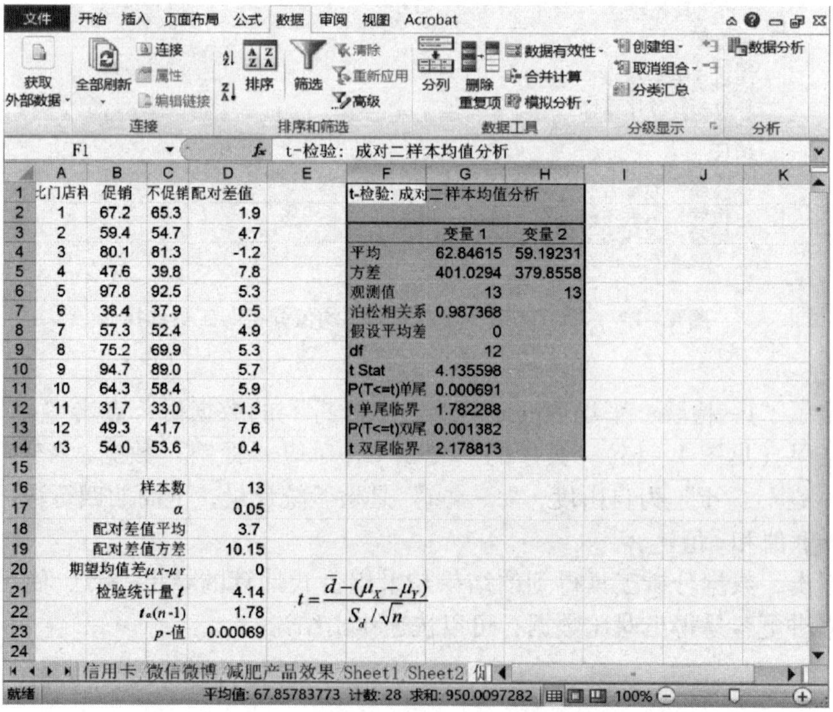

图 4－15　“t－检验：成对二样本均值分析”结果

五、能力拓展：单侧检验原假设的选择疑问①

就以往的概括性理论而言，在单侧检验中一般将研究者想收集证据予以支持的假设作为备择假设 H_1 。也就是说一个研究者想证明自己的研究结论是正确的，备择假设的方向就要与想要证明其正确性的方向一致；同时将研究者想收集证据证明其不正确的假设作为原假设 H_0 。

［例4－1］一项研究表明，采用新技术生产后，将会使产品的使用寿命明显延长到1 500个小时以上。检验这一结论是否成立。按照前面的理论，研究者是想证明自己的研究结论（寿命延长）是正确的，于是备择假设的方向为“>”（寿命延长），即建立的原假设与备择假设应为 $H_0:\mu \leqslant 1\,500$，$H_1:\mu > 1\,500$。

［例4－2］一项研究表明，改进生产工艺后，会使产品的废品率降低到2%以下。检验这一结论是否成立。根据研究者总是想证明自己的研究结论（废品率降低）是正确的，选择备择假设的方向为“<”（废品率降低）。建立的原假设与备择假设应为 $H_0:\mu \geqslant 2\%$，$H_1:\mu < 2\%$。

但在实际的操作中，这种将自己想要证明的结论放在备择假设中的办法却会带来疑问。

［例4－3］××灯泡制造商声称，该企业所生产的灯泡的平均使用寿命在1 000小时以上。如果准备进一批货，怎样进行检验？根据上面的理论，一种认为是：检验权在销售商一方。作为销售商，总是想收集证据证明生产商的说法（寿命在1 000小时以上）是不正确的。于是选取备择假设的方向为“<”（寿命不足1 000小时），建立的原假设与备择假设应为 $H_0:\mu \geqslant 1\,000$，$H_1:\mu < 1\,000$。

但是这种看法会带来疑问，即为什么一定要证明生产商的说法是错误的呢？如果是一个关系稳定、长期合作的供货商，这种“找茬”的理念肯定会有破坏两家厂商合作的可能。并且这种方式有一个严重的隐患，即使确实是小于1 000的，但如果幅度较小，假设检验会认为这个小于1 000是不显著的，接受原假设。厂商还可能受损失。但如果将检验方式颠倒：$H_0:\mu \leqslant 1\,000$，$H_1:\mu > 1\,000$，即使 μ 确实是大于1 000的，但如果幅度较小，假设检验会认为这个大于1 000是不显著的，接受原假设。厂商就可能“冤枉好人”。

也就是说这两种选择都不是完美无缺的，每种选择都是冒着一定的风险来完成的。因此必须合理地确定检验的方向，才能减小这种风险可能造成的损失。

（一）信息原则

单侧检验方向的选择可以依据信息原则。所谓信息原则，就是将一个不以本次检验为改变的一个先验的信息作为选择方向的基础。一般而言，我们都认为先验信息是正确的，普遍成立的，因此将其所代表的情况放入原假设。也就是说，我们认为先验信息一般是成立的，只有样本表现出足够的说服力来推翻先验信息时（p 值小于显著

---

① 资料来源：原文地址 http：//www. cos. name/old/view. php？tid =4&id =31。

性水平时)，我们才认为原假设被拒绝，新的结论成立。

以上面的［例4－3］为例：××灯泡制造商声称，该企业所生产的灯泡的平均使用寿命在1 000小时以上。如果准备进一批货，怎样进行检验?

根据信息原则，我们可以收集这个制造厂产品更多的先验信息来辅助。如果这个制造商的信誉优良并且合作的历史上从来没有发生质量低劣的记录，于是作为销售商我们可以从先验信息中认为，这批灯泡的质量应该是在1 000小时以上。于是选取备择假设的方向为“<”(寿命不足1 000小时)，建立的原假设与备择假设应为：$H_0:\mu \geqslant 1\,000$，$H_1:\mu < 1\,000$。这样选择认为就算μ确实是小于1 000的，但如果幅度较小，假设检验会认为这个小于1 000是不显著的，接受原假设。其意义表明即使你这次的灯泡略有些问题，但鉴于以往该厂商的优秀记录，可以认为这种小幅度的质量下降仅仅是一次偶然造成的，不影响接受这批货。只是如果质量下降幅度太大，备择假设成立，才考虑拒绝这批货。这就有一个依靠先验记录确定了一个“宽进严拒”的原则。

同理，如果这个制造商的信誉很差，并且合作的历史上经常发生质量低劣的记录，于是作为销售商我们可以从先验信息中认为，这批灯泡的质量应该不在1 000小时以上。于是选取备择假设的方向为“>”(寿命大于1 000小时)，建立的原假设与备择假设应为$H_0:\mu \leqslant 1\,000$，$H_1:\mu > 1\,000$。这样选择认为就算μ确实是大于1 000的，但如果幅度较小，假设检验会认为这个大于1 000是不显著的，接受原假设。其意义表明即使该厂商这次的灯泡没有问题，但鉴于以往的极差记录，可以认为这种小幅度的质量上升仅仅是一次的偶然造成的，还是要拒绝这批货。只是如果质量上升幅度太大，备择假设成立，才考虑接受这批货。这就有一个依靠先验记录确定了一个“严进宽拒”的原则。

从上述例子可以看出，先验的信息可以对假设方向的选取有指导性的作用，我们可以利用这种指导，建立起一个假设。

这种先验信息也衍生出了一个原则，就是保守原则，就是我们习惯于把既成的、稳定的、公认的情况放入原假设中，把新研究的情况放入备择假设中。因为前者一般也是先验信息所支持的。［例4－1］、［例4－2］的假设方式也可以用这个理论来解释。

(二) 样本先验信息原则

先验信息理论可以指导绝大部分的问题，但是还存在一个有意思的现象。

［例4－4］ 一个汽车轮胎制造商声称，某一等级的轮胎的平均寿命在一定的汽车重量和正常行驶条件下大于40 000公里，对一个由20个轮胎组成的随机样本作了试验，测得平均值为41 000公里，标准差为5 000公里。已知轮胎寿命的公里数服从正态分布，我们能否根据这些数据作出结论，该制造商的产品同他所说的标准相符($\alpha = 0.05$)?

按照先验信息的理论，某一等级的轮胎的平均寿命在一定的汽车重量和正常行驶条件下大于40 000公里为先验信息，于是进行假设：$H_0:\mu > 40\,000$，$H_1:\mu \leqslant 40\,000$。

计算统计量得 $t=\frac{\bar{x}-\mu_0}{S/\sqrt{n}}=0.894$，在 $\alpha=0.05$ 时，$t=1.96$ 的水平上不拒绝原假设，不能认为制造商的产品同他所说的标准不相符。

这个检验看起来没有任何问题，但笔者觉得其实是多余的。因为该检验的拒绝域是在 $(-\infty, \mu_0-t_\alpha \cdot S/\sqrt{n})$ 中，也就是说，拒绝域是小于 40 000 的，而样本均值为 41 000，肯定不会在拒绝域中，故检验结果也肯定为接受原假设。

所以样本的统计量也是一种先验信息，因为按照定义，就是一个不以本次检验为改变的信息就可以认为是先验信息。只是这种信息不是自然获得的，而是依靠对样本进行计算得来的。如果样本信息计算结果均值为大于 40 000，则样本均值大于 40 000 本身就可以看作是一种先验信息。由于我们所使用的拒绝域的计算规则认为是在原假设的另一侧，因此样本的均值实际上传达了这样一个信息：样本一定支持 $\mu>40\ 000$，样本一定反对 $\mu\leqslant 40\ 000$。样本绝对不会落在拒绝域中，所以备择假设是绝对不会成立的，这个检验过程就没有进行的必要。

反之，如果检验换成 $H_0:\mu\leqslant 40\ 000$，$H_1:\mu>40\ 000$，检验的情况就变成了右侧检验，计算统计量得 $t=0.894$，在 $\alpha=0.05$ 时，$t=1.96$ 的水平上不拒绝原假设，这就产生了矛盾，之前样本支持 $\mu>40\ 000$，为什么现在检验不能支持 $H_1:\mu>40\ 000$?

可以这样解释，样本虽然支持 $\mu>40\ 000$，但是不能认为样本显著地支持它。样本不支持 $\mu\leqslant 40\ 000$ 是绝对的，但是样本支持 $\mu>40\ 000$ 却是相对的，这依赖于我们所给出的显著性水平 α。如果显著性水平高，拒绝域增大，统计量落入拒绝域，则表明样本显著地支持 $\mu>40\ 000$。如果显著性水平低，拒绝域减小，统计量落入接受域，则表明样本虽然支持 $\mu>40\ 000$，但是不显著。

单侧检验方向的选择可以依据信息原则。就是将一个不以本次检验为改变的一个先验的信息作为选择方向的基础。先验信息有两种：一种是自然的先验信息，我们都认为这种先验信息是正确的，普遍成立的，因此将其所代表的情况放入原假设。另一种是样本的统计量提供的先验信息，它表明了样本支持和反对的结论，若样本反对的结论出现在备择假设中，则备择假设必然不会成立，检验不必进行。若样本支持的结论出现在备择假设中，则备择假设成立与否依赖于选取的显著性水平。

项目五

从数据找关联

一、学习目标

【知识目标】

- 理解相关关系的概念和种类。
- 掌握相关分析的目的和方法。
- 掌握线性回归分析的方法。
- 理解线性回归分析的统计检验。

【能力目标】

- 能运用统计软件对数据进行相关分析和回归分析，并进行统计检验。
- 能正确判断、分析统计检验的结果。

【思政目标】

- 培育学生应具备严谨求真态度、诚实守信作风、风险与法治意识等职业操守。

二、项目背景：区块链技术对金融业的影响

区块链技术使用全新的加密认证技术和去中心化共识机制去维护一个完整的、分布式的、不可篡改的账本，让参与者在无须相互认知和建立信任关系的前提下，通过一个统一的账本系统确保资金和信息安全。这对金融机构来说具有重大意义。

区块链在金融领域的主要应用包括以下几个方面。

1. 数字货币。以比特币为代表的数字货币是区块链技术最广泛也是最成功的运用。与传统纸币相比，发行数字货币能有效降低货币发行、流通的成本，提升经济交易活动的便利性和透明度。因此，在互联网时代，货币从实物形态到纸币再到数字货币是一较为确定的趋势。自 2015 年起，英国、俄罗斯、欧洲央行均表示正着手研究区块链技术，中国人民银行也在大力推进数字货币，并认为区块链技术是可供选择的技术方案之一。可以预见，央行发行数字货币是历史趋势，而区块链技术可靠、可追溯，且有利于执行精准的货币政策。

2. 证券交易。传统证券发行中中间人往往控制着市场，比如国内证券海外上市首先要经过中国证监会审核，然后由国外交易所审核，审核后在一级市场发行，二级市

场交易，繁复冗长的流程往往导致发行成本的增加。而区块链的诞生很有可能使得全球的资产模式从先审核后发行变成先发行后审核，从而使得证券发行免去诸多中间人环节。区块链技术通过证券的去中心化交易，不仅可以显著削减发行、追踪及交易加密证券的成本，而且能够避免传统证券市场经常发生的操纵行为。基于区块链技术的去中心化交易系统，既具备传统交易所功能，同时又不依靠任何中心化机构或服务器来自动运行，系统内所有交易资产或产品可由任何人创建并交易。当然，这也不可避免地带来监管困难的问题。由于运行的计算机及参与交易的人可能遍布世界各地，任何人可发行任何证券资产，司法管辖权难以界定；同时，随着资产规模的不断扩大，其管理也将变得越来越难。

3. 票据市场。对于票据市场，区块链的应用将是未来的核心。一方面，以区块链技术为基础实现票据市场的点对点交易，能够打破票据中介的现有功能，实现票据价值传递的去中介化；另一方面，区块链的信息不可篡改性也使得票据一旦完成交易，不会存在赖账现象，可避免“一票多卖”、打款背书不同步等行为，有效防范票据市场风险。另外，区块链交易记录前后附带相连的时间戳，也提供了透明化可信任的追溯途径，从而有效降低监管的审计成本。当然，除了票据之外，诸如场外股权、债券转让等其他非场内交易性金融资产，利用区块链账本的安全透明、不可篡改及易于跟踪等特性，对其登记、发行或管理进行数字化实现，往往也能促进市场的高效安全运行。与前所述类似，区块链应用于场外证券类资产登记发行还存在法律合规、投资者匿名监管及数字证券与真实世界价值对接等问题。

4. 支付清算。区块链分布式记账技术可有效拓展现代支付清算机制，使得银行间、交易所等机构的管理成本大大减少且支付清算的效率得到显著提升。当前，商业贸易、证券交易的支付清算一般需要借助于银行，传统的交易方式要经过开户行、对手开户行、境内清算组织、国际清算组织、境外银行等，过程中每一机构都有自己的账务系统，彼此之间需要建立代理关系，互有授信额度。同时，每笔交易需要在本银行记录，还要与交易对手进行清算、对账等，导致速度慢、成本高。与传统支付体系相比，通过区块链技术进行支付是由交易双方直接完成，不涉及中间机构，即使网络中部分结点瘫痪也不影响整个系统运行。基于区块链技术构建一套通用的分布式银行间金融交易协议，为接入银行提供跨境、任意币种实时支付清算服务，将会使得跨境支付更加便捷高效且成本低廉。

5. 客户识别。全球金融机构都要受到政府严格监管，其中最重要的一条即金融机构在向客户提供服务时必须履行客户识别（KYC）责任。在传统方式下，KYC 是非常耗时的流程，缺少自动验证消费者身份的技术，因此无法高效地开展工作。在传统金融体系中，不同机构间的用户身份信息和交易记录无法实现一致、高效的跟踪，使得监管机构的工作难以落到实处。对此，区块链技术可实现数字化身份信息的安全、可靠管理，在保证客户隐私的前提下提升客户识别的效率并降低成本。

在当今科技驱动金融发展的时代，区块链成为最新的科技驱动力量。区块链技术为解决经济和金融等领域的信任问题提供了底层支持技术，其拥有的高可靠性、简化流程、交易可追踪、节约成本、减少错误以及改善数据质量等特性，使其有可能再次重塑全球金融业的基础框架，尤其是信用传递交换机制，并加速金融创新与产品迭代速度，极大地提高金融运行效率。不少研究学者通过调查的数据，构建相关或回归模型对数据进行分析，力图找到区块链技术和金融业发展的关系。

三、知识要点

无论在管理决策还是市场预测分析中，多个变量之间往往存在相互关联。例如，投资方只有在分析了投资和利润的关系后，才能大致预测出一定水平的投资能带来多少利润，从而对投资的方向和投资的金额进行决策。

在统计学中，研究现象之间是否存在某种依存关系，并对具体有依存关系的现象探讨其相关方向以及相关程度的方法称为相关分析（Correlation Analysis）。相关分析是研究随机变量之间的相关关系的一种统计方法。

（一）相关分析

相关关系是一种非确定性的关系，它不等同于函数关系，也不等同于因果关系。

函数关系是指变量之间存在着严格而确定的数量依存关系，在这种关系中，当一个或几个变量取一定量的值时，另一个变量有确定值与之相对应，并且这种关系可以用一个数学表达式反映出来。

因果关系是一个事件（即“因”）和第二个事件（即“果”）之间的关系，其中后一事件被认为是前一事件的结果。

相关关系研究的对象之间确实存在依存关系，但这种关系不确定、不严格，而且不能仅由相关关系作出因果判定。只依据统计数据是不足以得出因果性的，想要得出因果性，必须从理论上证明两个变量之间确实有因果性，并且要排除第三个隐含变量同时导致这两个变量的可能性。

例如，有统计表明，游泳死亡人数越高，冰激凌卖得越多，也就是游泳死亡人数和冰激凌售出量之间呈正相关性，可以由此得出结论说吃冰激凌就会增加游泳死亡风险吗？显然不可以！这两个事件显然仅仅是由夏天到了气温升高所导致的，吃不吃冰激凌跟游泳死亡风险根本没有任何因果关系。

相关分析的目的在于分析现象间相关关系的形式和密切程度，以及依存变动的规律性，在实际工作中，有非常广泛的应用。相关分析主要包括如下内容：

（1）确定变量之间有无相关关系，以及相关关系的表现形式；

（2）确定相关关系的密切程度，在线性相关关系中该密切程度由相关系数表示；

（3）相关系数的显著性检验。由于样本是随机抽取的，因此通过该样本计算得到的总体相关系数，在给出结论之前，必须对其作假设检验。

1. 相关的种类。变量之间的相关关系是很复杂的，它们各以不同的方式和程度相互作用，表现出不同的类型和形态。变量间的相关关系近似地表现为直线，即称为线性相关。其特点是当一个变量增减一个单位时，另一个变量也按一个大致固定的量变化，如图5－1所示。若这种相关关系近似为曲线时，即称为曲线相关（见图5－2）。

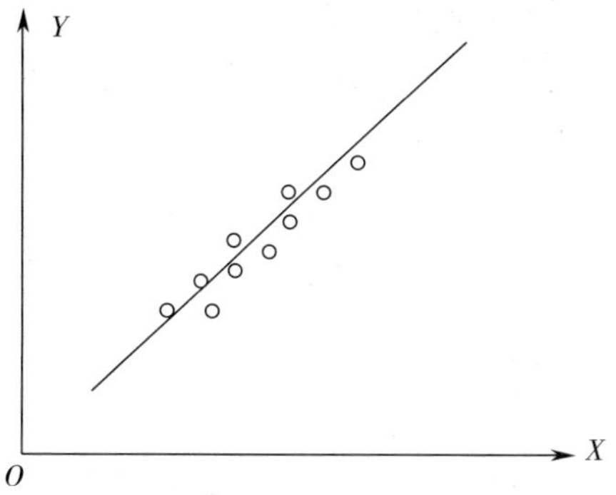

图 5－1　线性相关

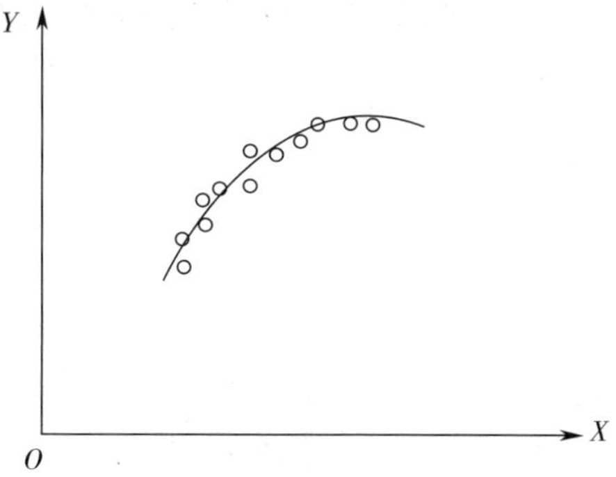

图 5－2　曲线相关

依据相关现象之间的不同特征，其统计指标的名称有所不同。常见的几种类型指标如表 5－1 所示。

表 5－1　特征与相关指标

统计指标	反映的特征
相关系数（相关系数的平方称为判定系数）	两变量间线性相关关系
非线性相关系数、非线性判定系数	两变量间曲线相关关系
复相关系数、复判定系数	多元线性相关关系

相关还分为正相关和负相关。当自变量的数值增加，因变量的数值也基本随之增加，即为正相关，反之，因变量的值随着自变量值的增加而降低，则是负相关。例如，市场经济中商品价格和供给量之间是正相关关系，因为随着商品价格的上升，供给也将上升。而商品价格和商品需求之间是负相关关系，随着商品价格上升，商品的需求下降。正相关和负相关如图 5－3 和图 5－4 所示。

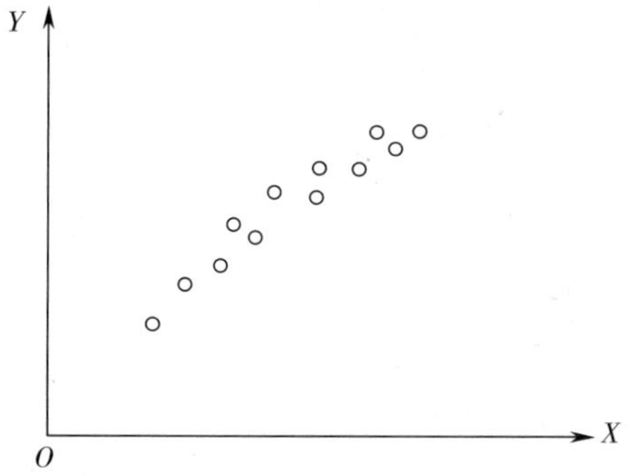

图 5－3　正相关

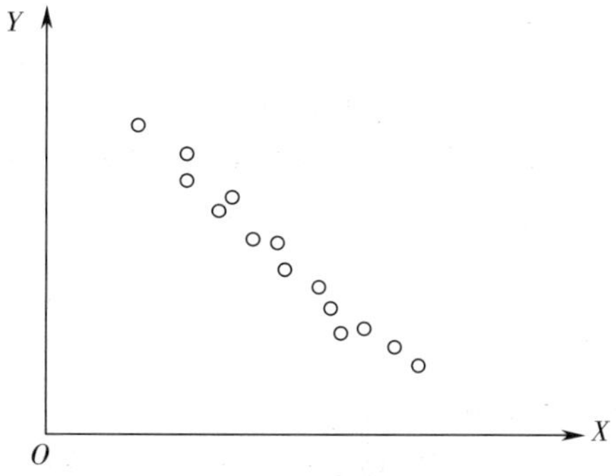

图 5－4　负相关

变量之间的相关性根据密切程度分为完全相关、不完全相关和无相关。完全相关的变量之间，一个变量的值完全由另一个或另几个变量决定，即存在函数关系。如果变量之间各自相互独立，互不影响，完全无关，则称为无相关。介于这二者之间的，称为不完全相关。相关分析主要是对不完全相关的分析。几种密切程度如图 5－5 所示。

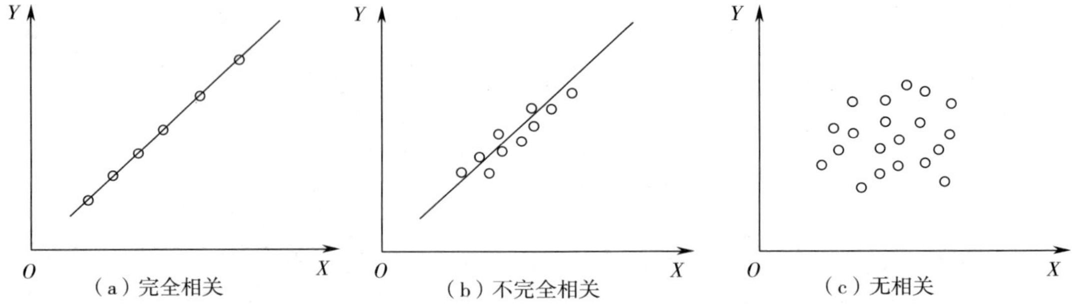

图 5－5　相关的密切程度

2. 相关系数的计算。在概率论和统计学中，相关（Correlation，或称相关系数或关联系数）显示两个随机变量之间线性关系的强度和方向，用来衡量两个变量相对于其相互独立的距离。对于不同的测量尺度，有多种相关系数可用，例如 Pearson 相关系数、净相关、相关比、Gamma 相关系数等，其中最常用的是 Pearson 相关系数（Pearson'sr）。

Pearson 相关系数由卡尔·皮尔森（Karl Pearson）在 19 世纪 80 年代提出，现已广泛应用于科学的各个领域。

两个变量之间的皮尔森相关系数定义为两个变量之间的协方差和标准差的商：

$$\rho_{X,Y} = \frac{\operatorname{cov}(X,Y)}{\sigma_X \sigma_Y} = \frac{E[(X-\mu_X)(Y-\mu_Y)]}{\sigma_X \sigma_Y} \tag{5.1}$$

式（5.1）定义了总体相关系数，常用希腊小写字母 ρ 作为代表符号。估算样本的协方差和标准差，可得到样本相关系数（样本皮尔森系数），常用英文小写字母 r 代表：

$$r = \frac{\sum_{i=1}^{n}(X_i - \bar{x})(Y_i - \bar{Y})}{\sqrt{\sum_{i=1}^{n}(X_i - \bar{x})^2}\sqrt{\sum_{i=1}^{n}(Y_i - \bar{Y})^2}} \tag{5.2}$$

皮尔森相关系数是对称的，即 $corr(X,Y) = corr(Y,X)$。

皮尔森相关系数的变化范围为 -1 到 1。系数的值为 1，意味着 X 和 Y 可以很好地由直线方程来描述，所有的数据点都很好地落在一条直线上，且 Y 随着 X 的增加而增加。系数的值为 -1，意味着所有的数据点都落在直线上，且 Y 随着 X 的增加而减少。系数的值为零，意味着两个变量之间没有线性关系。

一些研究者给出了相关系数的解释指南，具体如表 5－2 所示。但这些标准从某种意义上说是武断的和不严格的。对相关系数的解释依赖于具体的应用背景和目的。例如，如果是应用在使用高性能的仪器来

表 5－2　相关系数强弱范围

相关性	相关系数绝对值
无	$0 \leqslant \lvert r \rvert < 0.1$
弱	$0.1 \leqslant \lvert r \rvert < 0.3$
中	$0.3 \leqslant \lvert r \rvert < 0.5$
较强	$0.5 \leqslant \lvert r \rvert < 0.8$
强	$0.8 \leqslant \lvert r \rvert \leqslant 1$

验证一个物理定律，0.9 的相关系数可能是很低的。但如果是应用在社会科学中，由于社会科学受到各种复杂多变因素的影响，0.9 的相关系数是相当高的。

需要注意的是，相关系数有一个明显的缺点，即它接近于 1 的程度与样本数 n 相关。当 n 较小时，相关系数的波动较大，对有些样本相关系数的绝对值易接近于 1；当 n 较大时，相关系数的绝对值容易偏小。特别是当 $n=2$ 时，相关系数的绝对值总为 1。因此在样本容量 n 较小时，我们仅凭相关系数较大就判定两个变量之间有密切的线性关系是不妥当的。

以相关系数在企业物流上的应用为例，假设一种新产品上市。在上市之前，公司的物流部需把新产品合理分配到全国的 10 个仓库，新品上市一个月后，要评估实际分配方案与之前考虑的其他分配方案哪个更好，希望通过这样的评估，可以在下一次的新产品上市使用更准确的产品分配方案，以避免由于分配而产生的积压和断货。销售数据和铺货数据如表 5－3 所示，其中 A 方案是目前采用的实际铺货方案，B、C 是备选方案。

表 5－3 相关系数在企业物流的应用示例数据

地区	地区销量	铺货量		
		A	B	C
广州	5 032	6 000	5 100	5 200
北京	6 532	6 500	6 600	5 800
上海	5 500	7 000	5 400	4 800
成都	4 530	4 000	4 300	4 200
南京	2 300	2 000	2 200	2 500
杭州	3 254	3 000	3 500	3 000
哈尔滨	8 095	9 000	7 800	8 500
沈阳	7 530	8 000	7 000	7 500
昆明	3 841	3 200	3 500	3 200
西安	4 500	5 200	4 800	4 000

根据公式（5.2），计算 A、B、C 三种方案和地区销量之间的相关系数［在 Excel 中可以利用公式 CORREL( ) 进行计算］。通过计算，得到三种方案与地区销量之间的相关系数分别是 0.963、0.991、0.978。B 的相关系数是最大的，这样就评估到 B 的分配方案比实际分配方案 A 更好，在下一次的新产品上市分配计划中，就可以考虑用 B 这种分配方法来作为实际分配方案。

3. 相关系数的显著性检验。利用样本数据计算相关系数时，因为样本是随机抽取的，所以不能保证计算得到的相关系数百分之百可靠，可能存在数据计算得到的相关系数很大，但总体却不相关的情况。因此，总体是否具有线性相关性，在给出结论前，就必须作假设检验。

检验样本（相关系数为 r）是否会来自一个无线性关系的总体（总体的相关系数为 ρ），可以采用费舍（R. A. Fisher）的 t 检验法，检验过程如下：

原假设：$H_0: \rho = 0$；备择假设：$H_1: \rho \neq 0$。

构造检验统计量为：$t = r\sqrt{\dfrac{n-2}{1-r^2}}$，其中 $n-2$ 为自由度。

根据显著性水平 α，查询 t 表的临界值：$t_{\alpha/2}(n-2)$，如果 $|t| \geqslant t_{\alpha/2}(n-2)$，则拒绝原假设，即拒绝样本的相关系数不显著的假设。若 $|t| < t_{\alpha/2}(n-2)$，则结论相反。

例如，验证企业月产量和单位成本之间的相关性，数据如表5－4所示。

表5－4 相关系数显著性检验示例数据

序号	月产量（千件）	单位产本（元）
1	2.1	91
2	3.2	86
3	4.1	80
4	5.4	71
5	6.3	72
6	6.8	63
7	7.6	58
8	8.5	50
9	9.7	42
合计	53.7	613

根据公式（5.2）计算得到企业的月产量和单位成本的样本相关系数$r=-0.9886$，样本数$n=9$。提出如下假设：

$$H_0:\rho=0;\quad H_1:\rho\neq 0$$

计算 $t=r\sqrt{\dfrac{n-2}{1-r^2}}=-0.9886\times\sqrt{\dfrac{9-2}{1-(-0.9886)^2}}=-17.37$

假设显著性水平$\alpha=0.05$。查t表得$t_{\alpha/2}(n-2)=t_{0.025}(7)=2.3646$，$|t|>t_{\alpha/2}(n-2)$，表明总体相关系数$\rho=0$的可能性小于$\alpha=0.05$。所以拒绝原假设$H_0:\rho=0$，即不能否认总体的两变量（月产量和单位成本）之间存在线性相关。

（二）回归分析

回归分析（Regression Analysis）是一种统计学上分析数据的方法，目的在于了解两个或多个变数间是否相关、相关的方向与强度，并建立数学模型以便观察特定变数来预测研究者感兴趣的变数。与相关分析相比，回归分析需要通过样本数据建立数据模型，从而能够帮助人们了解因变量随着自变量变化的具体表现。同时，一旦建立回归模型，则可以利用该模型通过自变量对因变量进行预测。

1. 线性回归分析。线性回归（Linear Regression）是利用称为线性回归方程的最小二乘函数对一个或多个自变量和因变量之间的关系进行建模的一种回归分析。这种函数是一个或多个称为回归系数的模型参数的线性组合。给一个随机样本$(Y_i,X_{i1},\cdots,X_{ip}),i=1,\cdots,n$，$Y_i$除了受到$X_{i1},\cdots,X_{ip}$的影响外，还有其他的变数存在，因此加入一个误差项$\varepsilon_i$（也是一个随机变量）。所以一个多变量线性回归模型表示为以下的形式：

$$Y_i=\beta_0+\beta_1X_{i1}+\beta_2X_{i2}+\cdots+\beta_pX_{ip}+\varepsilon_i,\quad i=1,\cdots,n \tag{5.3}$$

回归分析的最初目的是估计模型的参数，以便达到对数据的最佳拟合，对于最佳拟合的不同标准，最小二乘估计都展现了优越的性质。由于最小二乘估计的具体算法超出本教材难度，将其留作读者自学内容，本教材不深入讨论。Excel中提供了回归分析工具计算线性回归的参数，并通过F检验，判断哪些变量对因变量的影响更大。

在线性回归中，只有一个自变量的情况称为简单回归，大于一个自变量情况的叫作多元回归。简单线性回归（Simple Linear Regression，SLR）是最简单但用途很广的回归模型。其回归式为

$$Y=\alpha+\beta X+\varepsilon \tag{5.4}$$

根据样本得到的简单线性回归式：

$$\hat{y}=a+bx \tag{5.5}$$

在 Excel 中，参数 a 可以由 INTERCEPT( ) 函数得到，参数 b 可以由 SLOPE( ) 函数得到。

2. 线性回归方程的统计检验。回归模型中的参数估计后，还必须对其进行检验。主要包括拟合优度检验、回归方程的显著性检验及回归系数的显著性检验。

（1）拟合优度检验。拟合优度（Goodness of Fit）是指回归直线对观测值的拟合程度。度量拟合优度的统计量是可决系数（亦称确定系数）R^2。R^2 的取值范围是 [0，1]。R^2 的值越接近 1，说明回归直线对观测值的拟合程度越好；反之，R^2 的值越接近 0，说明回归直线对观测值的拟合程度越差。

拟合优度的计算取决于线性回归方程的估计值和实际值之间的差距，$R^2 = \frac{SSR}{SST} = 1 - \frac{SSE}{SST}$，其中各参数的含义如图 5－6 所示。

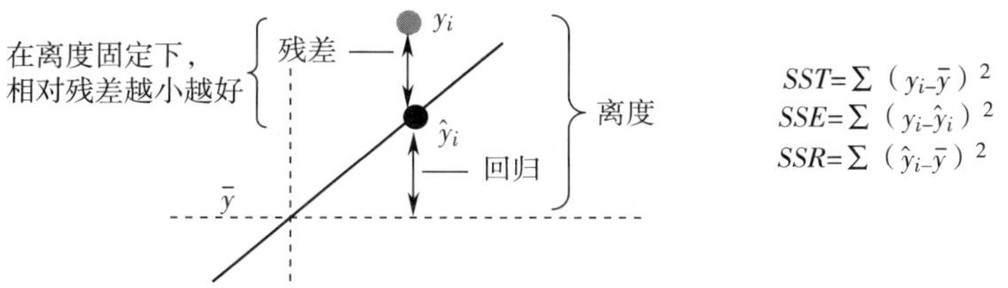

图 5－6　拟合优度相关参数示意图

（2）回归方程的显著性检验。回归方程的显著性检验是检验所有自变量作为一个整体与因变量之间是否有显著的线性相关关系。显著性检验是通过 F 检验进行的。

首先构造假设：$H_0:\beta_1 = \beta_2 = \cdots = \beta_k = 0$，$H_1:\beta_1,\beta_2,\cdots,\beta_k$ 不全为 0；

其次构造统计量：$F = \frac{SSE/(k-1)}{SSR/(n-k)} \sim F(k-1,n-k)$，其中 n 表示样本个数，k 表示自变量 $x_1,x_2,\cdots,x_k$ 的个数；

再次，根据显著水平 α，查表得到 $F_\alpha(k-1,n-k)$；

最后，比较 F 和 $F_\alpha(k-1,n-k)$，如果 $F \geqslant F_\alpha(k-1,n-k)$，则拒绝原假设，否则不能拒绝原假设。

（3）回归系数的显著性检验。回归方程的显著性检验对回归方程中全部自变量的总体回归效果进行检验，但总体回归效果显著并不说明每个自变量 $x_1,x_2,\cdots,x_k$ 对因变量 y 都是重要的，即可能有某个自变量 x_i 对 y 并不起作用或者能被其他自变量的作用所代替，因此对这种自变量我们希望从回归方程中剔除，从而可以建立更简单的回归方程。显然某个自变量如果对 y 作用不显著，则它的系数 β_i 就应取值为 0，因此回归系数的显著性检验需要对每个自变量 x_i 是否显著构造统计量进行检验。

回归系数的显著性检验通过 t 统计量实现。

首先构造假设：$H_0:\beta_i = 0$，$H_1:\beta_i$ 不为 0；

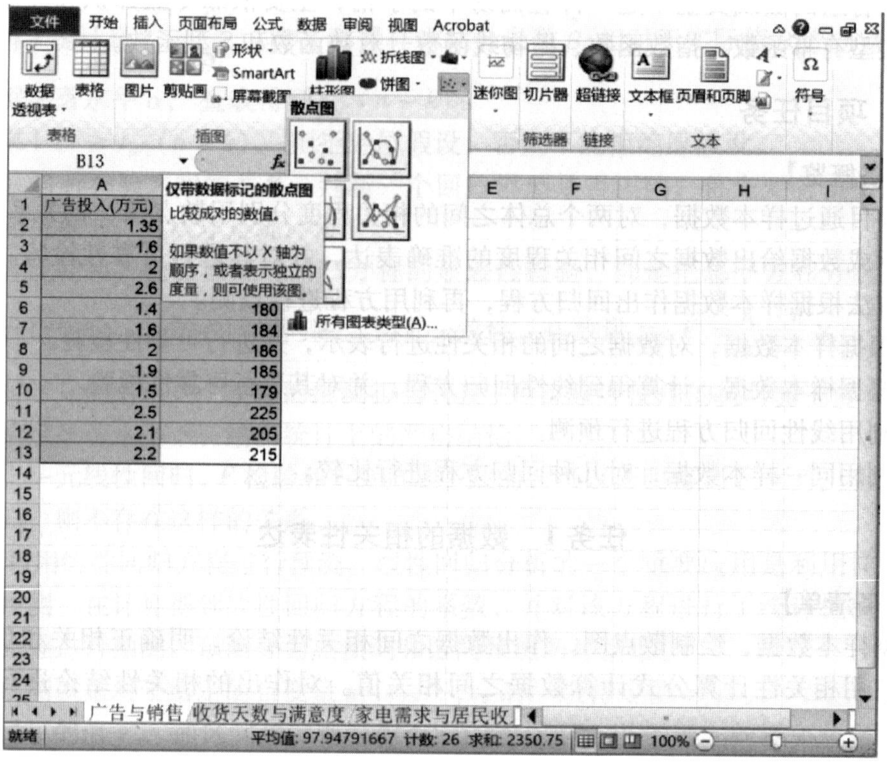

图 5－7　散点图选择

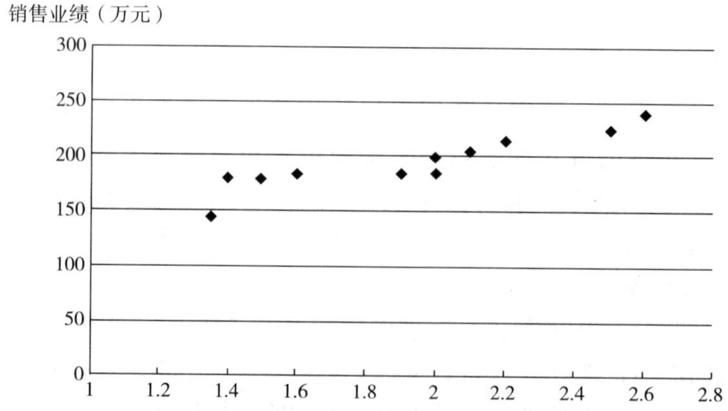

图 5－8　“广告投入”和“销售业绩”散点图

CORREL( ) 的语法为：CORREL（array1，array2）。

Array1 必需。第一组数值单元格区域。

Array2 必需。第二组数值单元格区域。

函数返回单元格区域 array1 和 array2 之间的相关系数。

通过函数计算得到“广告投入”和“销售业绩”之间的相关系数为 0.923，按照相关系数的解释指南，绝对值大于 0.8 的相关系数表示强相关，且相关系数为正，表示正相关，“销售业绩”随着“广告投入”的增加而增长。

接下来对“广告投入”和“销售业绩”相关性的显著性水平进行检验。根据知识要点（一）3 中 t 检验方法，构造假设：$H_0:\rho = 0$；备择假设：$H_1:\rho \neq 0$。通过 $t = r\sqrt{\frac{n-2}{1-r^2}}$ 计算检验统计量 $t = 7.598$。在显著水平 $\alpha = 0.05$ 时，通过公式 T.INV.2T( ) 计算得到 $t_{\alpha/2}(n-2) = 2.228$。因为 $|t| \geqslant t_{\alpha/2}(n-2)$，所以拒绝原假设，即不能否认“广告投入”和“销售业绩”存在相关性。在 Excel 中的计算过程如图 5－9 所示。

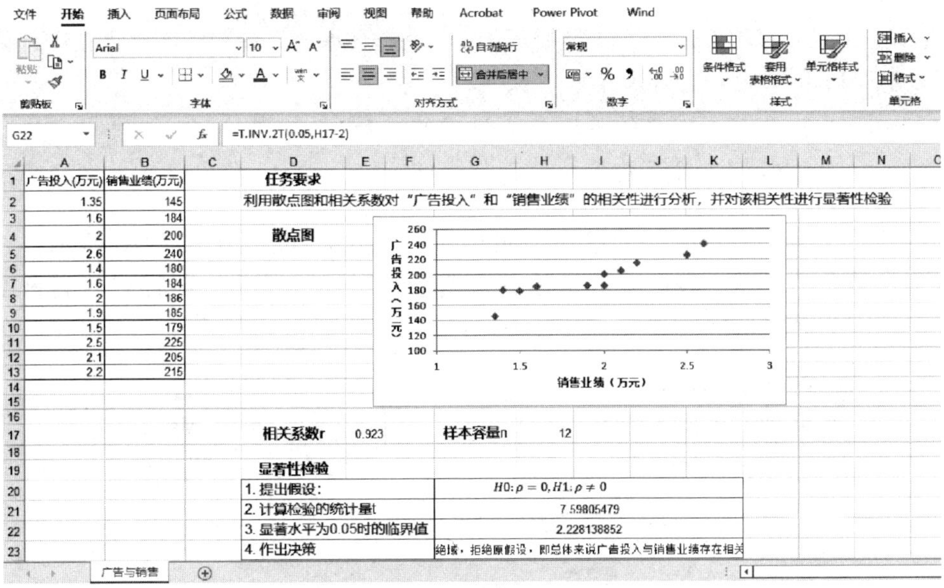

图 5－9　相关性的显著性检验计算

任务 2　简单线性回归方程的建立、检验和预测

【任务清单】

根据调查数据，建立一个简单线性回归方程来反映数据之间具体的相互依存关系，对其回归系数进行假设检验，如果通过假设检验，则利用该方程进行预测。

【具体要求】

根据“Chap5 数据 . xlsx”的“收货天数与满意度”表中的数据，完成如下操作：

1. 求关于收货天数和满意度之间的简单线性回归方程。
2. 对该回归方程进行假设检验。
3. 如果客户在 15 天之后才收到货物，则预测该客户的满意度值为多少？如果在

5 天内收到，则客户的满意度值为多少？

【操作示范】

1. 在本章的知识要点（二）中明确了线性回归模型方程的表示。在 Excel 中，一元线性回归方程的两个系数——截距和斜率，分别可以通过 INTERCEPT( ) 函数和 SLOPE( ) 函数计算得出。

INTERCEPT 函数：利用现有的 x 值与 y 值计算直线与 y 轴的截距。
INTERCEPT(known_y's, known_x's)
Known_y's：必需。因变的观察值或数据的集合。
Known_x's：必需。自变的观察值或数据的集合。

SLOPE 函数：根据 known_y's 和 known_x's 中的数据点拟合的线性回归直线的斜率。
SLOPE(known_y's, known_x's)
Known_y's：必需。因变的观察值或数据的集合。
Known_x's：必需。自变的观察值或数据的集合。

对“收货天数与满意度”简单线性回归方程系数的计算如图 5 - 10 所示。计算得到的斜率参数 b 小于零，表示因变量随着自变量的增加而降低，即客户的满意度随着收货天数的增加而降低。

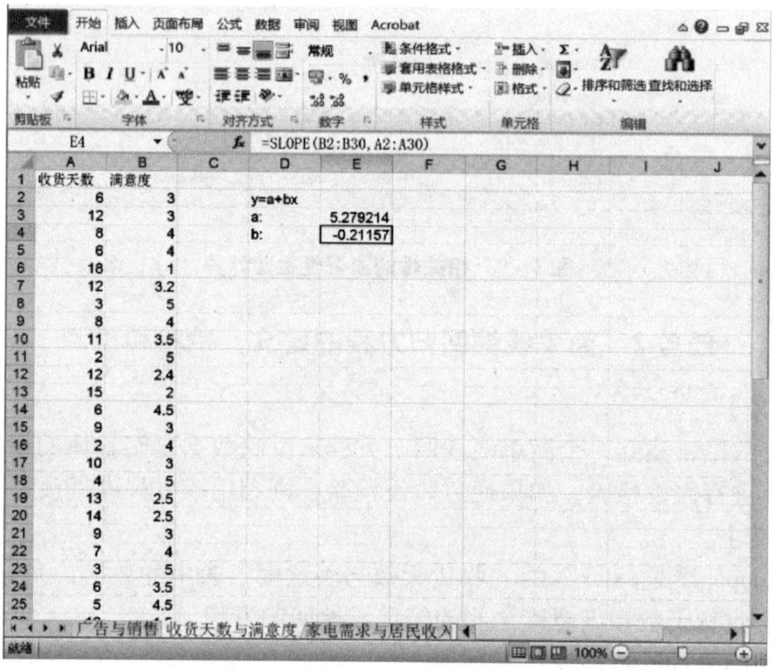

图 5 - 10 “收货天数与满意度”简单线性回归方程系数的计算

通常，对于简单线性回归，可以绘制数据的散点图，定性反映数据的变化趋势。在散点图中，右键点击任意数据点，在快捷菜单中选择“添加趋势线”，如图 5－11 所示，打开“设置趋势线格式”对话框，在对话框中选择“趋势预测/回归分析类型”为“线性”，勾选“显示公式”项，如图 5－12 所示。点击“关闭”后在图表中显示数据的趋势线，如图 5－13 所示。

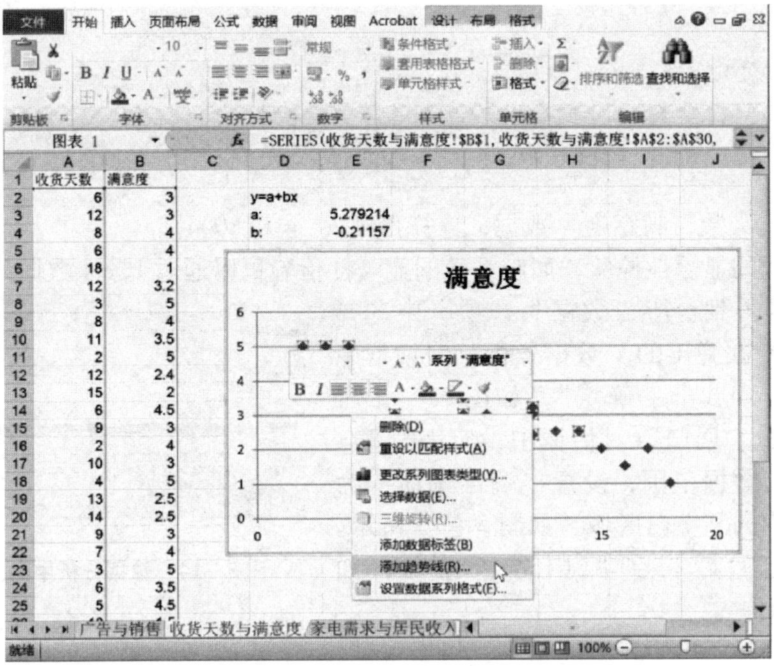

图 5－11　为散点图数据添加趋势线

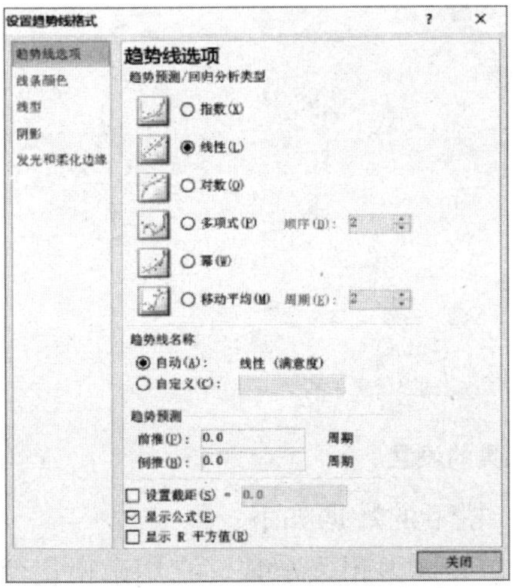

图 5－12　设置趋势线格式

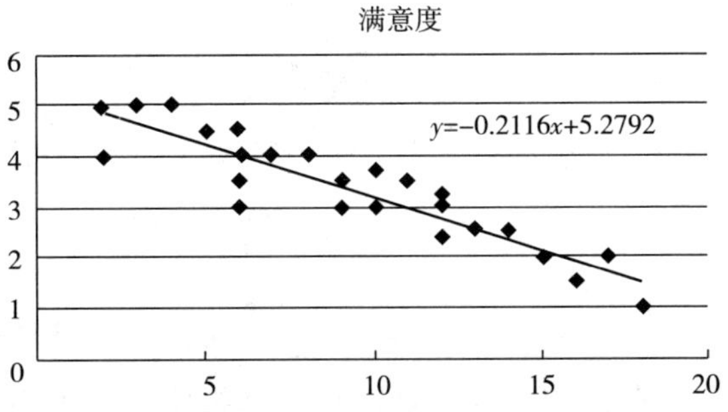

图 5－13　带有趋势线和公式的散点图

2. 对回归方程的统计检验包括拟合优度检验、回归方程的显著性检验及回归系数的显著性检验。

拟合优度 R^2 值表示的是回归直线对观测值的拟合程度，越靠近 1，表示拟合度越高。在 Excel 中，拟合优度值通过 RSQ( ) 函数计算。

RSQ 函数：根据 known_y's 和 known_x's 中数据点，计算得出 Pearson 乘积矩相关系数的平方。

RSQ(known_y's,known_x's)

known_y's：必需。因变量的观察值或数据的集合。

known_x's：必需。自变量的观察值或数据的集合。

对"收货天数与满意度"数据，计算得到 $R^2 = 0.8044$。

回归方程的显著性检验和回归系数的显著性检验可以通过 Excel 数据分析工具中的"回归"工具得到。从"数据"选项卡中选择"数据分析"，在弹出的"数据分析"对话框中选择"回归"，点击"确定"，如图 5－14 所示。在弹出的"回归"对话框中设定因变量 y 和自变量 x 的数据范围，设置"输出选项"为当前工作表中的某空白区域，如图 5－15 所示。点击"确定"后得到回归分析结果，如图 5－16所示。

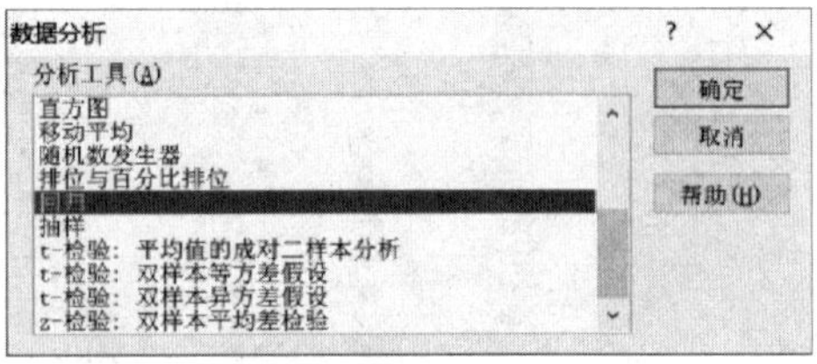

图 5－14　数据分析中的回归工具

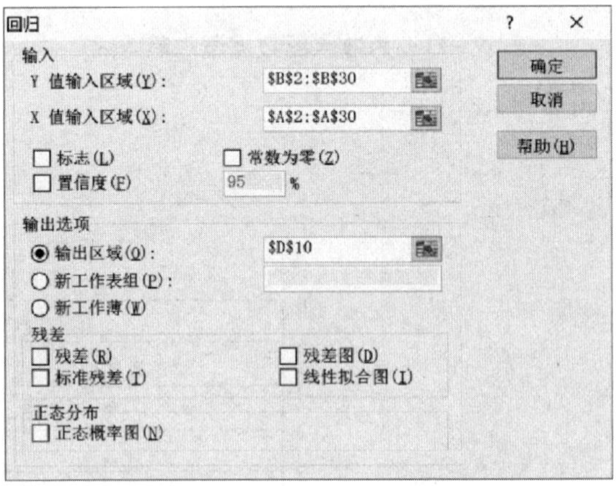

图 5－15　回归分析工具的设置

在回归分析工具得到的结果中，"回归统计"栏下的数据如下：

Multiple R（复相关系数 R）是 R^2 的平方根，又称为相关系数，它用来衡量变量 x 和 y 之间相关程度的大小。

R Square，拟合优度 R^2 值。

SUMMARY OUTPUT

回归统计	
Multiple R	0.89691
R Square	0.804448
Adjusted R	0.797205
标准误差	0.477545
观测值	29

方差分析

	df	SS	MS	F	Significance F
回归分析	1	25.32957	25.32957	111.0707	4.55E-11
残差	27	6.157325	0.228049		
总计	28	31.4869			

	Coefficients	标准误差	t Stat	P-value	Lower 95%	Upper 95%	下限 95.0%	上限 95.0%
Intercept	5.279214	0.200023	26.39299	8.13E-21	4.8688	5.689628	4.8688	5.689628
X Variable	-0.21157	0.020075	-10.539	4.55E-11	-0.25276	-0.17038	-0.25276	-0.17038

图 5-16　“收货天数”和“满意度”之间的回归分析结果

Adjusted R Square，调整的判定系数，仅用于多元回归才有意义，它用于衡量加入独立变量后模型的拟合程度。当有新的独立变量加入后，即使这一变量同因变量之间不相关，未经修正的 R^2 也要增大，调整的 R^2 仅用于比较含有同一个因变量的各种模型。

标准误差，用来衡量拟合程度的大小，此值越小，说明拟合程度越好。

观测值，即样本数据对的个数。

“方差分析”栏目下的数据，df 列为自由度，SS 列是样本数据平方和，MS 列是样本数据平均平方和，F 列为 F 统计量，Significance F 指决策标准，各数据对应项如图 5-17所示。

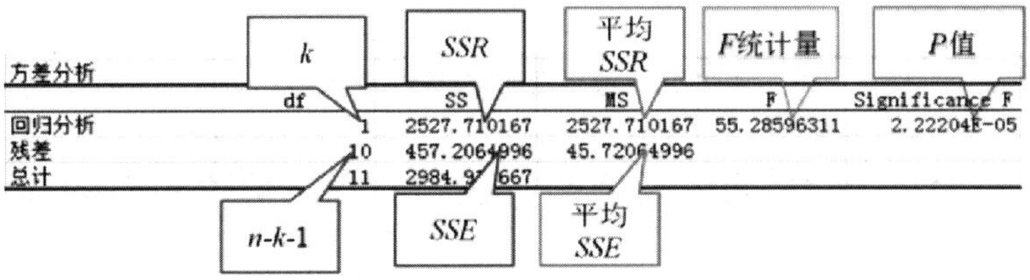

图 5-17　“方差分析”栏目下的数据解析

最后一部分数据表示的是简单线性回归方程两个系数的统计检验，Intercept 是截距系数 a，X Variable 1 是斜率系数 b。Coefficients 列对应两个系数值，标准误差是相应系数的估计值相对于该系数实际值的方差，t Stat 是 t 统计量，等于系数值除以相应的标准误差，P-value 是 t 检验值在 t 分布表中对应的 P 概率值，Lower 95% 和 Upper 95% 置信度为 95% 的下限和上限区间。各数据对应项如图 5-18 所示。

对于“收货天数与满意度”数据，因为是一元线性回归，F 检验和 t 检验是一致的。F 检验中 F 统计量大于决策标准，所以拒绝回归方程系数为零的假设，t 检验中 P 值小于 0.05 的置信水平，所以拒绝系数为零的假设。

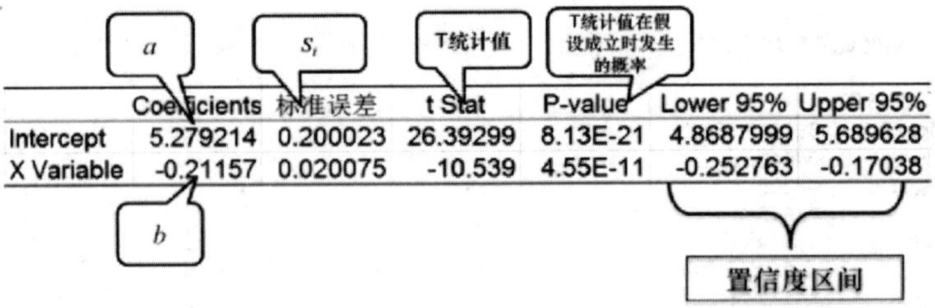

	Coefficients	标准误差	t Stat	P-value	Lower 95%	Upper 95%
Intercept	5.279214	0.200023	26.39299	8.13E-21	4.8687999	5.689628
X Variable	-0.21157	0.020075	-10.539	4.55E-11	-0.252763	-0.17038

图 5－18　回归系数检验统计量数据解析

3. 题目三要根据得到的回归方程进行预测，分别对收货天数为 15 天和 5 天内收货的满意度进行预测。

首先进行点预测。如果收货天数为 15，代入回归方程 $\hat{y}=5.28-0.21x$，得到客户满意度预测值为 2.1（取小数点后 1 位），如果收货天数为 5，则得到客户满意度预测值为 4.2（取小数点后 1 位）。

以 95% 为置信水平预测满意度区间，根据预测区间式 $[y_i-t_{\alpha/2}(n-k-1)\cdot S_{e_0}, y_i+t_{\alpha/2}(n-k-1)\cdot S_{e_0}]$，$S_{e_0}$ 是标准误差 0.4775，$t_{\alpha/2}(n-k-1)$ 利用函数 T. INV. 2T( ) 计算，所以得到收货天数为 15 的客户满意度预测区间为（1.7，2.5），收货天数为 5 的客户满意度预测区间为（3.8，4.6），则对于 5 天内收到货物的客户，其满意度以 95% 的概率大于 3.8。

点计算和区间估计计算过程如图 5－19 所示。

y=a+bx	
a:	=INTERCEPT(B2:B30,A2:A30)
b:	=SLOPE(B2:B30,A2:A30)
R^2	=RSQ(B2:B30,A2:A30)

预测			
收货天数	满意度	95%置信度下限	95%置信度上限
15	=E5*G5+E4	=H5-T.DIST.2T(0.25,$E$17-1-1)*$E$16	=H5+T.DIST.2T(0.25,$E$17-1-1)*$E$16
5	=G6*E5+E4	=H6-T.DIST.2T(0.25,$E$17-1-1)*$E$16	=H6+T.DIST.2T(0.25,$E$17-1-1)*$E$16

图 5－19　通过简单线性回归方程预测满意度计算过程

任务 3　多元线性回归方程的建立、检验和预测

【任务清单】

根据调查数据，建立一个多元线性回归方程来反映数据之间具体的相互依存关系，对其回归系数进行假设检验，如果通过假设检验，则利用该方程进行预测。

【具体要求】

根据“Chap5 数据 . xlsx”的“家电需求与居民收入”表中的数据，完成如下操作：

1. 求该商品年需求量关于价格和家庭年平均收入的线性回归方程。

2. 对该回归方程进行假设检验。

3. 预计下一年度该商品的价格水平为 1 800 元，家庭年平均收入为 30 000 元，预测该商品下一年的需求量，并求该商品年需求量的置信度为 90% 的预测区间。

4. 假定下一年度居民家庭年平均收入估计在30 000～31 000元。若要以90%的概率使该商品的年需求量不低于12万台，则应将价格控制在什么范围内？

【操作示范】

1. “家电需求与居民收入”表中的数据因变量为“某家电商品需求量”，自变量有“价格”和“收入”，需要建立一个多元线性回归方程。在Excel中，多元线性回归方程可通过“数据分析”工具中的“回归”得到各系数。在如图5－20所示选定“Y值输入区域”和“X值输入区域”，以及设定了“输出选项”后，点击“确定”，得到回归分析结果，如图5－21所示。

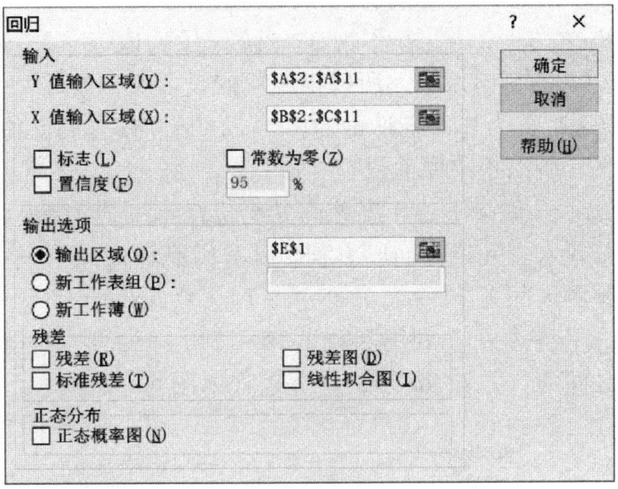

图5－20　多元线性回归分析设置

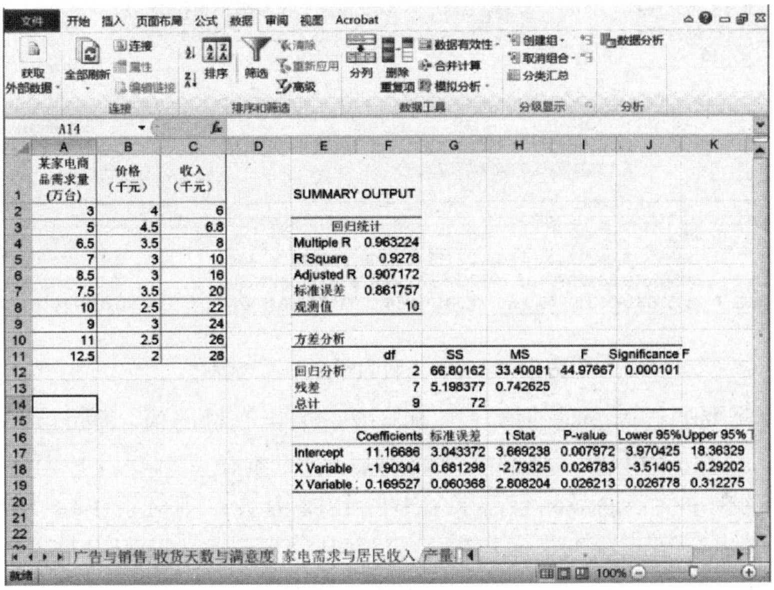

图5－21　商品需求量与价格和收入的回归分析结果

根据回归分析结果，得到商品需求量与价格和收入的多元线性回归方程为 $\hat{y}=11.167-1.90x_1+0.17x_2$，其中 x_1 是“价格”因素，x_2 是“收入”因素。

2. 对建立的回归方程进行统计检验，包括拟合优度检验、回归方程的显著性检验及回归系数的显著性检验。

建立的回归方程的 R^2 值为0.9278，接近于1，方程的拟合程度较好。

回归方程的显著性检验。假设：$H_0:\beta_1=\beta_2=0$，$H_1:\beta_1$，β_2 不全为0，根据方差分析结果，回归方程的显著性检验通过 F 统计量进行。F 统计量的值为44.98，决策标准0.0001，所以拒绝回归方程所有系数均为0的假设。

对建立的回归方程的系数进行统计检验。首先对 x_1 的系数进行检验。假设：$H_0:\beta_1=0$，$H_1:\beta_1$ 不为0，t 统计量的值为 -2.793，相应的 p 值为0.0268，小于 $\alpha=0.05$ 的显著水平，所以拒绝原假设。类似地，对 x_2 的系数进行检验，假设：$H_0:\beta_2=0$，$H_1:\beta_2$ 不为0，t 统计量的值为2.808，相应的 p 值为0.0262，小于 $\alpha=0.05$ 的显著水平，所以拒绝原假设。

3. 如果下一年度该商品的价格水平为1 800元，家庭年平均收入为30 000元，将其代入多元线性回归方程，计算得到该商品下一年的需求量的点预测值为12.85。根据预测区间式 $[y_i-t_{\alpha/2}(n-k-1)\cdot S_{e_0},\ y_i+t_{\alpha/2}(n-k-1)\cdot S_{e_0}]$，$S_{e_0}$ 是标准误差0.8618，$t_{\alpha/2}(n-k-1)$ 利用函数T.INV.2T( ) 计算，所以得到置信度为90%的商品需求量预测区间为（7.7，8.8），计算过程如图5-22所示。

SUMMARY C

回归统计	
Multiple R	0.9632239
R Square	0.9278003
Adjusted R S	0.9071718
标准误差	0.8617571
观测值	10

预测	
价格	1.8
收入	30
点预测值	=F17+F18*I3+F19*I4
90%置信度下限	=I5-T.INV.2T(0.5,F8-F12-1)*F7
90%置信度上限	=I5+T.INV.2T(0.5,F8-F12-1)*F7

方差分析

	df	SS	MS	F	Significance F
回归分析	2	66.8016227(	33.40081135347	44.9766660429549	0.0001011284968138
残差	7	5.19837729:	0.742625327577		
总计	9	72			

	Coefficients	标准误差	t Stat	P-value	Lower 95%
Intercept	11.166856	3.04337235(	3.669237769452	0.0079722762537846	3.97042470898786
X Variable 1	-1.903036(	0.68129798(	-2.79325065735	0.0267828419294106	-3.51404976004389
X Variable 2	0.1695267	0.06036840'	2.80820364856€	0.0262134669425266	0.0267781817772857

图5-22 多元回归预测计算过程

4. 此题目需要通过因变量的值，预测其中一个自变量的值。假定下一年度居民家庭年平均收入估计在30 000～31 000元，所以 x_2 的值在（3，3.1）范围（单位为千元）。以90%的概率使该商品的年需求量不低于12万台，则对于（3，3.1）范围的年收入，预测的商品年需求量的下限均需大于12万台。至此，有 $11.17-1.90x_1+0.17\times3-t_\alpha(n-k-1)\cdot S_{e_0}>12$ 和 $11.17-1.90x_1+0.17\times3.1-t_\alpha(n-k-1)\cdot S_{e_0}>12$。$t_\alpha(n-k-1)$ 由函数T.INV( ) 计算，由此得到当居民家庭年收入在30 000元时，要以90%的概率使该商品的年需求量不低于12万台，则商品价格应低于1.59（千元），即1 590元，居民家庭年收入在30 000元时，要以90%的概率使该商品的年需求量不低于12万台，则商品价格应低于1.68（千元），即1 680元，所以预测商品价格为1 590～1 680元。具体计算过程如图5-23所示。

SUMMARY C

回归统计	
Multiple R	0.9632239
R Square	0.9278003
Adjusted R S	0.9071718
标准误差	0.8617571
观测值	10

价格控制	
收入	30~31
90%置信度商品	>12
$t_{\alpha}(n-k-1)$	=ABS(T.INV(0.1,7))
x_1=30	=(12+I5*F7-F19*30-F17)/F18
x_1=31	=(12+I5*F7-F19*31-F17)/F18

$$11.17-1.90x_1+0.17\times30-t_{\alpha}(n-k-1)*S_{e_0}>12$$

$$11.17-1.90x_1+0.17\times31-t_{\alpha}(n-k-1)*S_{e_0}>12$$

方差分析

	df	SS	MS	F	Significance
回归分析	2	66.8016227	33.40081135347	44.9766660429549	0.0001011
残差	7	5.19837729	0.742625327577		
总计	9	72			

	Coefficients	标准误差	t Stat	P-value	Lower 95%	Upper 95%
Intercept	11.166856	3.04337235	3.66923776945	0.0079722762537846	3.9704247	18.363288844560
X Variable 1	-1.903036	0.68129798	-2.79325065735	0.0267828419294106	-3.5140497	-0.292022304708
X Variable 2	0.1695267	0.06036840	2.80820364856	0.0262134669425266	0.0267781	0.3122753823965

图 5－23　由因变量预测一个自变量的计算过程

五、能力拓展：国家税收分析

1. 分析的目的。随着经济体制改革的深化和经济的快速增长，中国的财政收支状况发生很大变化。有必要分析中央和地方税收收入的增长规律，以预测中国税收未来的增长趋势。

影响中国税收收入增长的因素很多，但据分析主要的因素可能有：(1) 从宏观经济看，经济整体增长是税收增长的基本源泉。(2) 公共财政的需求。税收收入是财政收入的主体，社会经济的发展和社会保障的完善等都对公共财政提出要求，因此对预算支出所表现的公共财政需求对当年的税收收入可能会有一定的影响。(3) 物价水平。我国的税制结构以流转税为主，以现行价格计算的 GDP 等指标和经营者的收入水平都与物价水平有关。(4) 税收政策因素。因此，可以从以上几个方面，分析各种因素对中国税收增长的具体影响。

2. 数据。从国家统计局网站收集到以下数据，如表 5－5 所示。

表 5－5　　2001—2020 年国家税收收入数据

年份	Y 国家税收收入（亿元）	X1 国内生产总值（亿元）	X2 全国财政支出（亿元）	X3 商品零售价格指数（上年＝100）
2001	15 301.38	110 863.1	18 902.58	99.2
2002	17 636.45	121 717.4	22 053.15	98.7
2003	20 017.31	137 422	24 649.95	99.9
2004	24 165.68	161 840.2	28 486.89	102.8
2005	28 778.54	187 318.9	33 930.28	100.8
2006	34 804.35	219 438.5	40 422.73	101
2007	45 621.97	270 092.3	49 781.35	103.8

续表

年份	Y 国家税收收入（亿元）	X1 国内生产总值（亿元）	X2 全国财政支出（亿元）	X3 商品零售价格指数（上年 = 100）
2008	54 223.79	319 244.6	62 592.66	105.9
2009	59 521.59	348 517.7	76 299.93	98.8
2010	73 210.79	412 119.3	89 874.16	103.1
2011	89 738.39	487 940.2	109 247.79	104.9
2012	100 614.28	538 580	125 952.97	102
2013	110 530.7	592 963.2	140 212.1	101.4
2014	119 175.31	643 563.1	151 785.56	101
2015	124 922.2	688 858.2	175 877.77	100.1
2016	130 360.73	746 395.1	187 755.21	100.7
2017	144 369.87	832 035.9	203 085.49	101.1
2018	156 402.86	919 281.1	220 904.13	101.9
2019	158 000.46	986 515.2	238 858.37	102
2020	154 310.06	1 015 986.2	245 679.03	101.4

3. 分析。要求有图和文字说明。

（1）近 20 年税收变化；

（2）税收与国内生产总值之间的关系；

（3）税收与财政支出的关系；

（4）税收与商品价格指数之间的关系；

（5）税收与三者共同作用的关系。

4. 预测。如果 GDP 增长 1.5%，财政支出增长 1%，商品价格指数为 103，以 95% 为置信度预测该年的国家税收收入，单位是亿元。

项目六

从数据看未来

一、学习目标

【知识目标】

- 理解时间序列的概念和分类。
- 了解影响时间序列的因素。
- 掌握时间序列分析的方法。

【能力目标】

- 能运用统计软件对数据进行时间序列分析。
- 能对时间序列分析的结果进行统计检验及解释说明。

【思政目标】

- 通过时间序列分析方法对金融资产进行预测，培养科学发展观，以发展的、长远的眼光看待问题。

二、项目背景：金融科技投资规模预测

根据金融稳定理事会（FSB）的定义，金融科技是基于大数据、云计算、人工智能、区块链等一系列技术创新，全面应用于支付清算、借贷融资、财富管理、零售银行、保险、交易结算等六大金融领域，是金融业未来的主流趋势。中国人民银行《金融科技（FinTech）发展规划（2019—2021 年）》指出："金融科技是技术驱动的金融创新，旨在运用现代科技成果改造或创新金融产品、经营模式、业务流程等，推动金融发展提质增效。"

金融科技的实质就是金融服务与底层技术的结合，应用人工智能、大数据、云计算以及区块链等，打造金融支付、融资、投资、保险以及基础设施等领域的新服务模式。其涉及的技术具有更新迭代快、跨界、混业等特点，是大数据、人工智能、区块链技术等前沿颠覆性科技与传统金融业务和场景的叠加融合，主要包括大数据金融、人工智能金融、区块链金融和量化金融四个核心部分。服务实体经济与碳达峰碳中和。金融科技将不仅是"金融行业的科技"，而且在整个社会经济发展中发挥出愈加重要的作用。在产业数字化、金融服务实体经济、乡村振兴、绿色金融的发展方面，金融科

技将持续赋能社会经济。

近年来，随着金融行业对数字化转型的重视，金融行业对IT的投入不断加大。数据显示，2020年我国金融机构信息技术总投入金额统计规模为1 981.6亿元。其中银行业信息技术的总投入统计规模为1 342.40亿元，占比64%；证券业信息技术投入统计规模为262.87亿元，同比增长21.31%，占比13%左右；保险机构信息科技资金总投入为351亿元，同比增长27%，占比17%左右。预计2022年，我国金融行业对IT的投入将继续保持良好的增长态势，占营收或利润的比重仍将提升。

根据毕马威2021年金融科技投资报告，全球金融科技投资总额在2021年达到2 100亿美元，完成5 684笔交易，创下纪录。近年来投资者对金融科技投资总额和成交量进行预测，金融科技投资总额和成交量都属于时间序列数据。因此，掌握时间序列模型对金融数据进行分析与预测也变成了投资者不可或缺的技能。

三、知识要点

2003年度诺贝尔经济学奖获得者是美国经济学家罗伯特·恩格尔和英国经济学家克莱夫·格兰杰，"今年的获得者发明了处理许多经济时间序列两个关键特性的统计方法：时间变化的变更率和非平稳性"。罗伯特·恩格尔和克莱夫·格兰杰是时间序列经济学的奠基人。时间变化的变更率指方差随时间变化而变化的频率，这主要是指恩格尔在1982年发表的条件异方差模型（ARCH），最初主要用于研究英国的通货膨胀问题，后来广泛用作金融分析的高级工具。而格兰杰的贡献主要是在非平稳过程假定下所进行的严格计量模型的建立。

（一）时间序列

时间序列（Time Series）也称为时间数列，指将反映某一现象的同一指标在不同时间上的取值，按时间的先后顺序排列所形成的一个动态数列。时间序列中的数值是现实的、真实的一组数据，而不是数理统计中做试验得到的。时间序列背后是某一现象的变化规律。经济领域中每年的产值、国民收入、商品在市场上的销量、股票数据的变化情况等，社会领域中某一地区的人口数、医院患者人数、铁路客流量等，自然领域的太阳黑子数、月降水量、河流流量等，都形成了一个时间序列。人们希望通过对这些时间序列的分析，从中发现和揭示现象的发展变化规律，或从动态的角度描述某一现象和其他现象之间的内在数量关系及其变化规律，从而尽可能多地从中提取出所需要的准确信息，并将这些知识和信息用于预测，以掌握和控制未来行为。

1. 时间序列的分类。时间序列根据其所研究的依据不同，可有不同的分类。

（1）按所研究对象的多少来分，有一元时间序列和多元时间序列。如某种商品的销售量数列，即为一元时间序列；如果所研究对象不仅仅是这一数列，而是多个变量，如按年、月顺序排序的气温、气压、雨量数据等，每个时刻对应着多个变量，则这种序列为多元时间序列。

（2）按时间的连续性，可将时间序列分为离散时间序列和连续时间序列两种。如果某一序列中的每一个序列值所对应的时间参数为间断点，则该序列就是一个离散时间序列；如果某一序列中的每个序列值所对应的时间参数为连续函数，则该序列就是一个连续时间序列。

（3）按序列的统计特性分，有平稳时间序列和非平稳时间序列两类。所谓时间序列的平稳性，是指时间序列的统计规律不会随着时间的推移而发生变化。平稳序列的时序图直观上应该显示出该序列始终在一个常数值附近随机波动，而且波动的范围有界、无明显趋势及无周期特征；从理论上讲，分为严平稳与宽平稳两种。相对地，时间序列的非平稳性，是指时间序列的统计规律随着时间的推移而发生变化。

（4）按序列的分布规律来分，有高斯型（Guassian）和非高斯型（non - Guassian）时间序列。

2. 影响时间序列的因素。时间序列的变化受许多因素的影响，有些起着长期的、决定性的作用，使其呈现出某种趋势和一定的规律性；有些则起着短期的、非决定性的作用，使其呈现出某种不规则性。在分析时间序列的变动规律时，事实上不可能对每个影响因素都一一划分开来，分别去作精确分析。但我们能将众多影响因素，按照对现象变化影响的类型，划分成若干时间序列的构成因素，然后对这几类构成要素分别进行分析，以揭示时间序列的变动规律性。影响时间序列的构成因素可归纳为以下四种。

（1）长期趋势（T）。长期趋势是指客观社会经济现象在一个相当长的时期内，由于受某种基本因素的影响所呈现出来的一种基本走势。尽管在这个时期内，事物的发展仍有波动，但基本趋势不变。如股票市场的“牛市”和“熊市”。

（2）季节变动（S）。季节变动是指由于自然条件、社会条件的影响，社会经济现象在一年内或更短的时间内，随着季节的转变而引起的周期性变动。如农产品收购、农业生产资料和其他季节性商品的销售、几大节日的客运量等，就有明显的季节性，而且年复一年地呈规律性变动。

季节变动一般以一年为周期。此外，有的社会季节现象是以一日、一周、一个月为周期而产生变动，亦称为准季节变动。如市内公共汽车的乘客，早晨逐渐增多，上、下班时间达到高峰，入夜以后逐渐减少，是以一日为周期的变动；市内商店的顾客、影剧院的售票，星期六和星期日最多，是以一周为周期的变动；由于机关、团体、企业习惯上在月初发工资，因此，银行活期储蓄存款月初增加，月末减少，这是以一个月为周期的变动。

（3）循环变动（C）。循环变动是指社会经济现象以若干年为周期的涨落起伏相同或基本相同的一种波浪式的变动。如股票市场由牛市到熊市的周期再到下一个牛市与熊市的周期；资本主义经济由危机、萧条、复苏、繁荣的一个周期再到下一个危机、萧条、复苏、繁荣的周期。虽然每一个周期可能长短不同，但盛衰起伏周而复始。事物的循环变动，也是由事物发展的内在原因决定的。

（4）不规则变动（I）。不规则变动指客观社会经济现象由于天灾、人祸、战乱等突发事件或偶然因素引起是无周期性波动。

时间序列一般是以上几种变化形式的叠加或组合出现的，如图 6 - 1 所示的几种组合形式。

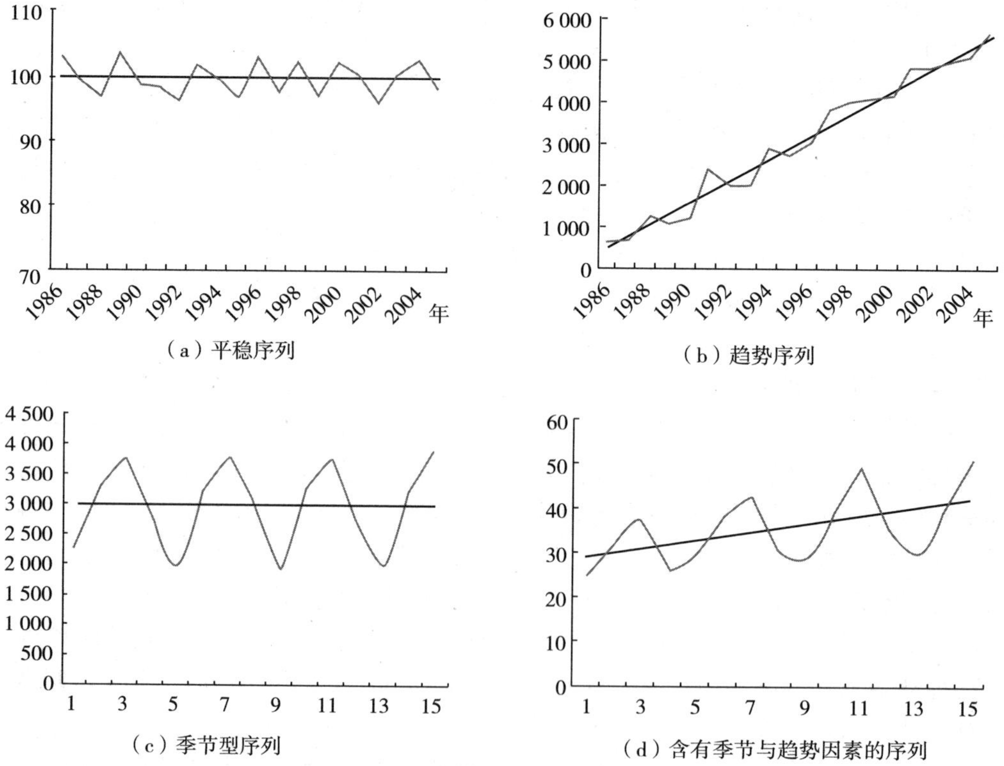

图 6－1　几种常见的时间序列形式

对于多种因素作用的合成结果，在统计分析中，将这些因素一般概括为以下两种模型：加法模型和乘法模型。

加法模型中各个组成部分所具有的变动数值是各自独立、彼此相加的，从而整个时间数列数值与各种构成之间的数量关系应该表现为

$$Y_i = T_i + S_i + C_i + I_i \tag{6.1}$$

乘法模型中各个组成部分所具有的变动数值是相互依存、彼此相乘的，从而整个时间数列数值与各种构成之间的数量关系应该表现为下列公式：

$$Y_i = T_i \times S_i \times C_i \times I_i \tag{6.2}$$

模型中当时间数列是年度资料，无法反映季节变动影响，则模型公式为 $Y_i = S_i \times C_i \times I_i$；如果时间序列不存在循环波动时，模型公式为 $Y_i = T_i \times S_i \times I_i$；当时间序列是月度或季度资料时，$Y_i = S_i \times I_i$。

（二）时间序列分析

时间序列分析（Time Series Analysis）是一种根据动态数据揭示系统动态结构和规律的统计方法。它的基本思想是根据系统有限长度的运行记录，建立能够比较精确地反映序列中所包含的动态依存关系的数学模型，并借以对系统的未来进行预报。尽管影响现象发展的因素无法探求，但其结果之间却存在着一定的联系，可以用相应的模型表示。

时间序列分析的方法需要根据时间序列的特征进行选择。对于长期趋势变化的时

间序列，使用的分析方法有移动平均法、指数平滑法、数学模型法等。对于季节性周期变化的数据，采用季节指数法。对于数据的随机变化，则采用数学模型法。

对同一组数据，有时会采用多种时间序列分析方法对其进行分析预测，方法之间需要比较预测的精度。预测精度的评定由均方误差（MSE）表示，预测的均方误差为预测误差平方的平均数，其中预测误差是实际值与预测值之间的差。MSE 的值越小，表示预测精度越高。

1. 长期趋势的分析方法。在相当长的时期内，受某种基本因素的影响，持续增长或不断下降的趋势。例如，各国经济的发展，多半具有向上增长的趋势，主要是由于人口的增加，而非技术的进步以及财富的积累等因素的结果。

测定长期趋势的基本方法是对时间数列进行修匀，修匀的基本目的就是消除影响事物变化的非基本因素。修匀的方法很多，但比较常用的是移动平均法、指数平滑法和数学模型法。

下面以××汽车配件销售公司去年1 月至 12 月的销售数据，分别用不同方法，预测今年 1 月的销售量，数据如表 6－1 所示。

表 6－1 长期趋势的分析方法示例数据

月份	实际销售量
1	423
2	358
3	434
4	445
5	527
6	429
7	426
8	502
9	480
10	384
11	427
12	446

（1）移动平均法。移动平均法的基本思想：通过扩大原时间序列的时间间隔，并按一定间隔长度逐期移动，分别计算出一系列移动平均数，这些平均数形成的新的时间序列对原时间序列的波动起到一定的修匀作用，削弱了原时间序列中季节周期、循环周期及短期偶然因素的影响，从而呈现出现象发展的变动趋势。移动平均法较常用的有简单移动平均法、加权移动平均法等。

①简单移动平均法。简单移动平均法各元素的权重都相等。简单的移动平均法的计算公式如下：

$$\hat{y}_t = (y_{t-1} + y_{t-2} + y_{t-3} + \cdots + y_{t-n})/n \tag{6.3}$$

式中，$\hat{y}_t$ 表示对 t 期的预测值，n 是移动平均的时期个数，$y_{t-1}, y_{t-2}, y_{t-3}, \cdots, y_{t-n}$ 分别表示前一期、前两期、前三期到前 n 期的实际值。

以表 6－1 数据为例，采用简单移动平均法，取 $n = 3$，预测公式为 $\hat{y}_t = (y_{t-1} + y_{t-2} + y_{t-3})/3$，预测值如表 6－2 所示。

表 6－2 简单移动平均法预测数据

月份	实际销售量	$n = 3$ 简单移动平均预测值 $\hat{y}_t$
1	423	—
2	358	—

续表

月份	实际销售量	$n=3$ 简单移动平均预测值 $\hat{y}_t$
3	434	—
4	445	405
5	527	412
6	429	469
7	426	467
8	502	461
9	480	452
10	384	469
11	427	456
12	446	430
—	—	419

计算均方误差：$MSE = \frac{\sum_{t=4}^{12}(y_t - \hat{y}_t)^2}{9} = 3\ 210.3$。

②加权移动平均法。加权移动平均法给固定跨越期限内的每个变量值以不相等的权重。其原理是：历史各期产品需求的数据信息对预测未来期内的需求量的作用是不一样的。除了以 n 为周期的周期性变化外，远离目标期的变量值的影响力相对较低，故应给予较低的权重。

加权移动平均法的计算公式如下：

$$\hat{y}_t = w_1 y_{t-1} + w_2 y_{t-2} + w_3 y_{t-3} + \cdots + w_n y_{t-n} \tag{6.4}$$

式中，$w_1, w_2, \cdots, w_n$ 表示第 $t-1$ 期、第 $t-2$ 期到第 $t-n$ 期实际销售额的权重，$w_1 + w_2 + \cdots + w_n = 1$。

在运用加权移动平均法时，权重的选择是一个应该注意的问题。经验法和试算法是选择权重的最简单的方法。一般而言，最近期的数据最能预示未来的情况，因而权重应大些。例如，根据前一个月的利润和生产能力比起根据前几个月能更好地估测下个月的利润和生产能力。但是，如果数据是季节性的，则权重也应是季节性的。

以表 6－1 数据为例，采用加权移动平均法，取 $n=3$，$w_1=0.5, w_2=0.3, w_3=0.2$ 进行，预测公式为 $\hat{y}_t = (0.5y_{t-1} + 0.3y_{t-2} + 0.2y_{t-3})/3$，预测值如表 6－3 所示。

表 6－3　　加权移动平均法预测数据

月份	实际销售量	$n=3$ 加权移动平均预测值 $\hat{y}_t$
1	423	—
2	358	—
3	434	—

续表

月份	实际销售量	$n=3$ 加权移动平均预测值 $\hat{y}_t$
4	445	409
5	527	424
6	429	484
7	426	462
8	502	447
9	480	465
10	384	476
11	427	436
12	446	425
—	—	428

计算均方误差：$MSE=\frac{\sum_{t=4}^{12}(y_t-\hat{y}_t)^2}{9}=3\ 148.2$。

比较表6－1数据分别采用 $n=3$ 简单移动平均法和加权移动平均法的均方误差，加权移动平均法的预测精度要高于简单移动平均法。

移动平均法的特点如下：

移动的项数越多，对原数列波动的曲线修匀得越光滑，也就越能显示出现象的长期发展趋势。

移动的项数越多，首尾丢失的项数也就越多，进行趋势外推测时的误差也就越大。

移动项数的多少要依据现象发展的特点和统计分析的要求确定。在实际应用中，移动平均法主要用来有效地消除不规则变动和季节变动对原数列的影响。

移动平均采用奇数项移动能一次对准被移动数据的中间位置，若采用偶数项移动平均，一次移动平均后的数值将置于居中的两项数值之间。

（2）指数平滑法。指数平滑法是对过去的观测值加权平均进行预测，使第 $t+1$ 期的预测值等于第 t 期的实际观测值与第 t 期指数平滑值的加权平均值，一次指数平滑法预测模型为

$$\hat{y}_{t+1}=\alpha y_t+(1-\alpha)\hat{y}_t \tag{6.5}$$

式中，$\hat{y}_t$ 是第 t 期预测值，y_t 是第 t 期实际观测值，α 是平滑系数，且 $0<\alpha<1$。

简单指数平滑法用于预测实际上是根据本期预测误差对本期预测值作出一定的调整后得到的下一个预测值，新的预测值＝老的预测值＋$\alpha\times$老预测值的误差，对老预测值所作的调整的幅度视 α 的大小而定。

平滑系数 α 的取值对平滑效果影响很大，α 越小平滑效果越显著。α 取值的大小决定了在平滑值中起作用的观察值的项数的多少，当 α 取值较大时，各观察值权数的递减速度快，因此在平滑值中起作用的观察值的项数就较少；而当 α 取值较小时，各观

察值权数的递减速度很慢，因此在平滑值中起作用的观察值的项数就较多。

一般来说，α 取值的大小应当视所预测对象的特点及预测期的长短而定。一般情况下，观测值呈较稳定的水平发展，α 值取在 0.1 ~0.3；观测值波动较大时，α 值取在 0.3 ~0.5；观测值呈波动很大时，α 值取在 0.5 ~0.8。

以表 6 -1 数据为例，采用平滑系数 α = 0.3 计算预测值，结果如表 6 -4 所示。

表 6 -4　　指数平滑法预测数据

月份	实际销售量	α = 0.3 计算预测值 $\hat{y}_t$
1	423	—
2	358	423
3	434	404
4	445	413
5	527	422
6	429	454
7	426	446
8	502	440
9	480	459
10	384	465
11	427	441
12	446	437
—	—	439

计算均方误差：$MSE = \frac{\sum_{t=2}^{12}(y_t - \hat{y}_t)^2}{11} = 2\,664.1$，与前面 $n = 3$ 简单移动平均法和加权移动平均法相比，均方误差值最小，预测精度相对最高。

（3）数学模型法。数学模型法就是根据时间数列发展形态的特点，选择一种合适的数学方程式，进而以自变量 x 代表时间，y 代表实际观测值，然后依据此方程式来分析长期趋势的方法。用数学模型法测定长期趋势，首先是要科学地选择模型。数学模型有直线型和曲线型两种类型，而每一种类型又有很多种具体形式。因此，在建立模型之前首先要判断趋势的形态。方法有两种：

一种是散点图法，即用直角坐标系作两个变量的散点图，然后根据散点图的形状来确定数学模型。

另一种是指标法，即通过计算时间数列的动态分析指标来确定时间数列的类型，基本结论是：若时间数列的环比增长量大体相等，则其趋势线近似于一条直线，即 $y = a + bt$；若时间数列的二次增长量大体相等（逐期增长量大体上呈等量递增或递减态势），则其趋势线近似于一条抛物线 $y = a + bt + ct^2$；若时间数列的各期环比发展速度大体相等，则其趋势线近似于一条指数曲线 $y = ab^t$。抛物线、指数曲线等都属于曲线型模型。在社会经济现象的客观现实中，有很多是按照曲线的轨迹演进，因此曲线模型在经济社会中是大量存在的。

2. 季节周期性数据的分析方法。季节变动是指某些社会经济现象，由于受自然因素和社会条件、人们的消费习惯等因素的影响，在一年之内或更短的时间，随着季节更换而引起的一种有规律的变动。在现实生活中，季节变动是一种极为普遍的现象。例如，商业经营中时令商品的销售量，农业生产中的蔬菜、水果、禽蛋的生产量，工业生产中的服装、水力发电等，都受生产条件和气候变化等因素的影响而形成有规则的周期性重复变动。

季节变动是一种各年变化强度大体相同且每年重现的有规律的变动。根据这一基本特征，可以将其归纳为一种典型的季节模型。所谓季节模型，就是指一时间序列在各年中所呈现出的典型状态，这种状态年复一年以基本相同的形态出现。季节模型是由一套指数组成的，各指数刻画了现象在一个年度内各月或各季的典型特征。如果所分析的是月份数据，季节模型就由 12 个指数组成；若为季度数据，季节模型就由 4 个指数组成。其中各个指数是以全年月或季度资料的平均数为基础计算的，因而 12 个月（或 4 个季度）指数的平均数应等于 100%，而各月（或季）的指数之和应等于 1 200%（或 400%）。季节模型正是以各个指数的平均数等于 100% 为条件而构成的，它反映了某一月份或季度的数值占全年平均数的大小。如果现象的发展没有季节变动，则各期的季节指数应等于 100%；如果某一月份或季度有明显的季节变化，则各期的季节指数应大于或小于 100%。因此，分析季节变动，也就是对一个时间序列计算出该月（或季）指数，即所谓季节指数，然后根据各季节指数与其平均数（100%）的偏差程度来测定季节变动的程度。这就是季节变动分析的基本原理。

与长期趋势通过平均的方法将其他三个因素消除（抵消）的分析方法不同，季节变动则采用季节指数法消除季节变动以外的三个因素。

同期平均法，可以分两种情况来选择：在现象不存在长期趋势或长期趋势不明显的情况下，一般是直接用平均的方法通过消除循环变动和不规则变动来测定季节变动，在统计学中将这种方法称为同期平均法；在现象具有明显的长期趋势时，一般是先消除长期趋势，然后再用平均的方法消除循环变动和不规则变动，统计学中，把这种方法称为移动平均趋势剔除法。

（1）同期平均法。同期平均法是在现象不存在长期趋势或长期趋势不明显的情况下，测定季节变动的一种最基本的方法。它的基本思想和长期趋势测定中的移动平均法的思想是相同的。实际上，同期平均法就是一种特殊的移动平均法，即：一方面它是平均；另一方面，这种平均的范围是仅仅局限在不同年份的相同季节中，季节不同，平均数的范围也就随之而“移动”。因此所谓“同期平均”就是在同季（月）内“平均”，而在不同季（月）之间“移动”的一种“移动平均”法。“平均”是为了消除非季节因素的影响，而“移动”则是为了测定季节因素的影响程度。用同期平均法来测定其季节变动，步骤如下。

第一，计算各年同季（月）的平均数，目的是要消除非季节因素的影响。这种方法主要是因为同样是旺季或者淡季，有些年份的旺季更旺或更淡，这就是非季节因素的影响。因为假设没有长期趋势，所以这些因素通过平均的方法就可以相互抵消。

第二，计算各年同季（或同月）平均数的平均数，也即时间数列的序时平均数，目的是计算季节比率。因为就从测定季节变动的目的来讲，只计算异年同季的平均数已经可以反映现象的季节变动趋势了：平均数大，表明是旺季，越大越旺；平均数小，表明是淡季，越小越淡。但是，这种大与小、淡与旺的程度只能和其他季节相比才能有个准确的认识，因此，就需要将各年同季的平均数进行相对化变换，即计算季节比率，对比的标准就应该是时间数列的序时平均数。

第三，计算季节比率。将各年同季的平均数分别和时间数列的序时平均数进行对比。一般用百分数表示，用公式表示为

$$季节指数(S) = \frac{同月(或季)平均数}{总月(或季)平均数} \times 100\% \tag{6.6}$$

下面以××灯具公司近三年各月销售量为例，用按月（或季）平均法计算各月的季节指数，如表 6－5 所示。

表 6－5　季节指数计算示例

月份	前年销量	去年销量	今年销量	合计	同月平均	季节指数（%）
1	80	120	320	520	173.3	13.8
2	120	200	400	720	240	19.0
3	200	350	700	1 250	416.7	33.1
4	500	850	1 500	2 850	950	75.4
5	800	1 500	2 400	4 700	1 566.7	124.3
6	2 500	4 500	6 800	13 800	4 600	364.9
7	2 400	6 400	7 200	16 000	5 333.3	423.1
8	600	900	1 500	3 000	1 000	79.3
9	200	400	600	1 200	400	31.7
10	100	250	400	750	250	19.8
11	60	100	200	360	120	9.5
12	40	80	110	230	76.7	6.1
合计	7 600	15 650	22 130	45 380	15 126.7	1 200
平均	633.3	1 304.2	1 844.2	3 781.67	1 260.56	100

表 6－5 中的季节指数一栏，是以指数形式表现的典型销售量。每个指数代表各年间每个月份的平均销售量。比如，1 月的季节指数为 13.8%，表示该月份销售量为全年平均销售量的 13.8%，而全年平均销售量则作为 100%。这样从各月的季节指数序列，可以清楚地表明该服装公司销售量的季节变动趋势。即 1 月、2 月、3 月、4 月是销售淡季，5 月、6 月、7 月为销售旺季，7 月比全年平均销售量高 323.1%（432.1% －100%），8 月开始下降，到 12 月降到最低点，比全年平均销售量低 93.9%（6.1% －100%）。

同期平均法计算简单，易于理解。应用该方法的基本假定是：原时间序列没有明

显的长期趋势和循环波动，因而，通过若干年同期数值的平均，不仅可以消除不规则波动，而且当平均的周期与循环周期一致时，循环波动也可以在平均过程中得以消除。但实际上，许多时间序列所包含的长期趋势和循环波动，很少能够通过平均予以消除。因此，当时间序列存在明显的长期趋势时，该方法的季节指数不够准确。当存在剧烈的上升趋势时，年末季节指数明显高于年初的季节指数；当存在下降趋势时，年末的季节指数明显低于年初的季节指数。只有当序列的长期趋势和循环波动不明显或影响不重要，可忽略不计时，应用该方法比较合适。

（2）移动平均趋势剔除法。移动平均趋势剔除法是在现象具有明显长期趋势的情况下，测定季节变动的一种基本方法。基本思路是先从时间数列中将长期趋势剔除，然后再应用同期平均法剔除循环变动和不规则变动，最后通过计算季节比率来测定季节变动的程度。剔除长期趋势的方法一般用移动平均法。

用移动平均趋势剔除法来测定季节变动趋势的基本步骤如下。

第一，先根据各年的季度（或月度）资料（Y）计算四季（或12个月）的移动平均数，然后为了“正位”，再对12月的移动平均值计算 $n = 2$ 的移动平均数，作为各期的长期趋势值（T）。

第二，将实际数值（Y）除以相应的移动平均数（T），得到各期的 Y/T。这就是消除了长期趋势影响的时间数列，它是一个相对数，称为季节指数。

第三，将 Y/T 重新按同期平均法计算季节比率的方式排列。然后，按照该方法要求，先计算异年同季平均数，再计算异年同季平均数的平均数，即消除长期趋势变动后，新数列的序时平均数。

仍以表6－5数据为例，按移动平均趋势剔除法计算销售量的季节指数。首先求出12个月移动平均趋势值 T，并求得季节指数，计算结果如表6－6所示。

表6－6　　移动平均趋势剔除计算示例

年份	月份	前年销售量	移动平均 $n = 12$	移动平均 $n = 2$（T）	Y/T（%）
前年	1	80	—	—	—
	2	120	—	—	—
	3	200	—	—	—
	4	500	—	—	—
	5	800	—	—	—
	6	2 500	—	—	—
	7	2 400	633	635	378.0
	8	600	637	640	93.8
	9	200	643	650	30.8
	10	100	656	670	14.9
	11	60	685	714	8.4
	12	40	743	827	4.8

续表

年份	月份	前年销售量	移动平均 $n=12$	移动平均 $n=2$ (T)	Y/T (%)
去年	1	120	910	1 077	11.1
	2	200	1 243	1 256	15.9
	3	350	1 268	1 277	27.4
	4	850	1 285	1 291	65.8
	5	1 500	1 298	1 299	115.5
	6	4 500	1 301	1 303	345.5
	7	6 400	1 304	1 313	487.6
	8	900	1 321	1 329	67.7
	9	400	1 338	1 352	29.6
	10	250	1 367	1 394	17.9
	11	100	1 421	1 458	6.9
	12	80	1 496	1 592	5.0
今年	1	320	1 688	1 721	18.6
	2	400	1 754	1 779	22.5
	3	700	1 804	1 813	38.6
	4	1 500	1 821	1 827	82.1
	5	2 400	1 833	1 838	130.6
	6	6 800	1 842	1 842	369.2
	7	7 200	—	—	—
	8	1 500	—	—	—
	9	600	—	—	—
	10	400	—	—	—
	11	200	—	—	—
	12	110	—	—	—

将表 6－6 中的 Y/T 按照同期平均法重新排列，求出各年同月平均数，使不规则变动消除，已是季节指数，但由于 12 个月的总和不等于 1 200%，需进行调整。其调整系数 $=\frac{1\ 200\%}{1\ 194.1\%}=1.005$，用调整系数乘以同月平均数，得到季节指数，计算过程如表 6－7 所示。

表 6－7　　移动平均趋势剔除后计算季节指数示例　　单位：%

月份	前年	去年	今年	合计	同月平均	季节指数
1	—	11.1	18.6	29.7	14.871	14.9
2	—	15.9	22.5	38.4	19.204	19.3

续表

月份	前年	去年	今年	合计	同月平均	季节指数
3	—	27.4	38.6	66.0	33.018	33.2
4	—	65.8	82.1	147.9	73.963	74.3
5	—	115.5	130.6	246.1	123.035	123.6
6	—	345.5	369.2	714.7	357.360	359.1
7	378.0	487.6	—	865.6	432.786	434.9
8	93.8	67.7	—	161.5	80.731	81.1
9	30.8	29.6	—	60.4	30.186	30.3
10	14.9	17.9	—	32.9	16.427	16.5
11	8.4	6.9	—	15.3	7.629	7.7
12	4.8	5.0	—	9.9	4.932	5.0
合计	—	—	—	2 388.3	1 194.1	1 200.0

在计算得到季节指数后，将每年个月的销售量中季节指数剔除，即

$$\frac{Y}{S}=\frac{T\times C\times S\times I}{S}=T\times C\times I \tag{6.7}$$

再观察其他特征的影响，这称为季节变动的调整。剔除了季节因素的数据，反映了没有季节因素影响下的时间序列变化形态。

对于表6－5数据，剔除季节指数后的销售量如表6－8所示，对这些数据计算其线性回归方程，得到$\hat{y}_t=287.67+57t$，预测数据如表6－8所示。

表6－8　剔除季节指数后的销售量

年份	序列编号	月份	前年销售量	季节指数（S）（%）	剔除季节指数后的销售量（Y/S）	剔除季节指数后的趋势值（$\hat{y}$）
前年	1	1	80	14.9	535	345.01
	2	2	120	19.3	622	400.96
	3	3	200	33.2	603	456.91
	4	4	500	74.3	673	512.86
	5	5	800	123.6	647	568.81
	6	6	2 500	359.1	696	624.76
	7	7	2 400	434.9	552	680.71
	8	8	600	81.1	740	736.66
	9	9	200	30.3	659	792.61
	10	10	100	16.5	606	848.56
	11	11	60	7.7	783	904.51
	12	12	40	5.0	807	960.46

续表

年份	序列编号	月份	前年销售量	季节指数（S）（%）	剔除季节指数后的销售量（Y/S）	剔除季节指数后的趋势值（$\hat{y}$）
去年	13	1	120	14.9	803	1 016.41
	14	2	200	19.3	1 036	1 072.36
	15	3	350	33.2	1 055	1 128.31
	16	4	850	74.3	1 144	1 184.26
	17	5	1 500	123.6	1 213	1 240.21
	18	6	4 500	359.1	1 253	1 296.16
	19	7	6 400	434.9	1 472	1 352.11
	20	8	900	81.1	1 109	1 408.06
	21	9	400	30.3	1 319	1 464.01
	22	10	250	16.5	1 514	1 519.96
	23	11	100	7.7	1 304	1 575.91
	24	12	80	5.0	1 614	1 631.86
今年	25	1	320	14.9	2 141	1 687.81
	26	2	400	19.3	2 073	1 743.76
	27	3	700	33.2	2 110	1 799.71
	28	4	1 500	74.3	2 018	1 855.66
	29	5	2 400	123.6	1 941	1 911.61
	30	6	6 800	359.1	1 894	1 967.56
	31	7	7 200	434.9	1 656	2 023.51
	32	8	1 500	81.1	1 849	2 079.46
	33	9	600	30.3	1 978	2 135.41
	34	10	400	16.5	2 423	2 191.36
	35	11	200	7.7	2 609	2 247.31
	36	12	110	5.0	2 219	2 303.26

四、项目任务

【任务概览】

本项目通过样本数据，对两个总体之间的相关程度分别用散点图、相关系数进行表示，通过图示或数据给出数据之间相关程度的准确表达，并对其进行可靠性检验。利用线性回归方法，根据样本数据作出回归方程，再利用方程进行预测。

1. 根据样本数据，对数据之间的相关性进行表示，并进行可靠性检验。
2. 根据样本数据，计算得到线性回归方程，并对其进行可靠性检验。
3. 利用线性回归方程进行预测。

4. 利用同一样本数据，对几种回归方程进行比较。

任务1　移动平均法预测时间序列

【任务清单】

根据统计数据，绘制时间序列图，正确判断时间序列模式。利用移动平均法对序列进行预测，并能够评判方法的准确度。

【具体要求】

“Chap6 数据. xlsx”的“投资组合”表中的数据是2018—2021 年16 个季度一个投资组合中股票所占的比例。

（1）绘制时间序列图。分析数据呈现何种类型的时间序列模式。

（2）用 $n=3$ 的简单移动平均法，以及 $n=3$，$w_1=0.5$，$w_2=0.3$，$w_3=0.2$ 的加权移动平均法来预测这个时间序列，并计算判断哪个能够提供更准确的预测。

（3）根据（2）的结果，选择较好的方法预测 2022 年第一季度投资组合中股票所占比例。

【操作示范】

（1）选中数据后，插入“带有直线和数据标志的散点图”，删除图例项，得到如图 6 - 2 所示的时间序列图。

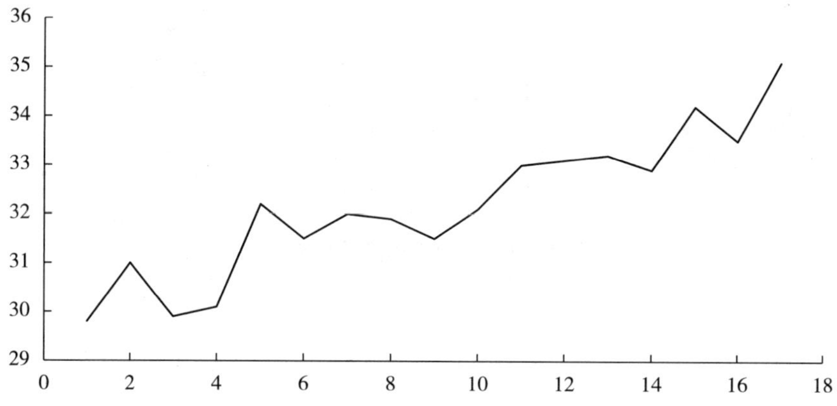

图 6 - 2　投资组合中股票所占比例的时间序列图

根据时间序列的分类，分析的对象是一元的、离散的、非平稳的时间序列。

（2）在 Excel 中，简单移动平均法可以通过直接计算得到，也可以通过“数据分析”工具中的“移动平均”实现。加权移动平均需要通过公式进行计算。

对两种方法均以公式的方式实现，计算公式如图 6 - 3 所示。

对比图 6 - 4 所示计算结果，$n=3$ 的简单移动平均法和 $n=3$，$w_1=0.5$，$w_2=0.3$，$w_3=0.2$ 的加权移动平均法的均方误差 MSE 分别是 0.6558 和 0.6094，相比较而言，加权移动平均比简单移动平均稍好，但相差不大。

两种方法预测值和实际值的比较如图 6 - 5 所示。

	A	B	C	D	E	F
1	季度	股票所占比例(%)	n=3简单移动平均法的预测值	MSE	n=3加权移动平均法的预测值	MSE
2	2018年第一季度	29.8				
3	2018年第二季度	31				
4	2018年第三季度	29.9				
5	2018年第四季度	30.1	=AVERAGE(B2:B4)	=(C5-B5)^2	=0.5*B4+0.3*B3+0.2*B2	=(E5-B5)^2
6	2019年第一季度	32.2	=AVERAGE(B3:B5)	=(C6-B6)^2	=0.5*B5+0.3*B4+0.2*B3	=(E6-B6)^2
7	2019年第二季度	31.5	=AVERAGE(B4:B6)	=(C7-B7)^2	=0.5*B6+0.3*B5+0.2*B4	=(E7-B7)^2
8	2019年第三季度	32	=AVERAGE(B5:B7)	=(C8-B8)^2	=0.5*B7+0.3*B6+0.2*B5	=(E8-B8)^2
9	2019年第四季度	31.9	=AVERAGE(B6:B8)	=(C9-B9)^2	=0.5*B8+0.3*B7+0.2*B6	=(E9-B9)^2
10	2020年第一季度	31.5	=AVERAGE(B7:B9)	=(C10-B10)^2	=0.5*B9+0.3*B8+0.2*B7	=(E10-B10)^2
11	2020年第二季度	32.1	=AVERAGE(B8:B10)	=(C11-B11)^2	=0.5*B10+0.3*B9+0.2*B8	=(E11-B11)^2
12	2020年第三季度	33	=AVERAGE(B9:B11)	=(C12-B12)^2	=0.5*B11+0.3*B10+0.2*B9	=(E12-B12)^2
13	2020年第四季度	33.1	=AVERAGE(B10:B12)	=(C13-B13)^2	=0.5*B12+0.3*B11+0.2*B10	=(E13-B13)^2
14	2021年第一季度	33.2	=AVERAGE(B11:B13)	=(C14-B14)^2	=0.5*B13+0.3*B12+0.2*B11	=(E14-B14)^2
15	2021年第二季度	32.9	=AVERAGE(B12:B14)	=(C15-B15)^2	=0.5*B14+0.3*B13+0.2*B12	=(E15-B15)^2
16	2021年第三季度	34.2	=AVERAGE(B13:B15)	=(C16-B16)^2	=0.5*B15+0.3*B14+0.2*B13	=(E16-B16)^2
17	2021年第四季度	33.5	=AVERAGE(B14:B16)	=(C17-B17)^2	=0.5*B16+0.3*B15+0.2*B14	=(E17-B17)^2
18	2022年第一季度	35.1	=AVERAGE(B15:B17)		=0.5*B17+0.3*B16+0.2*B15	
19						
20				=AVERAGE(D5:D17)		=AVERAGE(F5:F17)

图 6 – 3　移动平均的计算过程

	A	B	C	D	E	F
1	季度	股票所占比例(%)	n=3简单移动平均法的预测值	MSE	n=3加权移动平均法的预测值	MSE
2	2018年第一季度	29.8				
3	2018年第二季度	31				
4	2018年第三季度	29.9				
5	2018年第四季度	30.1	30.2333	0.0178	30.2100	0.0121
6	2019年第一季度	32.2	30.3333	3.4844	30.2200	3.9204
7	2019年第二季度	31.5	30.7333	0.5878	31.1100	0.1521
8	2019年第三季度	32	31.2667	0.5378	31.4300	0.3249
9	2019年第四季度	31.9	31.9000	0.0000	31.8900	0.0001
10	2020年第一季度	31.5	31.8000	0.0900	31.8500	0.1225
11	2020年第二季度	32.1	31.8000	0.0900	31.7200	0.1444
12	2020年第三季度	33	31.8333	1.3611	31.8800	1.2544
13	2020年第四季度	33.1	32.2000	0.8100	32.4300	0.4489
14	2021年第一季度	33.2	32.7333	0.2178	32.8700	0.1089
15	2021年第二季度	32.9	33.1000	0.0400	33.1300	0.0529
16	2021年第三季度	34.2	33.0667	1.2844	33.0300	1.3689
17	2021年第四季度	33.5	33.4333	0.0044	33.6100	0.0121
18	2022年第一季度	35.1	33.5333		33.5900	
19						
20				0.6558		0.6094

图 6 – 4　移动平均的计算结果

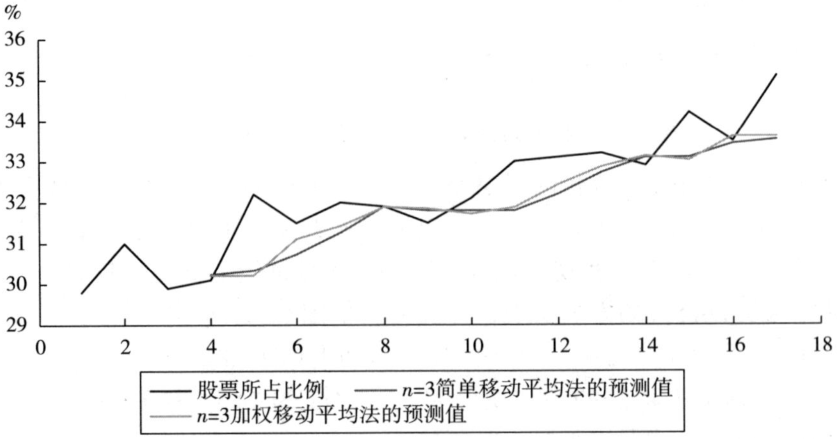

图 6 – 5　移动平均的实际值和预测值比较

（3）根据（2）的结果，选择加权移动平均法对数据进行预测，预测2022年第一季度投资组合中股票所占比例为31.0%。

任务2　长期趋势的分析方法

【任务清单】

根据统计数据，利用长期趋势分析中的指数平滑和线型趋势外推的方法，对时间序列进行预测。

【具体要求】

××商场因为邻近长江，所以在保险公司购买了保险，以保证在遭遇洪水不能正常营业时，可以最大限度地降低商场损失。1998年，由于洪水，该商场被迫在7—8月停业，该商场需要确定由此而损失的销售额。当年1—6月销售额数据见“Chap6数据.xlsx”的“保险理赔”表。

（1）绘制时间序列图，数据呈现何种类型的模式？

（2）利用 $\alpha = 0.4$ 的指数平滑法预测7月的销售额。

（3）利用线型趋势外推法预测7月和8月的销售额。

（4）如果保险公司提出的理赔金额为24万元，这个数额合理吗？如果不合理，合适的金额为多少？

【操作示范】

（1）选中数据后，插入“带有直线和数据标志的散点图”，删除图例项，得到如图6-6所示的时间序列图。

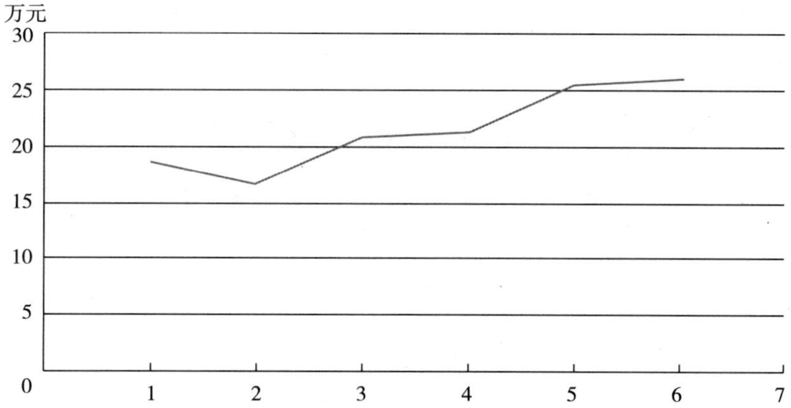

图6-6　商场销售额时间序列图

根据时间序列的分类，分析的对象是一元的、离散的、非平稳的时间序列。

（2）利用指数平滑的方法预测商场的销售数据。在Excel中，“数据分析”工具下有“指数平滑”分析工具，如图6-7所示。

点击“确定”后，在弹出的“指数平滑”设置对话框中，选择“输入区域”为“销售额”对应的数据，如果带有标志行，则勾选“标志”。对话框中的“阻尼系数”

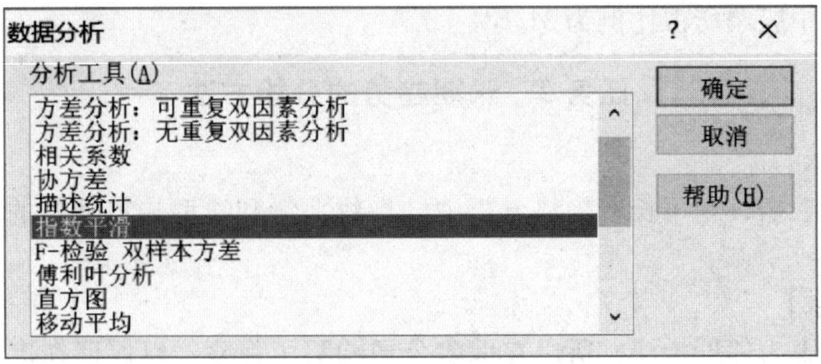

图 6-7　Excel 的指数平滑分析工具

是 $1-\alpha$，所以当 α 为 0.4 时，阻尼系数为 0.6。选择输出区域并勾选“图表输出”项，得到结果如图 6-8 所示。

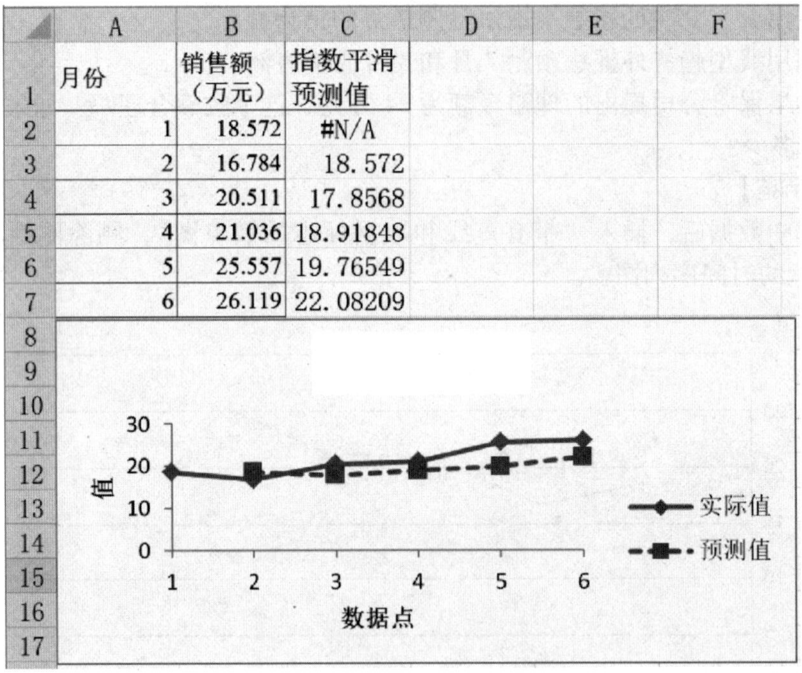

	A	B	C
1	月份	销售额（万元）	指数平滑预测值
2	1	18.572	#N/A
3	2	16.784	18.572
4	3	20.511	17.8568
5	4	21.036	18.91848
6	5	25.557	19.76549
7	6	26.119	22.08209

图 6-8　指数平滑工具分析结果

进而预测 7 月销售数据为 23.6969 万元（保留 4 位小数）。

（3）利用线型趋势外推法对销售额和月份之间建立线型回归模型，利用“数据分析”工具中的“回归”工具，得到结果如图 6-9 所示。线型回归方程为 $\hat{y}=14.9719+1.8451t$。该方程的 R^2 值为 0.8539；F 统计量为 23.3769，大于 F 检验标准 0.0084；对回归方程系数的假设检验 p 值分别为 0.0006 和 0.0084，均小于 0.05 的显著水平。

SUMMARY OUTPUT

回归统计	
Multiple	0.924062
R Square	0.853891
Adjusted	0.817364
标准误差	1.596426
观测值	6

方差分析

	df	SS	MS	F	Significance F
回归分析	1	59.57782	59.57782	23.37689	0.008431
残差	4	10.19431	2.548577		
总计	5	69.77213			

	Coefficient	标准误差	t Stat	P-value	Lower 95%	Upper 95%	下限 95.0%	上限 95.0%
Intercept	14.97193	1.486192	10.07402	0.000546	10.8456	19.09826	10.8456	19.09826
月份	1.845114	0.381619	4.834966	0.008431	0.78557	2.904658	0.78557	2.904658

图 6－9 销售量和月份之间的线型回归分析结果

利用该方程预测 7 月和 8 月的销售额分别为 27.8877 万元和 29.7329 万元。

（4）利用（2）和（3）两种方法进行时间序列分析，均方误差 MSE 分别是 23.70 和 1.70，线型趋势外推分析法均方误差远小于指数平滑的方法。以线型趋势外推的方法进行预测，7 月和 8 月的销售额均在 27 万元以上，所以如果保险公司提出的理赔金额为 24 万元，这个数额不合理，理赔金额应大于 27 万元。

任务 3 季节周期性数据的分析

【任务清单】

根据统计数据，对季节周期性数据进行分析，利用趋势提出法对时间序列进行预测。

【具体要求】

对“Chap6 数据.xlsx”的“纺织品出口”表进行季节周期性数据分析。

（1）绘制时间序列图，数据呈现何种类型的模式？

（2）计算季节指数，并对季节指数用图表描述。

（3）从原数据中剔除季节指数，建立线型趋势外推模型。

（4）利用季节指数对剔除了季节指数后建立的模型预测值进行还原，通过图表对比预测数据与原数据的拟合度。

【操作示范】

（1）“纺织品出口”表中数据以二维数据表形式呈现，要建立数据和时间序列之间的关系，需要首先将其转换为一维数据表形式。在 Excel 中，方法如下。

在键盘上按“Alt + D”再按“P”，在打开的“数据透视表和数据透视图向导”对话框中，如图 6 - 10 所示，选择“多重合并计算数据区域”和“数据透视表”，点击“下一步”。

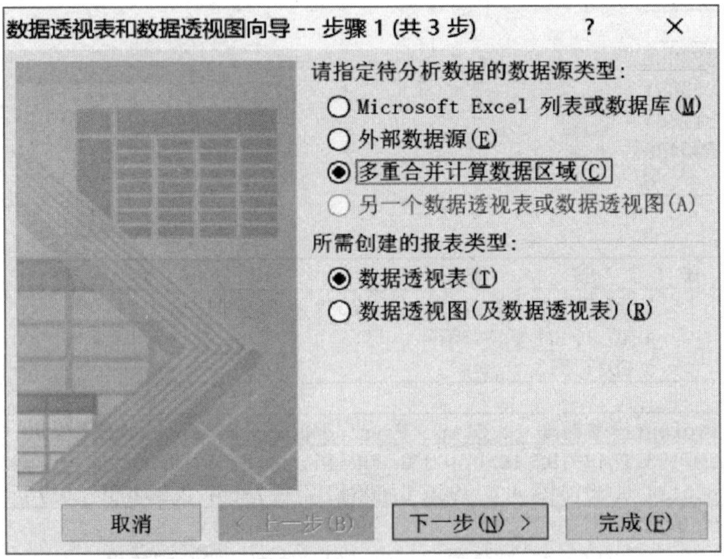

图 6 - 10　数据透视表和数据透视图向导

在“步骤 2a”中选择“创建单页字段”，如图 6 - 11 所示。

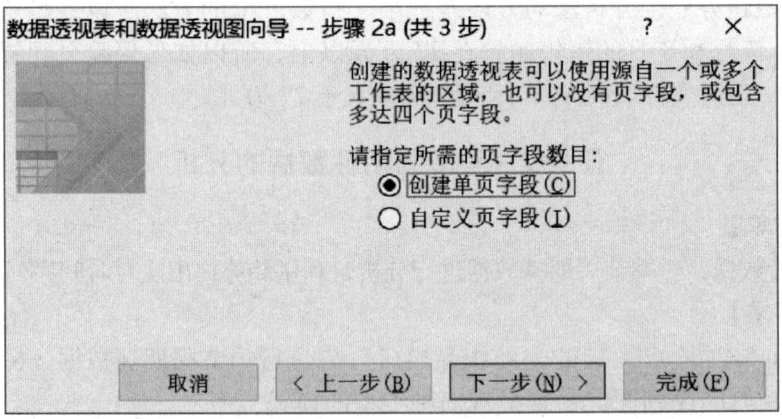

图 6 - 11　数据透视表和数据透视图向导步骤 2a

再点击“下一步”，打开“步骤 2b”，选择数据区域，点击“添加”，如图 6 - 12 所示。

点击“下一步”，选择数据透视表显示的位置，选择“新工作表”，则得到如图 6 - 13所示数据。双击箭头所示的“总计”数据，则在一张新工作表中得到一维排列的数据（见图 6 - 14）。删除表中无用的数据列，并添加“序列”数据列，以 1、2、3…作为序列编号（见图 6 - 15）。

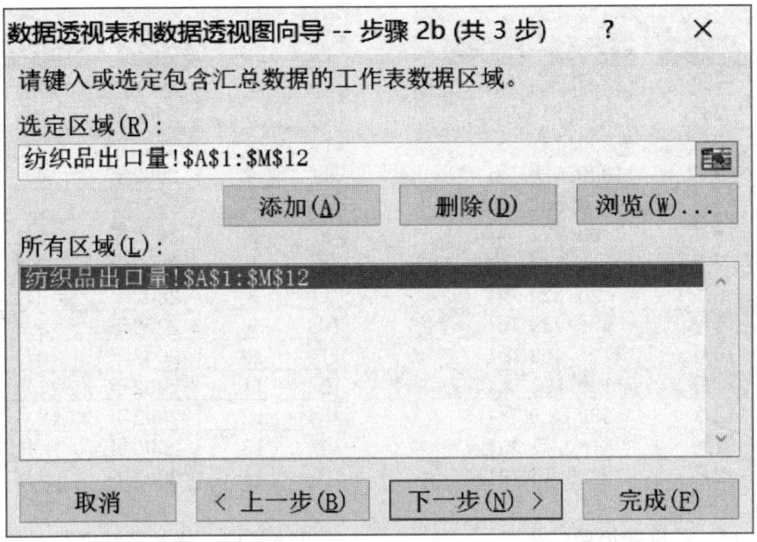

图 6－12　数据透视表和数据透视图向导步骤 2b

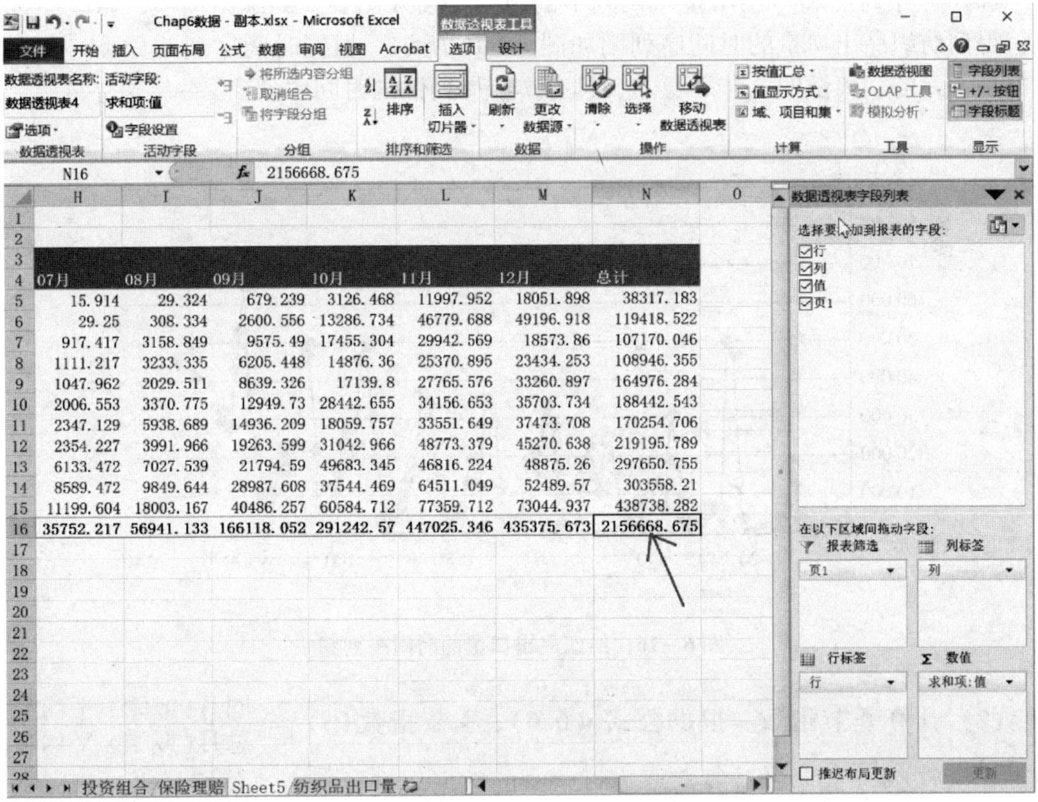

图 6－13　数据透视表数据结果

	A	B	C	D
1	行	列	值	页1
2	2002年	1月	347.984	项1
3	2002年	2月	611.519	项1
4	2002年	3月	983.749	项1
5	2002年	4月	1849.029	项1
6	2002年	5月	560.33	项1
7	2002年	6月	63.777	项1
8	2002年	7月	15.914	项1
9	2002年	8月	29.324	项1
10	2002年	9月	679.239	项1
11	2002年	10月	3126.468	项1
12	2002年	11月	11997.95	项1
13	2002年	12月	18051.9	项1
14	2003年	1月	1140.72	项1
15	2003年	2月	3863.45	项1

图 6－14　一维转换后的数据

	A	B	C	D
1	序列	年份	月份	出口量
2	1	2002年	1月	347.984
3	2	2002年	2月	611.519
4	3	2002年	3月	983.749
5	4	2002年	4月	1849.029
6	5	2002年	5月	560.33
7	6	2002年	6月	63.777
8	7	2002年	7月	15.914
9	8	2002年	8月	29.324
10	9	2002年	9月	679.239
11	10	2002年	10月	3126.468
12	11	2002年	11月	11997.95
13	12	2002年	12月	18051.9
14	13	2003年	1月	1140.72
15	14	2003年	2月	3863.45

图 6－15　修改了数据列后的一维数据

选择“序列”和“出口量”两列中的数据，插入图表，删除图例项，修改图标标题，得到纺织品出口量的时间序列图如图 6－16 所示。根据时间序列的分类，分析的对象是一元的、离散的、非平稳的、具有季节周期性的时间序列。

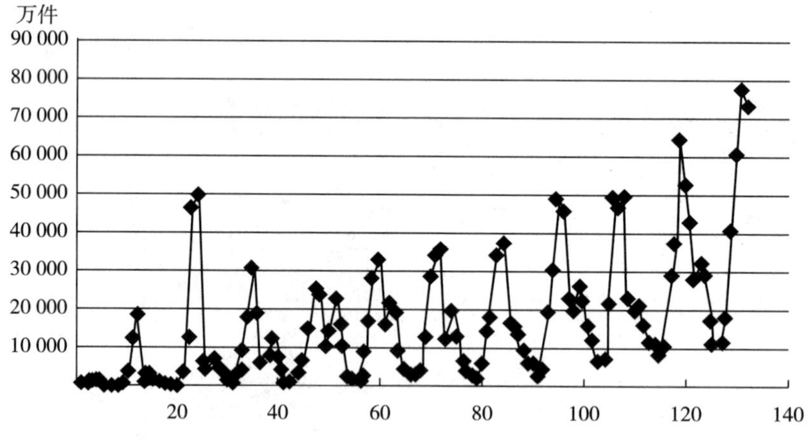

图 6－16　纺织品出口量的时间序列图

（2）计算季节指数。根据公式（6.6），季节指数（S）$=\dfrac{\text{同月（或季）平均数}}{\text{总月（或季）平均数}}\times 100\%$，所以季节指数的计算需要通过二维的数据表进行。在“纺织品出口量”数据表中，计算 1—12 月的每月均值，再计算总月均值，将每月均值除以总月均值，得到每月的季节指数，计算过程如图 6－17 所示。

	A	B	C	D	E	F	G
1	纺织品出口量	1月	2月	3月	4月	5月	6月
2	2002年	347.984	611.519	983.749	1849.029	560.33	63.777
3	2003年	1140.72	2863.45	1212.202	1255.99	654.53	90.15
4	2004年	5614.136	4616.69	6212.365	5376.326	2890.851	2836.189
5	2005年	5377.71	7008.705	11669.308	7097.86	3204.559	356.705
6	2006年	10034.34	14108.511	22616.864	15970.068	10240.064	2123.365
7	2007年	15525.002	22462.953	18598.219	8879.314	4139.676	2207.279
8	2008年	11898.41	19257.646	13212.551	6586.078	4376.798	2616.082
9	2009年	16605.936	16510.849	14074.414	8977.468	6272.331	6058.016
10	2010年	22825.745	19583.854	25406.48	22527.823	15405.425	11570.998
11	2011年	22563.002	20024.116	20741.516	15635.938	11373.941	11247.885
12	2012年	42516.022	27584.383	31440.819	28628.763	17211.558	10678.348
13	每月均值	=AVERAGE(B2:B12)	=AVERAGE(C2:C12)	=AVERAGE(D2:D12	=AVERAGE(E2:E12)	=AVERAGE(F2:F12)	=AVERAGE(
14	总月均值	=AVERAGE(B2:M12)					
15	季节指数	=B13/$B$14	=C13/$B$14	=D13/$B$14	=E13/$B$14	=F13/$B$14	=G13/$B$1

图 6－17　季节指数计算过程

对计算所得的季节指数添加图表，选择“带有直线和数据标记的散点图”，得到如图 6－18 所示的季节指数曲线。

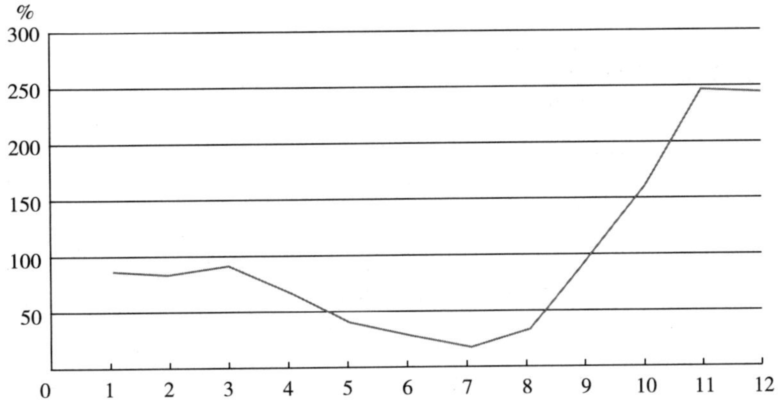

图 6－18　季节指数图

（3）将计算所得的 1—12 月的季节指数复制到一维数据表中，利用 Y/S 从原数据中剔除季节指数，结果如图 6－19 所示。

利用“数据分析”的“回归”工具，对“剔除季节指数后的出口量”和“时间序列”之间建立线性回归方程，得到结果如图 6－20 所示。线型回归方程为：$\hat{y} = -1\,930.81 + 274.725t$。该方程的 R^2 值为 0.7118；F 统计量为 321.006，大于 F 检验标准 6.326E－37；对回归方程系数的假设检验 p 值分别为 0.1028 和 6.3258E－37，拒绝 t 的系数为 0 的假设，但不能拒绝截距系数为 0 的假设。

	A	B	C	D	E	F
1	序列	年份	月份	出口量	季节指数	剔除季节指数后的值
2	1	2002年	1月	347.984	86%	404.93
3	2	2002年	2月	611.519	86%	710.74
4	3	2002年	3月	983.749	92%	1063.99
5	4	2002年	4月	1849.029	68%	2706.46
6	5	2002年	5月	560.33	42%	1319.32
7	6	2002年	6月	63.777	28%	229.94
8	7	2002年	7月	15.914	20%	80.00
9	8	2002年	8月	29.324	32%	92.55
10	9	2002年	9月	679.239	92%	734.87
11	10	2002年	10月	3126.468	162%	1929.31
12	11	2002年	11月	11997.95	249%	4823.67
13	12	2002年	12月	18051.9	242%	7451.79
14	13	2003年	1月	1140.72	86%	1327.38
15	14	2003年	2月	2863.45	86%	3328.06
16	15	2003年	3月	1212.202	92%	1311.08

图 6－19　添加季节指数列剔除季节指数后的出口量数值

回归统计	
Multiple R	0.843656
R Square	0.7117555
Adjusted R	0.7095382
标准误差	6712.7332
观测值	132

方差分析

	df	SS	MS	F	Significance F
回归分析	1	1.45E+10	1.45E+10	321.006	6.33E-37
残差	130	5.86E+09	45060787		
总计	131	2.03E+10			

	Coefficient	标准误差	t Stat	P-value	Lower 95%	Upper 95%
Intercept	-1930.812	1175.208	-1.64295	0.102809	-4255.82	394.196
X Variable	274.72498	15.33351	17.91664	6.33E-37	244.3895	305.0605

图 6－20　剔除季节指数后的出口量和时间序列之间的回归分析

（4）利用剔除了季节指数的出口量数据和时间序列建立的线性模型进行预测，得到的结果如图 6－21 所示的 G 列数据。将季节指数还原到预测数据，得到结果如图 6－21所示的 H 列数据。选中“序列”“出口量”和“还原季节指数的预测值”三列数据，插入图表，调整图例位置，修改坐标轴的最小值，得到预测数据与原数据的对比图，如图 6－22 所示。

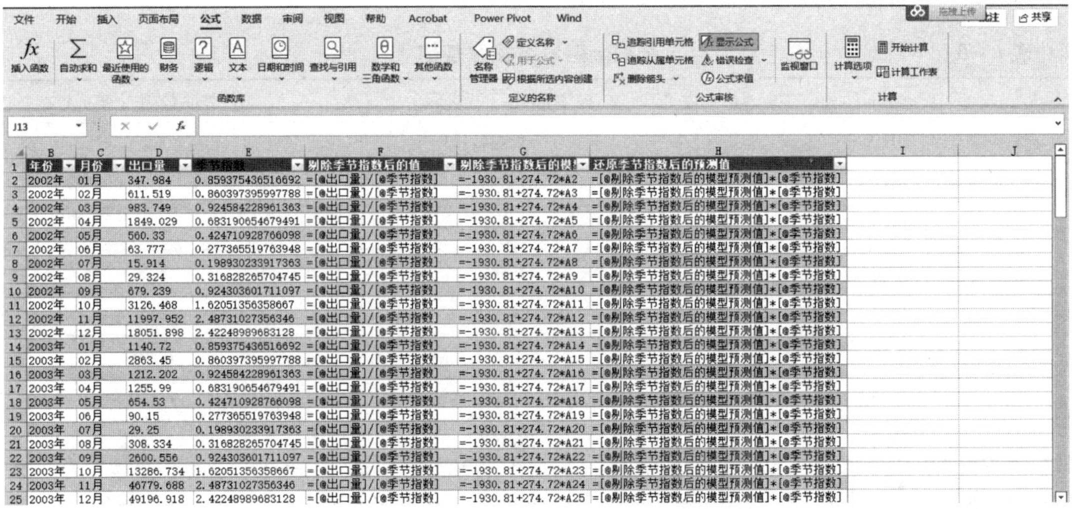

	年份	月份	出口量	季节指数	剔除季节指数后的值	剔除季节指数后的模	还原季节指数后的预测值
2	2002年	01月	347.984	0.859375436516692	=[@出口量]/[@季节指数]	=-1930.81+274.72*A2	=[@剔除季节指数后的模型预测值]*[@季节指数]
3	2002年	02月	611.519	0.860397395997788	=[@出口量]/[@季节指数]	=-1930.81+274.72*A3	=[@剔除季节指数后的模型预测值]*[@季节指数]
4	2002年	03月	983.749	0.924584228961363	=[@出口量]/[@季节指数]	=-1930.81+274.72*A4	=[@剔除季节指数后的模型预测值]*[@季节指数]
5	2002年	04月	1849.029	0.683190654679491	=[@出口量]/[@季节指数]	=-1930.81+274.72*A5	=[@剔除季节指数后的模型预测值]*[@季节指数]
6	2002年	05月	560.33	0.424710928766098	=[@出口量]/[@季节指数]	=-1930.81+274.72*A6	=[@剔除季节指数后的模型预测值]*[@季节指数]
7	2002年	06月	63.777	0.277365519763948	=[@出口量]/[@季节指数]	=-1930.81+274.72*A7	=[@剔除季节指数后的模型预测值]*[@季节指数]
8	2002年	07月	15.914	0.198930233917363	=[@出口量]/[@季节指数]	=-1930.81+274.72*A8	=[@剔除季节指数后的模型预测值]*[@季节指数]
9	2002年	08月	29.324	0.316828265704745	=[@出口量]/[@季节指数]	=-1930.81+274.72*A9	=[@剔除季节指数后的模型预测值]*[@季节指数]
10	2002年	09月	679.239	0.924303601711097	=[@出口量]/[@季节指数]	=-1930.81+274.72*A10	=[@剔除季节指数后的模型预测值]*[@季节指数]
11	2002年	10月	3126.468	1.62051356358667	=[@出口量]/[@季节指数]	=-1930.81+274.72*A11	=[@剔除季节指数后的模型预测值]*[@季节指数]
12	2002年	11月	11997.952	2.48731027356346	=[@出口量]/[@季节指数]	=-1930.81+274.72*A12	=[@剔除季节指数后的模型预测值]*[@季节指数]
13	2002年	12月	18051.898	2.42248989683128	=[@出口量]/[@季节指数]	=-1930.81+274.72*A13	=[@剔除季节指数后的模型预测值]*[@季节指数]
14	2003年	01月	1140.72	0.859375436516692	=[@出口量]/[@季节指数]	=-1930.81+274.72*A14	=[@剔除季节指数后的模型预测值]*[@季节指数]
15	2003年	02月	2863.45	0.860397395997788	=[@出口量]/[@季节指数]	=-1930.81+274.72*A15	=[@剔除季节指数后的模型预测值]*[@季节指数]
16	2003年	03月	1212.202	0.924584228961363	=[@出口量]/[@季节指数]	=-1930.81+274.72*A16	=[@剔除季节指数后的模型预测值]*[@季节指数]
17	2003年	04月	1255.99	0.683190654679491	=[@出口量]/[@季节指数]	=-1930.81+274.72*A17	=[@剔除季节指数后的模型预测值]*[@季节指数]
18	2003年	05月	654.53	0.424710928766098	=[@出口量]/[@季节指数]	=-1930.81+274.72*A18	=[@剔除季节指数后的模型预测值]*[@季节指数]
19	2003年	06月	90.15	0.277365519763948	=[@出口量]/[@季节指数]	=-1930.81+274.72*A19	=[@剔除季节指数后的模型预测值]*[@季节指数]
20	2003年	07月	29.25	0.198930233917363	=[@出口量]/[@季节指数]	=-1930.81+274.72*A20	=[@剔除季节指数后的模型预测值]*[@季节指数]
21	2003年	08月	308.334	0.316828265704745	=[@出口量]/[@季节指数]	=-1930.81+274.72*A21	=[@剔除季节指数后的模型预测值]*[@季节指数]
22	2003年	09月	2600.556	0.924303601711097	=[@出口量]/[@季节指数]	=-1930.81+274.72*A22	=[@剔除季节指数后的模型预测值]*[@季节指数]
23	2003年	10月	13286.734	1.62051356358667	=[@出口量]/[@季节指数]	=-1930.81+274.72*A23	=[@剔除季节指数后的模型预测值]*[@季节指数]
24	2003年	11月	46779.688	2.48731027356346	=[@出口量]/[@季节指数]	=-1930.81+274.72*A24	=[@剔除季节指数后的模型预测值]*[@季节指数]
25	2003年	12月	49196.918	2.42248989683128	=[@出口量]/[@季节指数]	=-1930.81+274.72*A25	=[@剔除季节指数后的模型预测值]*[@季节指数]

图 6－21　还原季节指数的预测数据计算过程

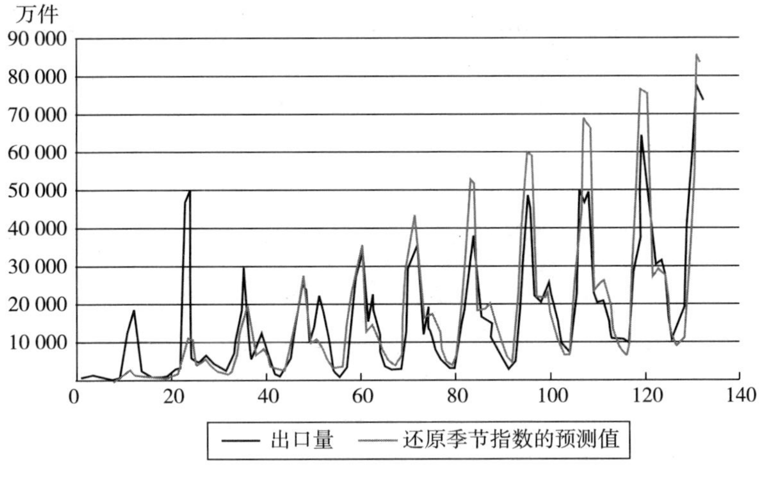

图 6－22　还原季节指数的预测值和实际出口量之间的对比

五、能力拓展

当前，全球正经历着科技与产业高度融合、深度叠加的新变革，随着前沿型变革技术的深入发展以及综合应用，社会生产生活协作模式加速转型，人类社会即将进入新一轮的创新发展高峰期。大数据、云计算、人工智能、区块链等新兴技术的出现给传统金融业带来了变革，加快了金融业对新兴技术的应用，推动了金融科技的快速发展，对金融市场、机构和服务产生了巨大的影响，并成为全球投资人和创业者聚焦的热点领域。2010 年至 2021 年全球金融科技投资额及交易数量如表 6－9 所示，利用时间序列分析法，分别运用简单移动平均法、指数平滑法、移动平均趋势剔除法对数据建立分析模型，比较模型对原数据的拟合程度，选择均方误差最小的方法对 2022 年全融科技投资额和交易数量进行预测。

表 6－9　　全球金融科技投资规模

年份	投资额（百万美元）	交易数量（笔）
2010	1 891	342
2011	2 634	479
2012	3 229	642
2013	4 844	818
2014	13 358	951
2015	21 213	1 208
2016	23 378	1 839
2017	26 676	2 743
2018	55 334	3 251
2019	53 304	3 472
2020	125 000	3 674
2021	210 000	5 684

项目七

综合实训

综合实训目标

【知识目标】

- 理解金融数据分析的基本概念。
- 熟悉金融数据分析的基本方法。
- 掌握金融数据的分析过程。

【能力目标】

- 能运用统计工具计算利率、现值、终值和年金。
- 能运用统计工具进行金融风险价值评估。
- 能计算投资组合的收益与方差。

【思政目标】

- 引导学生运用马克思主义的立场、观点和方法去研究金融数据统计分析过程中的相关问题，促进金融数据统计课程与思想政治理论课同向而行、协同育人。

综合项目一　货币的时间价值

知识要点

（一）货币的时间价值

量化投资之父詹姆斯·西蒙斯曾说："粒子的行动看似杂乱无章，实际上却存在着内在的规律。"量化投资研究就是用方程式来描述看似混乱的证券市场中隐藏的数学规律。

你的钱，是现在值钱还是以后值钱？

货币的时间价值是指当前持有的一定量的货币比未来获得的等量货币具有更高的价值。这是因为，货币用于投资可获得收益，存入银行可获得利息，货币的购买力会因通货膨胀的影响而改变。例如，若银行存款年利率为10%，将今天的1元钱存入银行，一年以后就会是1.10元。可见，经过一年时间，这1元钱发生了0.1元的增值，今天的1元钱和一年后的1.10元钱等值。货币时间价值的实质是资金周转使用后的增值额，是资金所有者让渡资金使用权而参与社会财富分配的一种形式。

从经济学的角度而言，现在的一单位货币与未来的一单位货币的购买力之所以不同，是因为要节省现在的一单位货币不消费而改在未来消费，则在未来消费时必须有大于一单位的货币可供消费，其大于的部分作为弥补延迟消费的贴水。

从社会资源消耗的角度而言，经济和社会的发展要消耗社会资源，现有的社会资源构成现存社会财富，利用这些社会资源创造出来的物质和文化产品构成了将来的社会财富，由于社会资源具有稀缺性特征，又能够带来更多社会产品，所以现在物品的效用要高于未来物品的效用。在货币经济条件下，货币是商品的价值体现，现在的货币用于支配现在的商品，将来的货币用于支配将来的商品，所以现在货币的价值自然高于未来货币的价值。市场利率是对平均经济增长和社会资源稀缺性的反映，也是衡量货币时间价值的标准。

货币的时间价值有两种表现形式。一种是绝对数表现形式，指的是在不同时间点货币价值的差额，如利息。另一种是相对数表现形式，用不同时间点货币价值的差额除以本金，用得到的比例来表示货币的时间价值，如利率。

1. 货币的时间价值的计算。在货币的时间价值计算过程中，会用到一些变量，这些变量及其在本书中的英文标识如表7－1所示。

表7－1　货币时间价值计算的几个常用变量

变量	英文标识
计息期	n
利率	i
利息	I
现值	PV
终值	FV
年金	A
付款额	PMT

货币的时间价值的计算基础有两种，分别是单利计算和复利计算。

（1）单利。

方法：每期只通过本金计算利息。

终值的计算公式为 $FV = PV(1 + i \cdot n)$；

现值的计算公式为 $PV = \dfrac{FV}{1 + i \cdot n}$。

（2）复利。

方法：每经过一个计息期，要将所产生的利息加入本金再计算利息，俗称“利滚利”。

终值的计算公式：$FV = PV(1 + i)^n$；

现值的计算公式：$PV = FV(1 + i)^{-n}$。

目前，多数的货币时间价值的计算多采用复利。

2. 名义年利率和有效年利率。复利的计息期不一定总是一年，有可能是按照季度、月或者是日。当利息在一年内要复利多次时，给出的年利率就叫作名义年利率（Annual Percentage Rate，APR），而通过实际所得利息计算的利率为有效年利率（Effective Annual Yield，EAY）。

例如，有本金1 000元，投资5年，年利率为8%，每季度复利一次，则5年后的终值为多少？

因为是按照季度复利，所以首先计算每季度利率 = 8% ÷ 4 = 2%。5年的复利次数为20次，所以 $FV = PV(1+i)^n = 1\ 000 \times (1+2\%)^{20} = 1\ 486$ 元，实际产生的利息是486元，通过复利公式 $FV = PV(1+i)^n$ 计算有效年利率有：$1\ 486 = 1\ 000 \times (1+i)^5$，得到 i 为8.24%。当计息周期短于一年时，有效年利率大于名义年利率。

名义年利率和有效年利率的关系式为：有效年利率 $= \left(1 + \frac{\text{名义年利率}}{m}\right)^m - 1$，其中 m 是一年内的复利次数。

3. 年金。年金是指一定期间内每期相等金额的收付款项。例如，某金融产品每年年末会向投资者支付100元，共支付8年，这就是一个年金。

年金按照付款时间点的不同分为后付年金和先付年金。

(1) 后付年金。后付年金也称为普通年金，它是在每期期末等额的系列收款、付款的年金。通常没有特别说明的年金均指后付年金。

后付年金的终值是一定时期内每期期末收付款项的复利终值之和，其计算公式为

$$FV = A \cdot \sum_{t=1}^{N} (1+i)^{t-1}$$

银行储蓄存款中的零存整取是典型的后付年金终值计算。例如，某人每年年末存入银行1 000元，假设年利率为8%不变，3年后可获得本利的和是多少？根据公式，得到 $FV = 100 + 100 \times (1+6\%) + 100 \times (1+6\%)^2 = 318.36$ 元。

后付年金现值是一定时期内每期期末发生等额收付款项的复利现值之和，其公式为

$$PV = A \cdot \sum_{t=1}^{N} (1+i)^{-t}$$

例如，某人打算连续5年在每年年末从银行取出20 000元，如果年利率是10%，则现在应该一次性存入多少钱？根据后付年金现值公式计算，得到 $PV = 20\ 000 \times (1+10\%)^{-1} + \cdots + 20\ 000\ (1+10\%)^{-5} = 75\ 815.74$ 元。

(2) 先付年金。先付年金是指在一定时期内每期起初发生的一系列收付款项。

先付年金与后付年金的差别仅在于首付款时间的不同。

先付年金的终值计算公式为

$$FV = A \cdot \sum_{t=1}^{N} (1+i)^{t}$$

现值计算公式为

$$PV = A \cdot \sum_{t=1}^{N} (1+i)^{-(t-1)}$$

(3) 永续年金。永续年金是指无限期发生的等额系列收付款项。在现实生活中，完全意义上的永续年金形式并不多见，对那些收付款期限较长的年金，或者收付款期限长到无法估计的情形，我们将其看作永续年金，例如养老保险金支付、股利稳定的普通股股利、商誉等无形资产产生的收益等。

永续年金的现值公式为

$$PV = A \cdot \frac{1}{i}$$

例如，拟建立一项永久性的奖学金，每年计划颁发 10 000 元奖金。若利率为 10%，则现在应该存入多少钱？根据永续年金现值公式计算，得到 $PV = 10\ 000/10\% = 100\ 000$ 元。

（二）投资项目决策

投资项目决策是由有关部门、单位或个人等投资主体在调查、分析、论证的基础上，对个别投资项目的根本性问题作出的判断和决定。进行投资项目决策常用的方法有净现值法（NPV）、内部收益率法（IRR）等一系列方法。

1. 收益率（Earnings Rate/Earnings Yield/Rate of Return）。收益率是指投资的回报率，又称投资回报率或投资报酬率，是用来衡量每单位投资创造多少净利润的指标。对公司而言，收益率指净利润占使用的平均资本的百分比。计算公式为

$$资产收益率 = 净利润 / 平均资产总额 \times 100\%$$

在实际工作中，由于工作角度和出发点不同，收益率可以有以下一些类型。

（1）实际收益率（Real Rate of Return）。实际收益率表示已经实现或者确定可以实现的资产收益率，表述为已实现或确定可以实现的利息（股息）收益率与资本利得收益率之和。当然，当存在通货膨胀时，还应当扣除通货膨胀率的影响，才是真实的收益率。

（2）预期收益率

①单项资产的预期收益率。预期收益率也称为期望收益率，是指在不确定的条件下，预测的某资产未来可能实现的收益率。计算公式为

$$E[R] = \sum_i P_i R_i$$

式中，$E(R)$ 为预期收益率，P_i 表示情况 i 可能出现的概率，R_i 表示情况 i 出现时的收益率。

②证券资产组合的预期收益率。证券资产组合的预期收益率就是组成证券资产组合的各种资产收益率的加权平均数，其权数为各种资产在组合中的价值比例。即

$$E[R_p] = \sum_i W_i \cdot E[R_i]$$

式中，$E[R_p]$ 表示证券资产组合的预期收益率，$E[R_i]$ 表示组合内第 i 项资产的预期收益率，W_i 表示第 i 项资产在整个组合中所占的价值比例。

（3）必要收益率（Required Rate of Return）。必要收益率也称为最低必要报酬率或最低要求的收益率，表示投资者对某资产合理要求的最低收益率。必要收益率由两部分构成：无风险收益率和风险收益率，计算公式为

$$R = R_f + \beta(R_m - R_f)$$

式中，R 表示某资产的必要收益率；β 表示该资产的系统性风险系数；R_f 表示无风险收益率，通常以短期国债的利率来近似替；R_m 表示市场投资组合收益率，通常用股票价格指数收益率的平均值或所有股票的平均收益率来代替。

①无风险收益率。无风险收益率也称无风险利率，它是指无风险资产的收益率，它的大小由纯粹利率（资金的时间价值）和通货膨胀补贴两部分组成。无风险资产一般满足两个条件：一是不存在违约风险；二是不存在再投资收益率的不确定性。实际上，满足这两个条件的资产几乎是不存在的，一般用与所分析的资产的现金流量期限相同的国债来表示。因此，一般用国债的利率表示无风险利率，该国债应该与所分析的资产的现金流量有相同的期限。

②风险收益率。

$$风险收益率 = \beta(R_m - R_f)$$

风险收益率是指某资产持有者因承担该资产的风险而要求的超过无风险利率的额外收益。风险收益率衡量了投资者将资金从无风险资产转移到风险资产而要求得到的“额外补偿”，它的大小取决于以下两个因素：一是风险的大小；二是投资者对风险的偏好。

2. 净现值（Net Present Value，NPV）。净现值指标是反映项目投资获利能力的指标，是一项投资所产生的未来现金流的折现值与项目投资成本之间的差值。用公式表示为

$$NPV = \frac{CF_1}{(1+r)^1} + \frac{CF_2}{(1+r)^2} + \cdots + \frac{CF_N}{(1+r)^N} - CF_0$$

式中，CF_t 是预期 t 时刻的现金流，r 是每个复利期间的投资收益率，CF_0 是期初投资额。

例如，一个项目的期初投资为 1 万元，前三年的收益分别为 3 000 元、4 200 元和 6 000 元。假定市场上的投资收益率预期为年 10%，计算该项目的净现值。

根据公式有：$NPV = \frac{3\ 000}{(1+10\%)^1} + \frac{4\ 200}{(1+10\%)^2} + \frac{6\ 000}{(1+10\%)^3} - 10\ 000 = 706.24$

利用净现值进行投资评估时，对于独立的一个投资计划，如果 $NPV > 0$，则可以选择该投资；如果 $NPV < 0$，则不可以选择该投资。如果是多个投资计划进行对比，利用净现值的方法进行评估，则需要选择 NPV 最大的项目。

净现值法计算简单，考虑货币的时间价值和投资期内所有的现金流，符合价值相加定理，能够给出明确客观的接受或拒绝的标准，但其存在的缺点是：远期的现金流难以准确预估，而且市场投资的收益率难以适当决定。同时，净现值法只能衡量财富的多少，而不能衡量成本效益的大小。例如，有两个投资项目 A 和 B，项目 A 的期初投资额是 100 万元，期末收益是 150 万元，项目 B 的期初投资额是10 000万元，期末收益是 10 100 万元，则项目 A 的净现值 50 万元小于项目 B 的净现值 100 万元，但项目 A 的收益率是 50%，而项目 B 的收益率只有 1%。所以单以净现值法作为决策依据，容易产生偏差。

3. 内部收益率。投资的内部收益率（Initial Rate of Return，IRR）是指能使投资净现值为零的折现率。当 $NPV = 0$ 时，有

$$CF_0 = \frac{CF_1}{(1+IRR)^1} + \frac{CF_2}{(1+IRR)^2} + \cdots + \frac{CF_N}{(1+IRR)^N}$$

用图形表示如图 7－1 所示。其中横轴表示折现率，纵轴表示净现值。

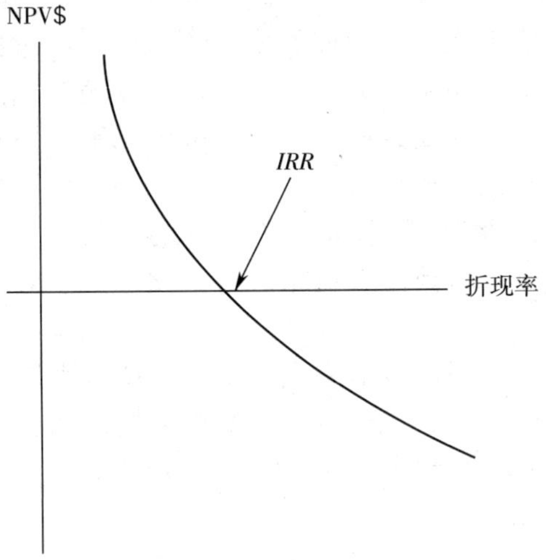

图 7－1　内部收益率

内部收益率可以看作项目的预测收益率，它的评估需要有一比较基准。通常决策方会先设定一个基本的内部收益率，再针对不同性质的投资项目订立不同的风险调整数，两者相加后成为投资回报率的门槛，当投资项目的内部收益率大于回报率门槛时，表示可以接受该投资项目。当面对多项投资项目进行选择时，则先以回报率门槛筛选合格的投资项目，再按照内部收益率的大小，决定优先级。

根据内部收益率的定义，运用高次方程求解 IRR 较为烦琐。一般采用试算法求解。当折现率的变化范围很小时，近似认为净现值函数曲线为一条直线，则可以使用直线插值法求出 IRR，如图 7－2 所示，求解公式为

$$IRR = r_a + \frac{NPV_a}{NPV_a + |NPV_b|}(r_b - r_a)$$

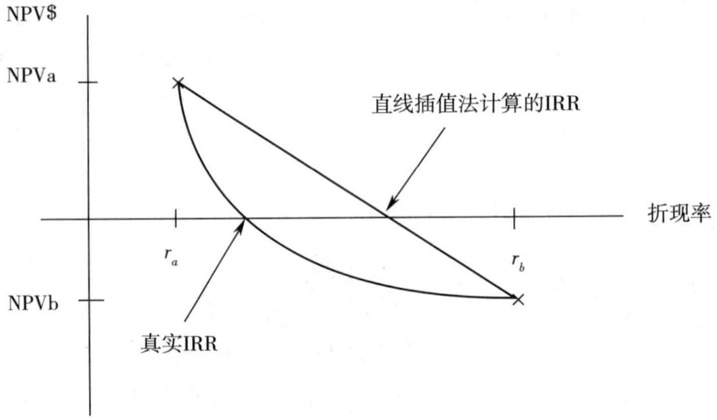

图 7－2　直线插值法计算 *IRR*

如果一个投资项目在折现率为 7% 时的净现值为 3 003 万元，折现率为 12% 时，净现值为负的 303 万元，利用直线插值法可以得出内部收益率约为

$$IRR = 7\% + \frac{3\ 003}{[3\ 003 - (-303)]} \times (12\% - 7\%) \approx 11.5\%$$

如果该值大于预期的投资回报率，则该项目值得投资。

4. 净现值和内部收益率的比较。如果投资项目的现金流量为传统型，即在投资有效期内只改变一次符号，即先有初始投资现金流出，之后都是收益的现金流入，则 *NPV* 是折现率的单调减函数，即随着折现率的增大，*NPV* 单调减少。此时，*NPV* 曲线

与横轴的交点是 IRR。以图 7-3 所示 NPV 和 IRR 为例，当折现率为 10%，按两种指标判断，均应接受该投资项目。当折现率为 30% 时，IRR 小于投资必要收益率，同时 NPV<0，按两种指标判断，均应放弃该投资项目。显然，在 IRR 点左边的 NPV 均为正数，而在 IRR 点右边的 NPV 均为负数。这表明，如果 NPV>0，IRR 必然大于投资必要收益率；反之，如果 NPV<0，IRR 必然小于投资必要收益率。由此可见，对单一的投资项目而言，如果 NPV 的评价标准得到满足，则 IRR 的评价标准也必然得到满足，反之则相反。不论采取哪个指标判断，其结论是一致的。

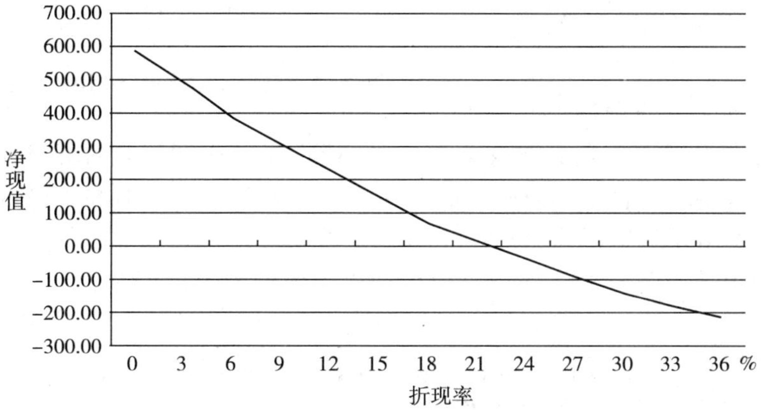

图 7-3 单调 NPV 和 IRR

投资决策中 NPV 与 IRR 判断的矛盾主要表现在对于互斥方案的评价中。所谓互斥方案，是指互不相容、互相排斥的方案，即一组方案中的各个方案彼此可以相互替代，采纳方案组中的某一方案，就会自动排斥这组方案中的其他方案。在互斥项目的比较分析中，特别是在项目的投资规模不同或现金流量模式不同的情况下，采用 NPV 或 IRR 指标进行项目排序时，有时会得出相反的结论。

假设有两个投资项目 A 和 B，其现金流如表 7-2 所示。

表 7-2 两个投资项目的现金流

项目	CF_0	CF_1	CF_2	CF_3	CF_4	IRR（%）	NPV（12%）
A	-26 900	10 000	10 000	10 000	10 000	18	3 470
B	-55 960	20 000	20 000	20 000	20 000	16	4 780

上述 A 和 B 两个投资项目的 IRR 均大于资本成本或投资必要收益率（12%），NPV 均大于零，如果企业资金充裕，两者都应接受。如果两个项目只能选取一个，按 IRR 的评价标准应选择 A 项目；按 NPV 的评价标准应选择 B 项目，这两种指标的评价结论是矛盾的。此时，这两个项目的 NPV 曲线如图 7-4 所示。

在图 7-4 中，两个项目 NPV 曲线与横轴的交点分别代表各自的 IRR。从图中可以看出，不论投资者要求的收益率为多少，按 IRR 排序，项目 A 总是优于项目 B。而按

NPV 排序，结果将与所选择的折现率有关，如果折现率小于 14.14%，项目 B 优于项目 A；如果折现率大于 14.14%，项目 A 优于项目 B；当折现率等于 14.14% 时，两项目的 NPV 相等，或者说 14.14% 代表了两个项目具有相同 NPV 时的收益率。这个折现率被称作“费希尔交点”，这一折现率非常重要，因为当投资者要求的收益率或资本成本等于或大于费希尔交点时，按 NPV 或 IRR 两种指标排序的结论是一致的；如果投资者要求的收益率或资本成本小于费希尔交点时，则按 NPV 排序与按 IRR 排序的结论会发生矛盾。

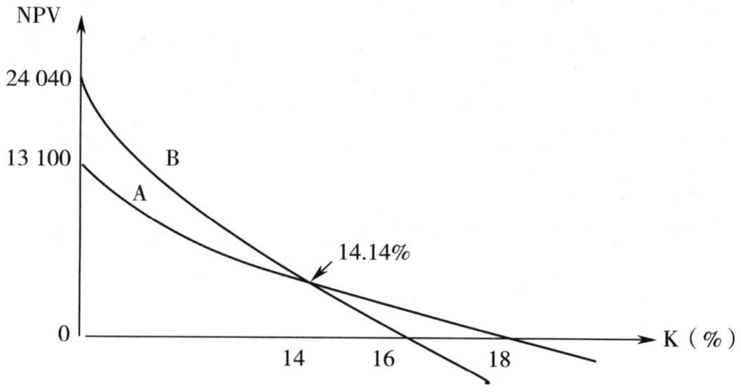

图 7－4　互斥项目 NPV 和 IRR 的变化

NPV 与 IRR 在互斥投资方案的评价中产生矛盾的根本原因是这两个指标隐含的再投资利率不同。NPV 假设投资项目在第 t 期流入的现金以资本成本或投资者要求的收益率进行再投资；IRR 假设再投资利率等于项目本身的 IRR。

对于两个互斥的项目，如果 NPV 方法和 IRR 方法得到的结果相反，则通常选取 NPV 方法，即总是选择 NPV 较大的项目。这是因为，在没有其他更确切的信息时，NPV 关于再投资利率的假设是一种较为客观、合理的预期。但是，IRR 假设的再投资利率是以所要考虑的各个项目的现金流量为转移，投资项目的 IRR 高，假设的再投资利率也高，反之则相反，这对未来的项目投资来说是不现实的。由于各项目的 IRR 不同，各项目的再投资利率也不同，这不仅影响评价指标的客观性，也不利于各项目间的比较。

5. 持有期收益率（Holding Period Yield/Holding Period Return，HPY）。持有期收益率是忽略货币时间价值的、简单的计算收益率的方法。其计算公式为

$$r_{HPY} = \frac{期末资产价值 - 期初投资额 + 期间收入}{期初投资额}$$

持有期收益率可以是一年的，也可以是任意一段时间的，如天、周、月等。

例如，一张现价 90 元的债券，3 个月后到期的面值是 100 元。但 3 个月后这张债券以 95 元的价格被卖掉，则持有期收益率是（95－90）/90。

有效年收益率是指按照每年 365 天的标准，将 t 天的持有期收益率以复利的方式年化而得到的收益率。其计算公式为

$$r_{EAY} = (1 + r_{HPY})^{365/t} - 1$$

例如，上面例子中债券 3 个月的持有期收益率为 5.56%，其有效年收益率为 $(1 + 5.56)^{365/90} - 1 = 24.52\%$。

6. 时间加权收益率（Time－weighted Return）。时间加权收益率是指在每单位时间

期间计算其金额加权收益率后，计算整个时间期间收益率的几何平均数。它是一种类似于几何平均的收益率，考虑了资金的时间价值，运用了复利思想的收益率，其计算公式为

$$r_{TW}=(1+r_1)(1+r_2)\cdots(1+r_n)-1=\prod_{t=1}^{n}(1+r_t)-1$$

式中，r_t 是时间 t 的收益率。

例如，一项投资期初投入 1 000 000 元，前三个季度的持有期收益率分别是 10%、9% 和 3%，一年到期后投资者收到 20 000 元分红，此时该项投资的价值为 940 000 元。计算该项投资在这一年的时间加权收益率。

根据题目首先计算第四个季度的持有期收益率为（940 000 － 1 000 000 + 20 000）/1 000 000 = －4.0%。根据这四个季度的持有期收益率，计算得到资金在一年内的时间加权收益率为（1 + 10%）（1 + 9%）（1 + 3%）（1 － 4%）－ 1 = 18.56%。

7. 货币加权收益率（Money－weighted Return）。货币加权收益率就是内部收益率。它受到投资项目资金流入和流出的影响。

货币加权收益率表明所有投入在整个投资期内产生的平均收益率，而时间加权收益率表明单位投入在整个投资期内所产生的收益率。货币加权收益率使期初投入加期间现金流与期末价值相等，而时间加权收益率消除了现金流的影响，只测定评价期内始终存在的那部分资金产生的收益，可作为纯粹评价基金管理人资产管理能力的标准，因此大多数欧美资产管理评价机构都采用时间加权收益率作为衡量的指示。

实训任务

任务 1　利率、现值、终值和年金

【任务清单】

（1）一项投资初期投入 500 万元，然后连续 10 个月陆续在每月月末投入 20 万元，年利率为 12%，计算该项投资一年后的终值。

（2）某个人想给自己建立一个退休账户，这样他在退休后 25 年里每年能够使用 80 000 元。为了建立这个账户，他需要在他工作的时候每年存入 6 608 元。那么他至少要存入几次才能满足他退休后的愿望（统一采用 6% 的复合年利率计算）。

（3）某项目初始投资 145 万元，接下来的 5 年，每年收益的净现金流量分别为 100 万元、100 万元、100 万元、100 万元、－275 万元，找出该投资项目盈利的折现率区间。

【操作示范】

（1）根据题目描述，按月进行投资，计息的月利率为 12%/12，各期支付金额不同。在 Excel 中，可以通过函数 FV 来计算某项投资的未来值，具体语法如下：

FV(rate,nper,pmt,[pv],[type])

FV 函数语法具有下列参数：

Rate：必需。各期利率。

Nper：必需。年金的付款总期数。

Pmt：必需。各期所应支付的金额，其数值在整个年金期间保持不变。通常，pmt 包括本金和利息，但不包括其他费用或税款。如果省略 pmt，则必须包括 pv 参数。

Pv：可选。现值，或一系列未来付款的当前值的累积和。如果省略 pv，则假设其值为零，并且必须包括 pmt 参数。

Type：可选。数字 0 或 1，用于指定各期的付款时间是在期初还是期末。如果省略 type，则假设其值为零。0 表示支付时间为期末，1 表示支付时间为期初。

该投资计算公式和结果如图 7－5 所示。

（2）根据题目描述，首先需要计算出退休时需要储存多少资金，才能够在退休后的 25 年中每年使用 80 000 元。再根据退休前每年能够存入的钱数，计算存入的次数。

在 Excel 中，通过 PV 计算一系列未来付款的当前值的累积和，具体语法如下：

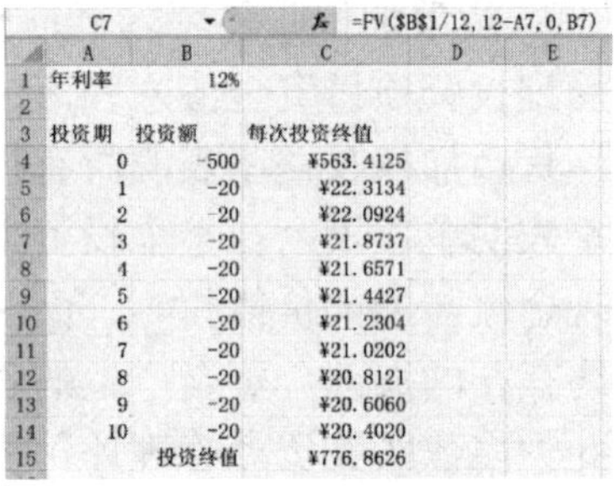
C7 =FV($B$1/12, 12-A7, 0, B7)

	A	B	C	D	E
1	年利率	12%			
2					
3	投资期	投资额	每次投资终值		
4	0	-500	¥563.4125		
5	1	-20	¥22.3134		
6	2	-20	¥22.0924		
7	3	-20	¥21.8737		
8	4	-20	¥21.6571		
9	5	-20	¥21.4427		
10	6	-20	¥21.2304		
11	7	-20	¥21.0202		
12	8	-20	¥20.8121		
13	9	-20	¥20.6060		
14	10	-20	¥20.4020		
15		投资终值	¥776.8626		

图 7－5　投资终值计算过程

PV(rate, nper, pmt, [fv], [type])

各参数描述如下：

Rate：必需。各期利率。例如，如果按 10% 的年利率借入一笔贷款来购买汽车，并按月偿还贷款，则月利率为 10%/12（0.83%）。

Nper：必需。年金的付款总期数。例如，对于一笔 4 年期按月偿还的汽车贷款，共有 4×12 个偿款期。可以在公式中输入 48 作为 nper 的值。

Pmt：必需。各期所应支付的金额，其数值在整个年金期间保持不变。通常，pmt 包括本金和利息，但不包括其他费用或税款。如果省略 pmt，则必须包含 fv 参数。

Fv：可选。未来值，或在最后一次支付后希望得到的现金余额，如果省略 fv，则假设其值为 0。可以根据保守估计的利率来决定每月的存款额。如果省略 fv，则必须包含 pmt 参数。

Type：可选。数字 0 或 1，用于指定各期的付款时间是在期初还是期末。0 表示支付时间为期末，1 表示支付时间为期初。

计算可供退休后使用的储蓄金的公式和结果如图 7－6 所示。

在 Excel 中，通过 NPER 计算基于固定利率和等额分期付款方式的投资总期数，具体语法如下：

B5　f_x =PV(B1, 25, B4)

	A	B	C	D
1	年利率	6%		
2				
3	退后后25年			
4	每年取出	-80000		
5	共计	¥1 022 668.49		

图 7-6　需要储备的金额计算

NPER(rate,pmt,pv,[fv],[type])

各参数描述如下：

Rate：必需。各期利率。

Pmt：必需。各期所应支付的金额，其数值在整个年金期间保持不变。通常，pmt 包括本金和利息，但不包括其他费用或税款。

Pv：必需。现值，或一系列未来付款的当前值的累积和。

Fv：可选。未来值，或在最后一次付款后希望得到的现金余额。如果省略 fv，则假设其值为 0。

Type：可选。数字 0 或 1，用于指定各期的付款时间是在期初还是期末。0 表示支付时间为期末，1 表示支付时间为期初。

计算在退休前需存储的次数的公式和结果如图 7-7 所示。

（3）试验中描述的场景包含多次投资，假设折现率以 2% 的步长从 0 增长到 40%，计算相应的净现值如图 7-8 所示，图形描述如图 7-9 所示。Excel 中计算净现值的函数为 NPV，其语法如下：

B9　f_x =NPER(B1, B8, B5)

	A	B	C	D
1	年利率	6%		
2				
3	退后后25年			
4	每年取出	-80 000		
5	共计	¥1 022 668.49		
6				
7	退休前			
8	每年存入	6 608		
9	次数	-40.0		

图 7-7　需存储的次数计算

	A	B	C	D	E	F
1	年	现金流		折现率	NPV	IRR
2	0	-1 000		0%	¥-200.00	9.965%
3	1	800		2%	¥-137.61	34.901%
4	2	800		4%	¥-88.57	
5	3	500		6%	¥-50.50	
6	4	700		8%	¥-21.41	
7	5	-2 000		10%	¥0.32	
8				12%	¥16.02	
9				14%	¥26.78	
10				16%	¥33.53	
11				18%	¥37.00	
12				20%	¥37.83	
13				22%	¥36.53	
14				24%	¥33.52	
15				26%	¥29.16	
16				28%	¥23.74	
17				30%	¥17.52	
18				32%	¥10.68	
19				34%	¥3.39	
20				36%	¥-4.20	
21				38%	¥-12.00	
22				40%	¥-19.89	

图 7-8　净现值计算

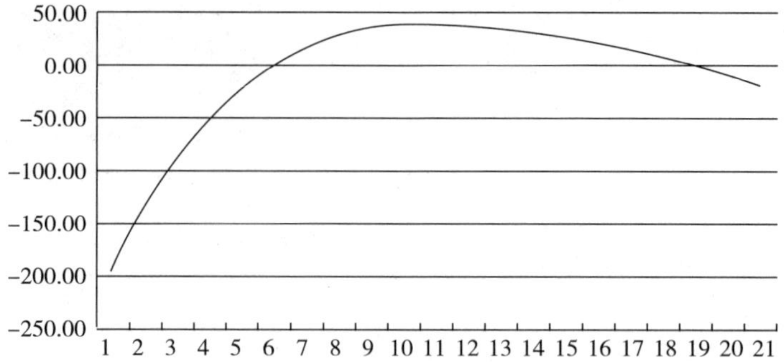

图 7 − 9　净现值与折现率

NPV(rate, value1, [value2], …)

各参数描述如下。

Rate：必需。某一期间的贴现率。

Value1，Value2，…：Value1 是必需的，后续值是可选的。这些是代表支出及收入的 1 到 254 个参数。Value1，Value2，…在时间上必须具有相等间隔，并且都发生在期末。Value1，Value2，…顺序用来解释现金流的顺序，所以支出和收入的数额必须按正确的顺序输入。

根据净现值与折现率的关系，有两个净现值为零的折现率点，可以通过 Excel 折现率计算函数 IRR 得到准确的内部收益率的值。IRR 函数的语法如下：

IRR(values, [guess])

各参数描述如下。

Values：必需。数组或单元格的引用，这些单元格包含用来计算内部收益率的数字，必须包含至少一个正值和一个负值，以计算返回的内部收益率。

Guess：可选。对函数 IRR 计算结果的估计值。在大多数情况下，并不需要为函数 IRR 的计算提供 guess 值，如果省略 guess，假设它为 0.1（10%）。

根据 NPV 的计算，设置 IRR 的 guess 参数分别为 10% 和 36%，计算得到 IRR 分别为 9.97% 和 34.90%。

任务 2　收益率计算

（1）证券分析师收集了普通股票投资的信息，如表 7 − 3 所示。该股票收益率为多少？

表 7 − 3　股票投资信息

	日期	价格
买入股票	2007 年 1 月 15 日	48

续表

	日期	价格
现金股利	2007 年 7 月 14 日	4
卖出股票	2007 年 7 月 15 日	54

（2）通过金融网站下载一只股票近三年的数据，计算该股票的日收益率，并计算该股票过去三年日收益率的算术平均值和几何平均值，并分别用两个平均值对收盘价进行估计，比较它们与实际收盘价之间的差异。

【操作示范】

（1）此实例是一个简单的收益率计算。收益率为卖出价格加上期间收益，减去买入价格，再除以买入价格，所以该股票收益率为：（54 +4 −48）/48 =20.83%。

（2）通过网易财经（quotes. money. 163. com/stock）下载长江电力（600900）从 2019 年 1 月 1 日至 2021 年 12 月 31 日股票数据，共获得 731 条记录，部分数据如图 7 −10所示。

	A	B	C	D	E	F	G	H	I	J	K	L	M	N	O
1	日期	股票代码	名称	收盘价	最高价	最低价	开盘价	前收盘	涨跌额	涨跌幅	换手率	成交量	成交金额	总市值	流通市值
2	2019/1/2	'600900	长江电力	15.42	15.8	15.12	15.79	15.88	-0.46	-2.8967	0.2654	30533408	467205842	3.39E+11	1.77E+11
3	2019/1/3	'600900	长江电力	15.57	15.57	15.27	15.29	15.42	0.15	0.9728	0.1376	15828971	244273877	3.43E+11	1.79E+11
4	2019/1/4	'600900	长江电力	15.32	15.55	15.16	15.55	15.57	-0.25	-1.6057	0.2096	24112734	369454172	3.37E+11	1.76E+11
5	2019/1/7	'600900	长江电力	15.24	15.43	15.16	15.39	15.32	-0.08	-0.5222	0.1696	19511427	297628905	3.35E+11	1.75E+11
6	2019/1/8	'600900	长江电力	15.56	15.61	15.2	15.2	15.24	0.32	2.0997	0.1741	20029889	308659635	3.42E+11	1.79E+11
7	2019/1/9	'600900	长江电力	15.48	15.74	15.47	15.65	15.56	-0.08	-0.5141	0.109	12544216	195552061	3.41E+11	1.78E+11
8	2019/1/10	'600900	长江电力	15.33	15.54	15.24	15.42	15.48	-0.15	-0.969	0.1206	13879226	212924463	3.37E+11	1.76E+11
9	2019/1/11	'600900	长江电力	15.39	15.42	15.22	15.33	15.33	0.06	0.3914	0.08	9200273	140977726	3.39E+11	1.77E+11
10	2019/1/14	'600900	长江电力	15.27	15.42	15.19	15.35	15.39	-0.12	-0.7797	0.1014	11661736	178286132	3.36E+11	1.76E+11
11	2019/1/15	'600900	长江电力	15.4	15.4	15.22	15.28	15.27	0.13	0.8513	0.0557	6405914	98265575	3.39E+11	1.77E+11
12	2019/1/16	'600900	长江电力	15.52	15.57	15.33	15.41	15.4	0.12	0.7792	0.0891	10255328	158459847	3.41E+11	1.79E+11
13	2019/1/17	'600900	长江电力	15.45	15.56	15.39	15.56	15.52	-0.07	-0.451	0.0717	8250736	127573975	3.40E+11	1.78E+11
14	2019/1/18	'600900	长江电力	15.75	15.79	15.5	15.56	15.45	0.3	1.9417	0.1509	17360519	272067831	3.47E+11	1.81E+11
15	2019/1/21	'600900	长江电力	15.82	15.83	15.7	15.7	15.75	0.07	0.4444	0.0755	8692363	137083604	3.48E+11	1.82E+11
16	2019/1/22	'600900	长江电力	15.81	15.89	15.75	15.85	15.82	-0.01	-0.0632	0.0887	10203280	161487060	3.48E+11	1.82E+11
17	2019/1/23	'600900	长江电力	15.96	15.97	15.78	15.8	15.81	0.15	0.9488	0.084	9663368	153527848	3.51E+11	1.84E+11
18	2019/1/24	'600900	长江电力	15.95	16.03	15.82	15.97	15.96	-0.01	-0.0627	0.099	11391825	181776697	3.51E+11	1.84E+11
19	2019/1/25	'600900	长江电力	15.91	16.06	15.9	16	15.95	-0.04	-0.2508	0.073	8404866	134117614	3.50E+11	1.83E+11
20	2019/1/28	'600900	长江电力	15.91	16.07	15.79	15.96	15.91	0	0	0.1371	15770246	250587338	3.50E+11	1.83E+11
21	2019/1/29	'600900	长江电力	16.2	16.29	15.84	15.87	15.91	0.29	1.8228	0.1406	16177610	260628835	3.56E+11	1.86E+11
22	2019/1/30	'600900	长江电力	16.19	16.29	16.08	16.29	16.2	-0.01	-0.0617	0.0806	9277458	150189614	3.56E+11	1.86E+11

图 7 −10 以长江电力（600900）为例的股票原始数据

计算收益率。将日期和收盘价保留，其余字段隐藏。收益率为当日收盘价减去上一日收盘价再除以上一日收盘价。如果数据以日期从低到高排序，则收益率字段第一个单元格为空。

计算算术平均数。对所有的收益率取平均数，在 Excel 中用 AVERAGE( ) 函数即可完成。

计算几何平均数。收益率的几何平均数公式为 $r_{TW} = \sqrt[n]{\prod_{t=1}^{n}(1+r_t)} - 1$，也表示投资在 n 期内的平均收益率。几何平均数小于等于算术平均数。Excel 中有函数 GEOMEAN( ) 可以实现几何平均数的计算。根据公式，收益率的几何平均数计算公式如图 7 −11 所示。

通过复利计算的方式，利用算术平均数和几何平均数分别估计日收盘价，与真实

C725 =GEOMEAN(R3:R721)-1

	A	B	C	D	E	Q	R
1	序号	日期	股票代码	名称	收盘价	收益率	收益率+1
711	710	2021/12/17	'600900	长江电力	21.91	-0.005	0.995005
712	711	2021/12/20	'600900	长江电力	21.75	-0.0073	0.992697
713	712	2021/12/21	'600900	长江电力	21.98	0.010575	1.010575
714	713	2021/12/22	'600900	长江电力	22.01	0.001365	1.001365
715	714	2021/12/23	'600900	长江电力	22.2	0.008632	1.008632
716	715	2021/12/24	'600900	长江电力	22.37	0.007658	1.007658
717	716	2021/12/27	'600900	长江电力	22.35	-0.00089	0.999106
718	717	2021/12/28	'600900	长江电力	22.37	0.000895	1.000895
719	718	2021/12/29	'600900	长江电力	22.25	-0.00536	0.994636
720	719	2021/12/30	'600900	长江电力	22.53	0.012584	1.012584
721	720	2021/12/31	'600900	长江电力	22.7	0.007545	1.007545
722							
723							
724		算术平均数	0.000612				
725		几何平均数	0.000538				

图 7－11　算术平均数和几何平均数的值

收盘价比较而言，几何平均数估计的效果更好，如图 7－12 所示。

T721 =$E$2*(1+$C$725)^A721

	A	B	C	D	E	Q	R	S	T
1	序号	日期	股票代码	名称	收盘价	收益率	收益率+1	通过算术平均数预测	通过几何平均数预测
711	710	2021/12/17	'600900	长江电力	21.91	-0.005	0.995005	23.80388706	22.5903869
712	711	2021/12/20	'600900	长江电力	21.75	-0.0073	0.992697	23.81844821	22.60253994
713	712	2021/12/21	'600900	长江电力	21.98	0.010575	1.010575	23.83301827	22.61469953
714	713	2021/12/22	'600900	长江电力	22.01	0.001365	1.001365	23.84759724	22.62686566
715	714	2021/12/23	'600900	长江电力	22.2	0.008632	1.008632	23.86218513	22.63903833
716	715	2021/12/24	'600900	长江电力	22.37	0.007658	1.007658	23.87678194	22.65121756
717	716	2021/12/27	'600900	长江电力	22.35	-0.00089	0.999106	23.89138768	22.66340333
718	717	2021/12/28	'600900	长江电力	22.37	0.000895	1.000895	23.90600236	22.67559566
719	718	2021/12/29	'600900	长江电力	22.25	-0.00536	0.994636	23.92062597	22.68779455
720	719	2021/12/30	'600900	长江电力	22.53	0.012584	1.012584	23.93525853	22.7
721	720	2021/12/31	'600900	长江电力	22.7	0.007545	1.007545	23.94990004	22.71221202
722									
723									
724		算术平均数	0.000612						
725		几何平均数	0.000538						

图 7－12　利用平均值估计收盘价的结果

综合项目二　金融风险价值评估

知识要点

美国银行业在 20 世纪 80 年代末到 90 年代初遭受商业风险的困扰，金融机构的坏账逐年增加，人们普遍认为是《巴塞尔协议》的信贷评估公式扭曲了贷款决策。在这种背景下，JP 摩根公司所发明的风险价值方法由于能够定量分析市场风险而获得重视。

1993年7月三十人集团（G30）发表了一个关于金融衍生工具的报告，首次建议用“风险价值系统”（Value at Risk System，VaRS）来评估金融风险。2004年巴塞尔委员会发布的《巴塞尔新资本协议》把风险管理的对象扩大到市场风险、信用风险和操作风险的总和，并进一步主张用VaR模型对商业银行面临的风险进行综合管理。

金融风险是指由于金融市场因素变化而对现金流产生负面的影响，导致金融资产或收益发生损失，并引起价值下降的可能性。企业面临的主要金融风险有金融市场风险、信用风险、操作风险、流动性风险和法律风险等。金融市场风险管理是指为改变企业所面临的金融风险状况而采取的一系列管理行为，包括风险辨识、风险测量、风险控制和风险防范四个方面，其中风险测量是金融风险管理的基础和核心。目前，金融市场风险的测量模型和技术主要有灵敏度分析、波动性方法、VaR模型、压力测试和极值理论，其中VaR模型和压力测试是《巴塞尔协议》的内部模型法。

VaR模型作为现代商业银行风险管理最重要的方法之一，存在不少优点。首先，VaR使用规范的数理统计技术和现代工程方法来度量银行风险，与以往靠定性和主观经验的风险度量技术相比更具客观性；其次，它使用单一指标对风险进行衡量，具有直观性，即使没有专业背景的投资者和管理者，也能通过这一指标评价风险的大小；再次，它不仅可以衡量单一金融资产的风险，还能衡量投资组合的风险，而且，它对风险的衡量具有前瞻性，是对未来风险的衡量；最后，VaR把对未来预期损失的规模和发生的可能性结合起来，使管理者不仅能了解损失的规模，还能了解在这一规模上损失的概率，并且通过对不同置信区间的选择，可以得到不同的最大损失规模，便于管理者了解在不同可能程度上的风险大小。

（一）VaR模型的定义

从经济学角度定义VaR，是指在一定的持有期和一定的置信度区内，一个投资组合最大的潜在损失是多少，以及资产在正常的市场条件中的风险值。VaR要计算的实际上是正常情况下投资组合的预期价值与在一定置信水平下的最低价值之差。比如某投资组合的VaR为（100，95%），表明这一投资组合有95%的可能性损失金额不超过100元；换句话说，就是只有5%的可能性损失超过100元。用公式表示为

$$P\{\text{损失额} > M\} < \alpha$$

置信度的选择显得尤为重要，它反映了一家银行的风险战略和经营特点，例如大通银行采用97.5%的置信度，而花旗银行的置信度为95.4%，美洲银行与摩根则采用95%的置信度。

VaR的另一要素是时间。它是一段时期内的可能最大损失值，可以是1天，也可以是10天，时间不同，所得到的VaR的值也会不同。从投资者的角度来说，资产组合的持有期应由资产组合自身的特点来决定。资产的流动性越强，相应的持有期越短；反之，流动性越差，持有期则越长。国外商业银行由于其资产的高流动性，一般选择持有期为1个交易日，而各种养老基金所选择的持有期则较长，一般为1个月。在应用正态假设时，持有期选择得越短越好，因为资产组合的收益率不一定服从正态分布，但在持有期非常短的情形下，收益率渐进服从正态分布，这时的持有期一般选为1天。

巴塞尔委员会选择10个交易日作为资产组合的持有期，这反映了其对监控成本及实际监管效果的一种折中。持有期太短则监控成本过高，持有期太长，则不利于及早发现潜在的风险。

在证券市场上则可用VaR时间序列来预测风险。VaR时间序列是将每日测算出的VaR值连接起来得到的一条曲线。每一只股票（或投资组合）不同时间的VaR值的大小是不同的，VaR值由小变大，表明该股票风险由小变大；反之表明该股票风险逐渐由大变小。

（二）VaR的计算方法

从VaR的定义可以看出，VaR计算的核心在于估计资产组合未来损益的概率分布，但大多数情况下，直接估算资产组合未来损益的概率分布几乎是不可能的，因为资产组合往往包含种类繁多的金融工具，有些金融工具没有足够的历史数据可以使用。通常将资产组合用市场因子来表示。这些风险因子包括我们通常都会接触到的股票指数、利率、汇率等。利用统计方法计算出这些因子收益的概率分布，再利用金融工具和风险因子之间的函数关系得到金融工具的分布，最终求出VaR的估计值。VaR的计算方法主要有参数法、历史模拟法和蒙特卡洛模拟法。

1. 参数法。参数法计算可以采用直接法、移动平均法和指数移动平均法等。

（1）直接法。直接法是直接计算所有 n 个样本的样本均值和样本标准差，再用单尾法计算置信度为 $1-\alpha$ 的单位资产收益率的VaR：

$$VaR_{1-\alpha} = \bar{x} - z_{\alpha}S$$

分别取置信水平为95%、97.5%和99%，可得 z_{α} 分别为1.65、1.96和2.33，利用样本均值和样本标准差，可以得到样本的VaR值。

（2）移动平均法。移动平均法只根据最近 m 个样本的样本均值和样本标准差，m 是移动窗口的宽度，可以根据总体的不同特性选用不同的值。

移动平均法能够为第 $m+1$ 到 n 个数据根据离它最近的 m 个数据计算其VaR值，以反映最近的数据变化情况。

（3）指数移动平均法。指数移动平均法是用最近的 m 个样本，以指数加权平均来计算样本均值和样本标准差，距离越近的样本权重越大。

参数法运用比较方便，计算相对来说比较简单，但结果依赖假设的正确与否。当假设不正确时，参数方法可能会有较大误差。通常假设收益率序列服从正态分布，但是实际中，大量文献表明，金融序列并不完全服从正态分布，通常是有偏的或是厚尾的。如果按照正态分布的假设计算VaR，则会相应地低估风险额度。

2. 历史模拟法。历史模拟法的基本假设是过去的变化情况可能会在未来重现，所以用过去一段时间的历史数据进行重新抽样，模拟未来一段时间的变化情况。根据抽样区间和抽样方法的不同，形成不同的历史模拟法，主要有一般历史模拟法和Bootstrap方法。

历史模拟法假定投资组合的收益分布是独立同分布，市场因子的未来波动和历史波动完全一样，其核心是利用过去一段时间的资产回报率数据，估算资产回报率的统计分布，再根据不同的分位数求得相应置信水平的 VaR。

一般历史模拟法的步骤为：首先，将 k 个历史资产回报率按由小到大的顺序排列；再依照不同的置信水平 $1-\alpha$ 找出相对应分位数的临界收益率，该值就是 VaR 的估计值。例如，全部模拟值排序后的收益率的第 5 分位和第 1 分位数对应为置信度为 95% 的 VaR 和置信度为 99% 的 VaR。

Bootstrap 法在抽样时，只允许最近 m 个样本参与抽样，更早的历史数据不参加，其余与一般历史模拟法相同。

历史模拟法在业界的应用基础正在持续强化，在实践中，历史模拟法作为一种典型的“移动窗口类”VaR 方法，存在直观易懂、完全定价、计算量适中、分布无限制等诸多优势，是一种在银行市场风险内部模型法实践中很有吸引力的应用方案。

3. 蒙特卡洛模拟法。和历史模拟法一样，蒙特卡洛模拟法也是通过获得大量的样本来计算 VaR。所不同的是，历史模拟法是从历史数据中抽样，而蒙特卡洛模拟法则假定了收益率的分布，再从这个分布抽样。

蒙特卡洛模拟法的具体步骤是，首先，识别基础的市场因子，并用市场因子表示出资产组合中各个金融工具的价值。其次，为市场因子选择合适的模型，经常使用的一个模型是几何布朗运动，选定模型后，在已有的历史数据基础上估计有关分布的参数。最后，为模型中的随机变量选择较好的随机数产生方式，模拟市场因子未来变化的情形，模拟足够多次数后，根据定价公式计算资产组合在未来的价值及未来的潜在损益，根据潜在损益的分布，在给定置信度水平下计算 VaR 值。

蒙特卡洛模拟法的优点在于其不受金融工具类型复杂性、金融时间序列的非线性、厚尾性等问题的限制，能够较好地处理非线性问题，且估算精度好。其缺点在于计算量大，且受到模型选择的影响。由于金融产品的价格波动是个随机过程，不同产品的价格波动方式也不同，很难用一种特定的模型来刻画，因此模型选择会带来一定的选择误差。

（三）回溯检验

回溯检验主要用来估计 VaR 的准确性，需要对各种模型和模型参数进行测试。回溯检验除了检验参数设置的合理性、数据完整性、模型合理性之外，还能够对原有模型无法覆盖的新的投资或资产类型检验模型的合理性。

VaR 代表损益的某一特定分位点，我们将损失超过 VaR 称为一次“突破”事件。在 n 个样本中，定义 m 为 VaR 突破事件的次数。巴塞尔框架中对于回溯检验有明确的要求。对于样本容量为 250 的测试分区如表 7－4 所示。如果银行处于黄灯区域或者红灯区域，则对银行资本有更高的要求，体现在递增的增值因子上。

表 7－4　　巴塞尔框架突破次数规定

区域	突破事件次数			增值因子 k
	置信水平为 99%	置信水平为 97.5%	置信水平为 95%	
绿灯区	0～4	0～9	0～17	0

续表

区域	突破事件次数			增值因子 k
	置信水平为99%	置信水平为97.5%	置信水平为95%	
黄灯区	5	10	18~19	0.4
	6	11	21~21	0.5
	7	12~13	22~23	0.65
	8	14	24~25	0.75
	9	15	26	0.85
红灯区	10+	16+	27+	1

VaR 回溯检验里所要求的样本量较大，较低的样本量的检验结果极不准确，对独立性检验更是如此。

（四）VaR 模型的优劣

VaR 模型的度量结果只是衡量风险的众多指标之一，它把所有的风险因子用一个数据来呈现，是最简单直观的一种风险测度方式，在实际使用中也较为常用。

VaR 有其固有的缺点。首先 VaR 模型忽略了厚尾事件。VaR 描述了 1% 的可能性损失会比 VaR 值要大，但不能够对这 1% 的可能性的具体情况进行描述。同时，VaR 过于直接，容易产生误导，面对 VaR 值，很容易造成的错觉是“我最大可能的损失”，以至于产生幻觉的安全感。此外，VaR 的效率和精度随着数据复杂性和非线性的增加而大大降低，且不同的计算方法，结果往往会有显著的不同。

实训任务

【任务清单】

1. 选择股票、基金、外汇、国债、期货或黄金等金融市场的某种产品，下载相应的金融数据，对数据进行基本的数据清洗和规范化处理。

2. 分别用直接法、移动平均法计算 VaR，并对结果进行图形化描述。

3. 根据巴塞尔委员会和国际清算银行规定的惩罚区域，对各种模型方法的超限次数进行比较，讨论各种计算方法的优缺点。

【操作示范】

通过网易财经（quotes.money.163.com/stock）下载中国石油（601857）2019 年 1 月 1 日至 2020 年 12 月 31 日的股票数据，共获得 487 条记录，用其作为建模的历史数据。同时下载 2021 年 1 月 1 日至 2021 年 12 月 30 日共 243 条有效数据，用其作为测试数据。分别将日期和收盘价保留，其余字段隐藏，计算日收益率。

（1）直接法计算 VaR。首先计算收益率的均值和标准差，再通过直接法的 VaR 公式分别计算置信度为 95%、97.5% 和 99% 的 VaR 值，结果如图 7－13 所示。

再对于测试数据计算收益率突破 VaR 的次数。在 Excel 中，可以通过 COUNTIF（）函数计算满足条件的次数。COUNTIF（）的语法如下：

	P	Q	R	S	T	U
1	收益率					
2			收益率均值	=AVERAGE(P3:P488)		
3	=(D3-D2)/D2		收益率标准差	=STDEV.S(P3:P488)		
4	=(D4-D3)/D3					
5	=(D5-D4)/D4					
6	=(D6-D5)/D5		1-α	0.95	0.975	0.99
7	=(D7-D6)/D6		Z值	=NORM.INV(S6,0,1)	=NORM.INV(T6,0,1)	=NORM.INV(U6,0,1)
8	=(D8-D7)/D7		VaR	=$S$2-S7*$S$3	=$S$2-T7*$S$3	=$S$2-U7*$S$3

图 7－13　通过直接法计算 VaR 的公式

COUNTIF(range,criteria)

Range:必需。要对其进行计数的一个或多个单元格,其中包括数字或名称、数组或包含数字的引用。空值和文本值将被忽略。

Criteria:必需。用于定义将对哪些单元格进行计数的数字、表达式、单元格引用或文本字符串。

对于条件的设定，因为有“>”或“<”符号，需要用英文双引号将其转为字符型格式。又因为需要与不同置信度下 VaR 的值进行比较，这些值在单元格中，所以需要用“&”符号将比较符与单元格进行连接。所以突破次数的计算如图 7－14 所示。

	R	S	T	U	V	W	X	Y	Z	AA	AB
1						日期	收盘价	收益率	95%的VaR	97.5%的VaR	99%的VaR
2	收益率均值	-0.001063715				2021/1/4	4.19	0.009639	-0.01874	-0.0221289	-0.02607
3	收益率标准差	0.010747754				2021/1/5	4.18	-0.00239	-0.01874	-0.0221289	-0.02607
4						2021/1/6	4.25	0.016746	-0.01874	-0.0221289	-0.02607
5						2021/1/7	4.25	0	-0.01874	-0.0221289	-0.02607
6	1-α	0.95	0.975	0.99		2021/1/8	4.29	0.009412	-0.01874	-0.0221289	-0.02607
7	Z值	1.644853627	1.959963985	2.326347874		2021/1/11	4.22	-0.01632	-0.01874	-0.0221289	-0.02607
8	VaR	-0.018742197	-0.022128926	-0.02606673		2021/1/12	4.31	0.021327	-0.01874	-0.0221289	-0.02607
9	突破次数	23	12	8		2021/1/13	4.36	0.011601	-0.01874	-0.0221289	-0.02607
10						2021/1/14	4.33	-0.00688	-0.01874	-0.0221289	-0.02607
11						2021/1/15	4.28	-0.01155	-0.01874	-0.0221289	-0.02607

图 7－14　统计收益率突破次数

再将收益率和直接法计算的不同置信度下的 VaR 作图表示。选中收益率和三个置信度下的 VaR 值，画折线图，结果如图 7－15 所示。

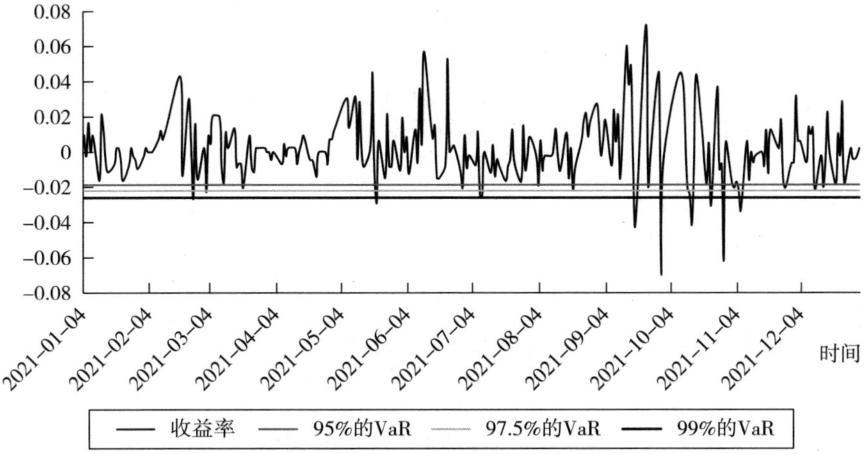

图 7－15　收益率与风险价值 VaR 的图形

（2）移动平均法计算 VaR。选取移动窗口宽度 m = 50，从第 51 条数据开始，利用移动平均法计算收益率的平均值和样本标准差，再利用 VaR 公式计算不同置信度下每日的 VaR 值。将数据扩展填充，得到每日的收益率均值、标准差和不同置信度下的 VaR 值，结果如图 7 – 16 所示。

	P	T	U	V	W	X
1	收益率	m=50收益率均值	m=50收益率标准差	95%的VaR	97.5%的VaR	99%的VaR
489	=(D489-D488)/D488	=AVERAGE(P439:P488)	=STDEV.S(P439:P488)	=T489-$R$7*U489	=T489-$S$7*U489	=T489-$T$7*U489
490	=(D490-D489)/D489	=AVERAGE(P440:P489)	=STDEV.S(P440:P489)	=T490-$R$7*U490	=T490-$S$7*U490	=T490-$T$7*U490
491	=(D491-D490)/D490	=AVERAGE(P441:P490)	=STDEV.S(P441:P490)	=T491-$R$7*U491	=T491-$S$7*U491	=T491-$T$7*U491
492	=(D492-D491)/D491	=AVERAGE(P442:P491)	=STDEV.S(P442:P491)	=T492-$R$7*U492	=T492-$S$7*U492	=T492-$T$7*U492
493	=(D493-D492)/D492	=AVERAGE(P443:P492)	=STDEV.S(P443:P492)	=T493-$R$7*U493	=T493-$S$7*U493	=T493-$T$7*U493
494	=(D494-D493)/D493	=AVERAGE(P444:P493)	=STDEV.S(P444:P493)	=T494-$R$7*U494	=T494-$S$7*U494	=T494-$T$7*U494
495	=(D495-D494)/D494	=AVERAGE(P445:P494)	=STDEV.S(P445:P494)	=T495-$R$7*U495	=T495-$S$7*U495	=T495-$T$7*U495
496	=(D496-D495)/D495	=AVERAGE(P446:P495)	=STDEV.S(P446:P495)	=T496-$R$7*U496	=T496-$S$7*U496	=T496-$T$7*U496
497	=(D497-D496)/D496	=AVERAGE(P447:P496)	=STDEV.S(P447:P496)	=T497-$R$7*U497	=T497-$S$7*U497	=T497-$T$7*U497
498	=(D498-D497)/D497	=AVERAGE(P448:P497)	=STDEV.S(P448:P497)	=T498-$R$7*U498	=T498-$S$7*U498	=T498-$T$7*U498
499	=(D499-D498)/D498	=AVERAGE(P449:P498)	=STDEV.S(P449:P498)	=T499-$R$7*U499	=T499-$S$7*U499	=T499-$T$7*U499
500	=(D500-D499)/D499	=AVERAGE(P450:P499)	=STDEV.S(P450:P499)	=T500-$R$7*U500	=T500-$S$7*U500	=T500-$T$7*U500
501	=(D501-D500)/D500	=AVERAGE(P451:P500)	=STDEV.S(P451:P500)	=T501-$R$7*U501	=T501-$S$7*U501	=T501-$T$7*U501
502	=(D502-D501)/D501	=AVERAGE(P452:P501)	=STDEV.S(P452:P501)	=T502-$R$7*U502	=T502-$S$7*U502	=T502-$T$7*U502
503	=(D503-D502)/D502	=AVERAGE(P453:P502)	=STDEV.S(P453:P502)	=T503-$R$7*U503	=T503-$S$7*U503	=T503-$T$7*U503
504	=(D504-D503)/D503	=AVERAGE(P454:P503)	=STDEV.S(P454:P503)	=T504-$R$7*U504	=T504-$S$7*U504	=T504-$T$7*U504
505	=(D505-D504)/D504	=AVERAGE(P455:P504)	=STDEV.S(P455:P504)	=T505-$R$7*U505	=T505-$S$7*U505	=T505-$T$7*U505
506	=(D506-D505)/D505	=AVERAGE(P456:P505)	=STDEV.S(P456:P505)	=T506-$R$7*U506	=T506-$S$7*U506	=T506-$T$7*U506

图 7 – 16　用移动平均法计算风险价值 VaR

对测试样本数据，通过 IF（）函数和 SUM（）函数统计收益率的突破次数，将收益率和窗口为 50 的移动平均法 VaR 作图，得到结果如图 7 – 17 所示。当移动窗口的大小 m 为 100 时，得到的结果如图 7 – 18 所示。

AA723　=IF(D723<X723,1,0)

	A	P	V	W	X	Y	Z	AA
1	日期	收益率	95%的VaR	97.5%的VaR	99%的VaR	突破次数		
715	2021/12/9	0.013972	-0.042924396	-0.050442325	-0.059183541	0	0	0
716	2021/12/10	-0.02165	-0.0422[illegible]	[illegible]	[illegible]	[illegible]	0	0
717	2021/12/13	-0.00201	-0.04[illegible]				0	0
718	2021/12/14	-0.02016	-0.0423[illegible]				0	0
719	2021/12/15	-0.00617	-0.0419[illegible]				0	0
720	2021/12/16	0.022774	-0.0374[illegible]				0	0
721	2021/12/17	0	-0.0374[illegible]				0	0
722	2021/12/20	-0.01822	-0.0363[illegible]				0	0
723	2021/12/21	0.010309	-0.0362[illegible]				0	0
724	2021/12/22	-0.00204	-0.0353[illegible]				0	0
725	2021/12/23	0.02863	-0.0332[illegible]				0	0
726	2021/12/24	-0.01789	-0.0333[illegible]				0	0
727	2021/12/27	0.002024	-0.0328[illegible]				0	0
728	2021/12/28	-0.00404	-0.0328[illegible]				0	0
729	2021/12/29	-0.00406	-0.0327[illegible]				0	0
730	2021/12/30	-0.00204	-0.032212947	-0.03774327	-0.044173466	0	0	0
731	2021/12/31	0.002041	-0.032288157	-0.037805437	-0.044220467	0	0	0
732						9	6	1

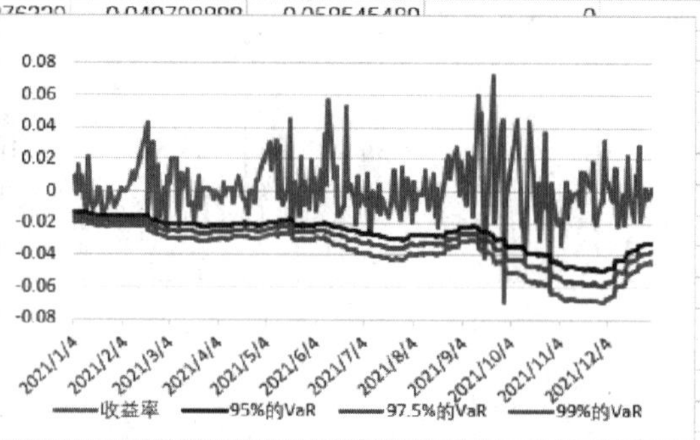

图 7 – 17　移动平均法 VaR 图形

（3）不同模型的比较。通过回溯法对不同模型进行比较，结果如表 7 – 5 所示。

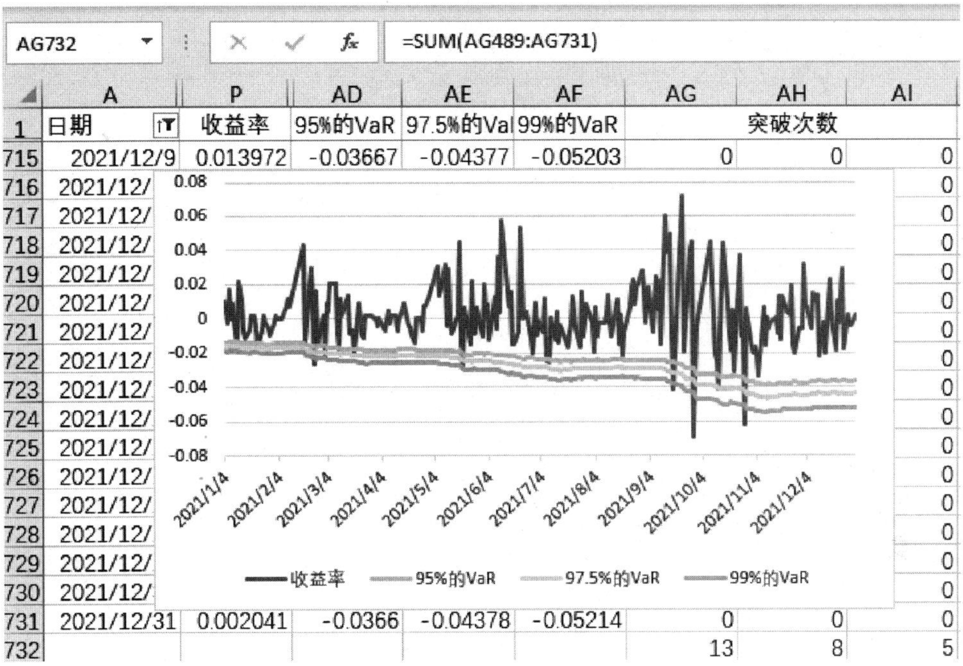

图 7－18　窗口为 100 时移动平均结果

表 7－5　各种模型方法的突破次数比较

方法	置信水平为 95%		置信水平为 97.5%		置信水平为 99%	
	突破次数	区域	突破次数	区域	突破次数	区域
直接法	23	黄灯区	12	黄灯区	8	黄灯区
m＝50 移动平均	9	绿灯区	6	绿灯区	1	绿灯区
m＝100 移动平均	13	绿灯区	8	绿灯区	5	黄灯区

从表 7－5 中可以看出，对此股票而言，直接法在三种概率水平下均为黄灯。移动平均法根据窗口的大小对应不同的置信水平，有绿灯也有黄灯，置信水平越高，对窗口的大小越敏感。